A LIBRARY OF
DOCTORAL
DISSERTATIONS
IN SOCIAL SCIENCES IN CHINA

中国
社会科学
博士论文
文库

福特政府时期美国
对苏联的缓和外交研究

A Study of U.S . Detente Diplomacy with
USSR During the Ford Administration

刘长新　著

导师　赵学功

中国社会科学出版社

图书在版编目（CIP）数据

福特政府时期美国对苏联的缓和外交研究/刘长新著. —北京：
中国社会科学出版社，2018.6
ISBN 978-7-5203-0939-4

Ⅰ.①福…　Ⅱ.①刘…　Ⅲ.①美俄关系—国际关系史—研究
Ⅳ.①D871.22②D851.22

中国版本图书馆 CIP 数据核字（2017）第 221596 号

出 版 人	赵剑英
责任编辑	张　湉
责任校对	战凤翔
责任印制	王　超

出　　版	中国社会科学出版社
社　　址	北京鼓楼西大街甲 158 号
邮　　编	100720
网　　址	http://www.csspw.cn
发 行 部	010－84083685
门 市 部	010－84029450
经　　销	新华书店及其他书店

印　　刷	北京君升印刷有限公司
装　　订	廊坊市广阳区广增装订厂
版　　次	2018 年 6 月第 1 版
印　　次	2018 年 6 月第 1 次印刷

开　　本	710×1000　1/16
印　　张	16
插　　页	2
字　　数	271 千字
定　　价	68.00 元

总　序

　　在胡绳同志的倡导和主持下，中国社会科学院组成编委会，从全国每年毕业并通过答辩的社会科学博士论文中遴选优秀者纳入《中国社会科学博士论文文库》，由中国社会科学出版社正式出版，这项工作已持续了 12 年。这 12 年所出版的论文，代表了这一时期中国社会科学各学科博士学位论文水平，较好地实现了本文库编辑出版的初衷。

　　编辑出版博士文库，既是培养社会科学各学科学术带头人的有效举措，又是一种重要的文化积累，很有意义。在到中国社会科学院之前，我就曾饶有兴趣地看过文库中的部分论文，到社科院以后，也一直关注和支持文库的出版。新旧世纪之交，原编委会主任胡绳同志仙逝，社科院希望我主持文库编委会的工作，我同意了。社会科学博士都是青年社会科学研究人员，青年是国家的未来，青年社科学者是我们社会科学的未来，我们有责任支持他们更快地成长。

　　每一个时代总有属于它们自己的问题，"问题就是时代的声音"（马克思语）。坚持理论联系实际，注意研究带全局性的战略问题，是我们党的优良传统。我希望包括博士在内的青年社会科学工作者继承和发扬这一优良传统，密切关注、深入研究 21 世纪初中国面临的重大时代问题。离开了时代性，脱离了社会潮流，社会科学研究的价值就要受到影响。我是鼓励青年人成名成家的，这是党的需要，国家的需要，人民的需要。但问题在于，什么是名呢？名，就是他的价值得到了社会的承认。如果没有得到社会、人民的承认，他的价值又表现在哪里呢？所以说，价值就在于对社会重大问题的回答和解决。一旦回答了时代性的重大问题，就必然会对社会产生巨大而深刻的影响，你也因此而实现了你的价值。在这方面年轻的博士有很大的优势：精力旺盛，思想敏捷，勤于学习，勇于创新。但青年学者要多向老一辈学者学习，博士尤其要很好地向导师学习，在导师的指导下，发挥自己的优势，研究重大问题，就有可能出好的成果，实现自己的价值。过去12年入选文库的论文，也说明了这一点。

什么是当前时代的重大问题呢？纵观当今世界，无外乎两种社会制度，一种是资本主义制度，一种是社会主义制度。所有的世界观问题、政治问题、理论问题都离不开对这两大制度的基本看法。对于社会主义，马克思主义者和资本主义世界的学者都有很多的研究和论述；对于资本主义，马克思主义者和资本主义世界的学者也有过很多研究和论述。面对这些众说纷纭的思潮和学说，我们应该如何认识？从基本倾向看，资本主义国家的学者、政治家论证的是资本主义的合理性和长期存在的"必然性"；中国的马克思主义者，中国的社会科学工作者，当然要向世界、向社会讲清楚，中国坚持走自己的路一定能实现现代化，中华民族一定能通过社会主义来实现全面的振兴。中国的问题只能由中国人用自己的理论来解决，让外国人来解决中国的问题，是行不通的。也许有的同志会说，马克思主义也是外来的。但是，要知道，马克思主义只是在中国化了以后才解决中国问题的。如果没有马克思主义的普遍原理与中国革命和建设的实际相结合而形成的毛泽东思想、邓小平理论，马克思主义同样不能解决中国的问题。教条主义是不行的，东教条不行，西教条也不行，什么教条都不行。把学问、理论当教条，本身就是反科学的。

在21世纪，人类所面对的最重大的问题仍然是两大制度问题：这两大制度的前途、命运如何？资本主义会如何变化？社会主义怎么发展？中国特色的社会主义怎么发展？中国学者无论是研究资本主义，还是研究社会主义，最终总是要落脚到解决中国的现实与未来问题。我看中国的未来就是如何保持长期的稳定和发展。只要能长期稳定，就能长期发展；只要能长期发展，中国的社会主义现代化就能实现。

什么是21世纪的重大理论问题？我看还是马克思主义的发展问

题。我们的理论是为中国的发展服务的，决不是相反。解决中国问题的关键，取决于我们能否更好地坚持和发展马克思主义，特别是发展马克思主义。不能发展马克思主义也就不能坚持马克思主义。一切不发展的、僵化的东西都是坚持不住的，也不可能坚持住。坚持马克思主义，就是要随着实践，随着社会、经济各方面的发展，不断地发展马克思主义。马克思主义没有穷尽真理，也没有包揽一切答案。它所提供给我们的，更多的是认识世界、改造世界的世界观、方法论、价值观，是立场，是方法。我们必须学会运用科学的世界观来认识社会的发展，在实践中不断地丰富和发展马克思主义，只有发展马克思主义才能真正坚持马克思主义。我们年轻的社会科学博士们要以坚持和发展马克思主义为己任，在这方面多出精品力作。我们将优先出版这种成果。

2001 年 8 月 8 日于北戴河

摘　　要

　　战后美苏关系是各自双方对外关系的主线，也是战后国际关系的主线。美苏之间的竞争在冷战期间不同的时期有不同的表现形式，在 20 世纪 60 年代末之前，遏制与对抗一直是美苏关系的主流。尼克松上台后，由于一系列国内及国际因素的作用，美苏关系进入了缓和阶段。福特就职后，由于美国自身的实力仍未恢复，以及国内的政治状况等原因，福特政府仍然选择了继承前任的缓和外交政策，以寻求维护国家的稳定以及约束苏联的对外扩张。为此，福特政府在限制战略武器谈判、欧洲安全及中欧裁军谈判等问题上同苏联进行了密切的合作，并取得了积极的成果。然而，由于两国之间的根本性分歧并未消除，美国对苏联的遏制心理以及苏联寻求在全球扩张共产主义势力的根本目标也都没有发生变化，这就使得两国在缓和的同时，仍然无法避免相互间的竞争与对抗，并且随着时间的发展，两国间竞争与对抗的程度逐步增强。这一时期双方围绕限制战略武器谈判问题、贸易关系正常化问题及安哥拉战争等问题所产生的冲突与矛盾表明福特政府时期的缓和外交面临着严峻的考验。1976 年是福特任内美苏关系发展的一个转折点，美苏两国的分歧已随着世界局势的发展有了迅速的增加。最终，来自于国内外的压力迫使福特政府放弃了缓和外交。本书认为，福特政府时期是美国对苏缓和外交发生转变的关键过渡期，这一时期的缓和是整个 20 世纪 70 年代美苏缓和的一部分，是这一时期美国政府适应国际及国内形势的变化而对外交政策做出的战略调整。虽然福特政府的对苏缓和外交继承自尼克松，但两者又有着不同之处。同时，缓和外交的衰落也是多种因素综合作用的结果。而在其成效方面，虽然从短期来看，缓和外交并未能实现遏制苏联扩张势力的举动，但是从长远来看，这一政策促成了苏联最后的转变，并且推动了国际局势的继续缓和，其积极意义不容忽视与低估。

Abstract

Abstract: The U. S. – Soviet relations are the main line of both their respective foreign relations and the post-war international relations. In each phase of the Cold War, the Competition between the U. S. and the Soviet Union shows different manifestations, among which containment and confrontation has been the mainstream of the U. S. – Soviet relations before late 1960s. After Nixon took office, the relations between the U. S. and the Soviet Union entered the stage of detente due to domestic and international factors. Because the United States has not been revitalized, as well as its domestic political reasons, the Ford administration inherits the detente policy to seek to safeguard the country's stability and to constrain the Soviet Union's expansion. Accordingly, Ford has kept a close cooperation with the Soviet Union on limiting strategic arms negotiation, European security issues and central Europe disarmament negotiation, and positive results have been achieved. However, the fundamental differences between the two countries have not been eliminated, the U. S. did not give up its containment toward the Soviet Union, who also did not change its fundamental goals of communism expansion in the global world, so the two sides were in detente while cannot avoid competition and confrontation at the same time, and as time goes by, the competition and confrontation between the two countries gradually enhanced. The conflicts and contradictions on SALT, normalization of trade relations and the war in Angola indicated the severe challenges faced with the detente. The U. S. – Soviet relations reached a turning point in 1976, and the differences between the two countries widened with the development of the world situation and the Ford administration ultimately had abandoned the detente diplomacy under the domestic and international pressure. This paper argues that the detente diplomacy have experienced a critical transition period during the Ford administration, and the relaxation of this period is part of the U. S. – Soviet detente in the 1970s, and is the strategic adjustments that U. S. government have made to adapt to the changes in international and domestic situation. While the detente diplomacy has been inherited from Nixon, they do have a different place; meanwhile, the decline of detente is also the results of a combination of factors. In terms of its effectiveness, although it failed to contain the expansion of the Soviet Union in short term, this policy has led to the change of the Soviet at last, and also promote the detente of international situation, so its positive significance cannot be overlooked and underestimated.

目　录

Contents

导　论

一　研究意义与研究创新

第二次世界大战结束之后不久，美国与苏联这对战时盟友便再没有过真正意义上的和平共处，两国在意识形态、战略目标及利益上的冲突很快导致了冷战的开始。1947—1991 年是以美苏为首的两大阵营在经济、政治、军事等各个方面进行全面对抗的时期，在这期间，美国的对苏政策主要是竞争加对抗，通过各种方式与途径削弱及遏制苏联，从而寻求自身的绝对安全。不过，值得注意的是，在 20 世纪 70 年代的尼克松—福特政府时期，美国的对苏政策与其前任及后任相比，还是有明显的不同，虽然遏制苏联的根本目标并未发生改变，但是遏制的方式与手段却有着自身显著的特点，对话与谈判在两国关系中所占的比重出现了大幅度增加，两国合作的领域、范围及程度均出现了明显的扩大，美国的对苏政策进入了所谓的缓和时期。

"缓和"，特指国家关系，意思是国际紧张局势的松弛与缓解。其具体的含义是指两个或是更多的国家在外交关系领域从相互持续对抗的状态逐步转化到合作状态，它并不意味着存在敌意的双方的关系发生了根本性转变，而只是对抗程度的减轻，同时，它的实现有赖于以下几个条件的出现，包括：对抗的当事国承认自身政治及经济实力的局限性，对"敌人"这一概念理解与认识上的转变以及意识到调整自身立场从而与对手改善关系的必要性等。①

在国际政治领域，缓和指的是 20 世纪 60 年代末至 70 年代末期间，

---

① Vladimir Petrov, *U. S. -Soviet Detente: Past and Future*, Washington D. C.: American Enterprise Institute for Public Policy Research, 1975, p. 1.

美苏两国对军备竞赛、外交立场的基本态度从紧张对立到渐趋合作的过程。在这期间，两国为更好地维护本国的国家利益、实现自己的战略目标而在一系列重大问题上进行谈判与合作。缓和既是美苏两国政府各自所采取的针对对方的政策，同时又是这种政策所带来的美苏关系发展过程的和缓状态，它是对传统国际体系的发展。① 然而，由于两国之间的根本性分歧并未消除，美国对苏联的遏制心理以及苏联寻求在全球扩张共产主义势力的根本目标也都没有发生变化，这就使得两国在缓和的同时，仍然无法避免相互间的竞争与对抗，并且随着时间的推移，两国间对抗的程度逐步增强。这一时期双方围绕限制战略武器谈判、贸易关系正常化及安哥拉战争等问题所产生的冲突与矛盾表明福特政府时期的缓和外交面临着严峻的考验。1976 年是福特任内美苏关系发展的一个转折点，美苏两国的分歧已随着世界局势的发展有了迅速的增加。最终，来自于国内外的压力迫使福特政府放弃了缓和外交。

本书所要研究的问题正是这段时期的美苏缓和，关注的重点放在福特政府时期美国对苏联所采取的缓和外交，主要论述福特政府任内美国对苏缓和外交发展、逆转及衰落的过程。本书认为，福特政府时期是美国对苏联缓和外交发生转变的关键过渡期，这一时期的缓和是整个 20 世纪 70 年代美苏缓和的一部分，是美国政府适应国际及国内形势的变化而对外交政策做出的战略调整。虽然福特政府的对苏缓和外交继承自尼克松，但两者又有着不同之处。同时，缓和外交的衰落也是多种因素综合作用的结果。而在成效方面，虽然从短期来看，缓和外交并未能实现遏制苏联扩张势力的举动，但是从长远来看，这一政策促成了苏联最后的转变，并且推动了国际局势的继续缓和，其积极意义不容忽视与低估。

（一）研究意义

2006 年 12 月，美国前总统杰拉尔德·福特去世，时任美国总统小布什在评价福特时，称他为一位伟大的美国人，认为福特在国家混乱和分裂的情况下，承担起总统的重任，在任期间使美国更加完整并且重新树立了公众的信心。事实上相比起尼克松、里根等总统，福特在总统位置上的时间是比较短的，给公众的印象也不是特别深刻。在多数人的心目中，福特

---

① ［美］丹·考德威尔：《论美苏关系——1947 年至尼克松、基辛格时期》，何立译，世界知识出版社 1984 年版，第 78 页。

是个"好好先生",是个没有什么大作为的总统,1998 年美国《时代》周刊为 20 世纪美国总统排名,福特在 17 人中仅排名 12,评语是:使美国恢复正常状态,基本上是毫无建树的总统。然而,对于总统的评价好坏总是在变动的,只要人们用不同的视角与眼光回顾过去,就会发现总统的名声会出现上升或下降。在这众多美国总统中,最应该得到平反的,或许就是杰拉尔德·福特。

水门事件的发生使得福特成为美国历史上第一位未经选举便成为总统的人。上台之初的福特一度获得了很高的支持率,然而他对尼克松的一纸赦免令,使得局面迅速恶化。虽然在当时对美国人民的广播中他强调这是基于国家利益的考量,但是国内民众却大多认为福特与尼克松存在私下交易,滥用权力,最终导致 1976 年大选的失利。今天,人们对于福特总统的赦免令已经有了新的认识,大多数民众认识到这一行为的正确性,对其在任期间所取得的成就的评价也越来越高。当时美国正处于一个多灾多难、局面混乱的时期。政治上,水门事件的发生使国内民众对政府失去了信任,国会与总统矛盾激化,政局日益混乱。经济上,国内通货膨胀率及失业率不断上升,能源危机又进一步恶化了经济形势,导致民众不满。外交上,越南共和国(以下简称"南越",全书同)形势的恶化,苏联实力的上升,使得美国在与苏联的争霸中更加被动。福特入主白宫后,为了平息国内的政治斗争,先是赦免了尼克松,这从维护国内稳定的角度而言是必要的。同时福特认真处理总统与国会之间的关系,不再侵蚀国会的权力,结束帝王总统的时代,保持了政治上的稳定。其次,采取多种措施控制国内的通货膨胀,提高就业率,改善国内人民的生活水平。在外交上,首先从越南彻底撤出,结束了越战,同时在中东推动埃及与以色列的和平进程,对苏则继续推行缓和政策,出席欧洲安全与合作首脑会议,继续与苏联的战略武器谈判。福特政府所采取的这些措施逐步稳定了美国国内的混乱局面,恢复了民众的信心。由于越来越多的国内外学者、民众开始认识到福特政府的时代意义,因而近几年对福特政府的研究越来越多,研究方向与视角也多种多样,涵盖福特政府时期的政治、经济、外交及社会等诸多方面。笔者就是在这一背景下,将选题放在了福特政府时期。而之所以又将落脚点放在福特时期的美苏缓和问题上,也是有着多种考虑的。

首先,缓和是冷战期间美苏双边关系的重要组成部分,是国际关系领域的重要课题。第二次世界大战结束后的美苏关系是双方各自对外关系的主线，也是战后国际关系的主线。美苏矛盾在冷战期间不同的时期有不同的表现形式，缓和即为表现形式之一。尼克松政府上台后，包括之后的福特、卡特政府时期，由于一系列国内及国际因素的作用，美苏关系进入了缓和阶段。因而，研究福特时期的美苏缓和有助于探讨美苏关系以及国际关系领域中的缓和问题。为什么意识形态存在严重分歧的两个政治行为体会相互合作与配合？美苏缓和的实质是什么？它的出现是偶然还是必然？这些都是有待解决的问题。而目前国内外对福特政府时期的外交虽已有研究，但由于重视程度不够以及资料的原因，研究并不充分，因而使得研究成为必要。

其次，福特政府时期正是欧洲安全机制形成的关键时期，也是美苏限制战略武器谈判的过渡阶段，而这两个问题也是冷战期间国际关系领域的核心问题。冷战时期的缓和主要体现在两个方面：一是美苏关系的改善，这以双方在限制战略武器问题上的合作为主要标志，二是联邦德国与东欧集团关系的正常化，而欧安会议将这两个问题联系在一起。研究福特政府时期的美苏缓和，将有助于搞清冷战时期美苏核谈判的整个脉络以及欧洲安全机制的形成过程，这两个问题都是当前仍然受关注的焦点。

第三，研究这一时期的美苏缓和既有助于丰富和深化对福特政府外交政策的研究，也有助于对冷战时期整个美国外交政策思想的把握。虽然福特政府将主要精力放在解决国内的诸多问题上，但是在任期内美国并没有退回到孤立主义的立场上，美国仍然奉行全球主义政策，对苏联的政策又是其外交政策的关键，因而探讨对苏外交，有助于对整个福特政府外交政策的把握。同时，福特政府的外交既秉持了战后美国一贯的对外政策指导思想，又根据现实对其做出了修正，以更好地维护美国的利益。美国的外交政策都是一脉相承的，变的只是实现外交政策的方法。通过对福特政府的研究可以来探讨这种普遍性与特殊性的结合。

（二）研究创新

纵观国内外对福特政府时期美国对苏联缓和外交的研究，已经有基本的框架与思路，但是研究并不充分。本书试图通过更加系统的框架，更加完善的资料，来阐明这一时期的对苏政策乃至整个对外政策思想。

首先是档案材料上的创新。近几年关于尼克松—福特政府时期又有数卷对外关系文件解密，包括整个越战的档案、限制战略武器谈判的档案以及南部非洲档案等，这些新资料的出现使得对该问题进行进一步研究成为可能，以此改善国内对这一问题研究不足的状况，充实国内对这一问题的研究。

其次是研究方法与研究视角上的创新。在对"缓和"这一问题进行研究时，既注重对基本历史事实的考证与叙述，又注重对理论的借鉴与利用。充分借鉴国际关系及国际政治学领域的理论，对历史事件进行理论总结。尤其是对涉及的"缓和"理论进行了详细的阐述。

再次，美苏缓和是战后国际关系领域的重要事件，也是美苏冷战的重要组成部分。本书阐述的福特时期美国对苏联的缓和，试图从两个方面来加以说明。一方面是美苏双方的谈判与妥协，双方关系的改善，以限制战略武器谈判及欧安会议为标志，另一方面是缓和中的对抗，这是这一时期美苏缓和的重要部分，以美苏在安哥拉的对抗为标志。事实上，由于各种政治势力的干扰与反对，这一时期的美苏缓和已逐步走向衰落。本书在论述美苏缓和的同时，试图将这一时期美国国内及美苏双方围绕"缓和"的争论及斗争阐述清楚。

二　研究现状与思路框架

（一）研究现状

由于福特政府时期美国政治的特殊状况，一方面任期较短，只有895天的时间可以行使职权，因而难以提出系统的外交政策，另一方面国内面临着严重的经济、社会危机，导致福特政府将绝大部分精力集中在了国内问题的解决上，因而在外交政策方面少有建树。同时，由于福特在外交方面既不像尼克松有系统的外交，也没有尼克松的个人经验，所以福特任内的美国外交，在较长的时间内，一直为基辛格所左右，福特政府的外交通常被看成是尼克松外交的简单延续而没有什么建树。由于以上这些原因，导致了国内外学术界对福特政府的研究较少。不过，随着近些年来网络及信息数字化的不断发展，尤其是福特总统数字化图书馆的建成使用，极大地方便了对福特及其政府内政及外交政策的研究。对于福特政府时期的缓和政策而言，虽然它仍然是尼克松政府缓和政策的延续，但与此同时又对美国外交的重点和方向做出了一定的调整，形成了自己的一些特点。因而国内外近些年来还是出现了与此相关的一些著作。

具体而言，这些著作可以划分为针对福特政府内政及外交政策的整体性研究以及个案性研究两大类。整体性研究的对象是整个福特政府时期美国的外交政策，包括对苏联的缓和政策，而个案性研究的对象则是福特政府时期美国与苏联以及其他国家之间相互关系的研究，如美苏限制战略武器谈判、安哥拉内战以及美中关系的研究等。目前国内外对福特政府时期美国对苏联的外交政策研究状况如下：

1. 国内研究状况

目前国内对于福特政府时期外交政策的研究著述较少，并且即使有所研究，也多是将其概括到尼克松政府的外交政策当中，因而研究极为单薄。这些研究可以分为两类：一类是各种通论性的著作，包括国际关系史、美国史、外交史以及冷战史等宏观性的著作，另一类则是专题性的研究，主要是期刊论文及学位论文。

1994 年，资中筠教授主编的《战后美国外交史》（上下册）出版。这部 88 万多字的大部头著作对美国战后四十多年外交各个方面的情况做了全面系统的介绍，它叙述和分析了自杜鲁门到里根前后八位总统在任期间美国外交的走向和每一时期的主要特点和问题，探讨了美苏对抗的线索如何贯穿美国的外交意识和战略之中。对于福特政府时期的美苏关系，作者认为福特政府继承了尼克松政府对苏缓和的政策，上台伊始决心继续美苏缓和的进程，但实际上，这一时期的缓和不仅处于停滞状态，而且已开始走下坡路。福特政府试图挽救缓和，但终究无法阻止形势的逆转。① 该书对美苏的缓和外交做了宏观性的介绍，不过对于各个具体事件的论述并不充分，可以做进一步的挖掘。

2003 年刘金质所著的《冷战史》（上中下册）通过翔实的资料论述了美苏之间四十五年的冷战对抗。在该书的第三编中详细介绍了冷战中的美苏缓和（1963—1979），内容包括了美苏缓和的开始，缓和的进程，缓和下的争夺以及缓和的最终结束等。对于福特政府的缓和外交，书中论述了这一时期美苏缓和的主要事件，如首脑会谈、限制战略武器谈判等，也介绍了这一时期缓和下的矛盾，认为福特政府的缓和政策遭到了越来越多的责难。另外，书中还分别介绍了美苏双方各自对缓和的认识。② 作为一

---

① 资中筠主编：《战后美国外交史——从杜鲁门到里根》，世界知识出版社 1994 年版，第750 页。

② 刘金质：《冷战史》，世界知识出版社 2003 年版，第 759—769 页。

部全面论述美苏缓和的著作，比较清楚地介绍了美苏缓和的历史脉络，对福特时期的美苏缓和做了较为全面的介绍。

王绳祖先生在其《国际关系史》（第十卷）中认为，福特政府将主要精力用于解决国内政治和经济方面的重重困难，因而在外交方面没有重大建树，基本沿袭了尼克松时期的对外战略和策略。在对苏联的问题上，福特上台初期继续执行缓和政策，但在福特政府后期，由于朝野上下主张对苏强硬的呼声增多，再加上福特有意竞选连任总统，所以对缓和政策做出了修改，美苏缓和开始降温。① 不过该书中对福特时期的外交政策，包括对苏政策的论述并不多，无论是资料的利用还是论述的深度，都有进一步发掘的空间。

由刘绪贻、杨生茂先生主编的《美国通史》（第六卷）也对福特时期的外交做了宏观性的概括，认为福特政府时期的外交与尼克松主义相比，并无多少不同之处，福特任内的美国外交在较长的时间内，一直为基辛格所左右，但随着 1976 年大选的来临，福特政府在对苏政策上逐渐改变了态度，美苏缓和的热度开始下降，并且作者认为，这一时期是美国外交史上基辛格时代的结束。② 不过，该书同样属于通史性的论著，因而对缓和外交并无详尽的分析与介绍，对于这一时期美苏双方之间的一些重大事件也未作详尽分析。

另外，由黄正柏先生所著的《美苏冷战争霸史》也对福特政府的缓和外交做了概括性的介绍，认为美苏之间的缓和是同床异梦，是双方对对方的另一种遏制，并且这种缓和在福特政府时期逐渐衰落，直至到卡特政府末期的最终衰亡。③

除了上述综合性、通史性的研究著作之外，国内还有部分专题性的研究，主要是针对福特政府时期美苏之间具体的外交政策，研究形式主要是期刊论文与博硕士论文。在期刊论文方面，张国庆的《福特：一位被低估的总统》全面介绍了福特总统在任时的功绩，包括外交方面，认为福特政府具有很强的时代意义。④ 任李明的《论福特政府对美国外交政策

①　王绳祖主编：《国际关系史》第十卷，世界知识出版社 1995 年版，第 22—23 页。

②　刘绪贻、杨生茂主编：《美国通史》第六卷·上，人民出版社 2002 年版，第 442—450 页。

③　黄正柏：《美苏冷战争霸史》，华中师范大学出版社 1997 年版，第 200—270 页。

④　张国庆：《福特：一位被低估的总统》，《世界知识》2007 年第 2 期。

的调整》认为国际形势和国内形势的双重影响推动了福特政府外交政策的调整。在美苏关系上，福特政府继续推行缓和政策，同时又在人权和贸易等方面加强了对苏联的攻势，对缓和政策做出了重新评估，因而福特政府的外交并不仅仅是尼克松对外政策的简单继续。① 还有部分论文是从苏联的角度研究这一时期的美苏缓和外交，如盛昊云的《评勃列日涅夫时期的"缓和"外交战略》，② 以及李兴的《论勃列日涅夫时期的外交与苏联的兴亡》等。③ 除了这些文章，还有众多研究福特政府时期中美关系的论文，分析探讨了美苏缓和对中美关系正常化的影响，如陶文钊先生的《美苏缓和与中美建交》，④ 赵学功教授的《简论福特政府的对华政策与中美关系》⑤。

　　除了上述论文，还有数篇涉及福特政府时期美国外交政策的博士及硕士论文。苏州大学季晓云的《七十年代的美苏缓和》以美苏 70 年代的缓和为研究对象，论述了缓和的含义与实质，以及缓和的背景、开始、经过以及结束，对尼克松、福特以及卡特政府时期的美苏缓和做了总体上的论述。⑥ 华东师大邵笑的《美国—北越巴黎谈判与越南战争的终结》详细论述了美国撤出越南战争的历程，对于福特政府时期的越南政策有着较为详细的叙述。⑦ 陕西师大吴云权的《美国对安哥拉政策研究：1961—1976》对福特政府时期美国对安哥拉内战的政策做了较为详细的叙述，涉及了福特政府的决策过程、政府与国会的关系等多个方面。⑧ 东北师大王厦的《试析福特政府对美苏限制战略武器谈判的政策》则论述了福特政府时期美苏之间限制战略武器谈判的来龙去脉。⑨

----

① 任李明：《论福特政府对美国外交政策的调整》，《南京大学学报》（哲学·人文科学·社会科学版）2000 年第 3 期。

② 盛昊云：《评勃列日涅夫的缓和外交战略》，《俄罗斯研究》1996 年第 6 期。

③ 李兴：《论勃列日涅夫时期的外交与苏联的兴亡》，《科学社会主义》1999 年第 6 期。

④ 陶文钊：《美苏缓和与中美建交》，《哈尔滨工业大学学报》（社会科学版）2001 年第 2 期。

⑤ 赵学功：《简论福特政府的对华政策与中美关系》，《国际观察》2006 年第 3 期。

⑥ 季晓云：《七十年代的美苏缓和》，硕士学位论文，苏州大学，2001 年。

⑦ 邵笑：《美国—北越巴黎谈判与越南战争的终结（1969—1975）》，博士学位论文，华东师范大学，2010 年。

⑧ 吴云权：《美国对安哥拉政策研究：1961—1976》，硕士学位论文，陕西师范大学，2008 年。

⑨ 王厦：《试析福特政府对美苏限制战略武器谈判的政策》，硕士学位论文，东北师范大学，2007 年。

从目前国内对于福特政府时期美苏缓和的研究现状来看，研究已具有一定的基础，无论是对于福特政府整体缓和战略的研究，还是对于福特政府具体外交政策的研究都有部分成果。不过国内的研究还是存在着时间跨度较大、资料应用不充分，侧重对尼克松的研究，而忽视对福特政府的研究，注重宏观性的研究而忽视对具体外交政策的研究等问题，尤其是随着最新的档案资料的解密，进一步的研究既有必要也有可能。

2. 国外研究现状

国外对于福特政府缓和外交的研究与国内相比要充分得多，这表现在多个方面。首先国外对于这一时期美国整体社会的研究比较充分，对于20世纪70年代的美国有着比较深刻的认识；其次是有众多当事人的回忆录、传记等。基于目前所掌握的资料，大致可以分为以下几类：一是对美苏缓和的综合性研究，这类著作数量比较多；二是当事人的回忆录、传记等，来自于美苏双方的当事者；三是对美苏双方具体的外交事件的研究，包括安哥拉内战、限制战略武器谈判等。

（1）关于美苏缓和的综合性研究

关于福特政府时期美苏缓和的综合性研究又可以分为两类，一是以福特总统、基辛格以及勃列日涅夫为研究对象，进而论述这一时期的缓和。1995年，约翰·罗伯特·格林尼（John Robert Greene）的《杰拉尔德·福特总统》（*The Presidency of Gerald R. Ford*）出版。该书全面介绍了福特总统任内为解决美国当时所面临的政治、经济及社会等危机所采取的一系列措施，论述了总统的内政及外交政策，包括总统与国会的关系等问题。对于福特时期的缓和外交也做了研究。① 该著作对于了解福特的外交具有极高的价值。2005年出版的米克茨克斯基（Yanek Mieczkowski）的著作《杰拉尔德·福特与20世纪70年代的挑战》（*Gerald Ford and the Changes of the 1970s*）论述了福特上台时美国所面临的领导力、经济、能源以及外交等多方面的挑战，以及政府是如何应对这些挑战的。其中对于缓和外交，作者认为由于国会的制约以及国内右翼势力的反对，再加上苏联的扩

① John Robert Greene, *The Presidency of Greald R. Ford*, Lawrence, KS: Kansas University Press, 1995, pp. 117 – 141.

张，缓和态势在这一时期逐渐恶化。① 1977 年出版的科拉尔·贝尔（Coral Bell）的《缓和外交：基辛格时代》（*The Diplomacy of Detente： the Kissinger Era*）以基辛格为研究主体，通过对基辛格外交思想及政策的研究来探讨这一时期的缓和外交。② 1983 年出版的罗宾·埃德蒙（Robin Edmonds）的《苏联勃列日涅夫时代的外交政策》（*Soviet Foreign Policy-the Brezhnev Years*）则从苏联领导人勃列日涅夫的角度考察了缓和外交，认为缓和外交对美苏双方都产生了重要影响。③ 另外，哈里·格尔曼（Harry Gelman）的《勃列日涅夫与缓和的衰落》（*Brezhnev Politburo and the Decline of Detente*）同样阐述了勃列日涅夫时期的缓和外交，认为到福特政府时期，缓和已逐步衰落。④

　　二是专门以这一时期的美苏缓和为研究对象，这类研究著作跨度一般较大，从尼克松时期一直到卡特或里根时期，既涉及对整体缓和关系的分析，又包括具体的个案分析，既有理论的分析，又有史实的论述。1985 年理查德·W. 史蒂文森（Richard W. Stevenson）的《缓和的兴衰：1953—1984 年的美苏关系》（*The Rise and Fall of Detente： Relaxations of Tension in US-Soviet Relations*，1953—84）对整个缓和的过程进行了叙述，认为美苏从 1953 年就逐步开始了缓和的历程，经过三十年的发展变化，到 80 年代里根时期的"第二次冷战"，福特政府时期的美苏缓和是其中的一个阶段。⑤ 与此书相类似的是雷蒙德·L. 加特霍夫（Raymond L. Garthoff）于 1994 年出版的《缓和与对抗：从尼克松到里根时期的美苏关系》（*Detente and Confrontation： American-Soviet Relations from Nixon to Reagan*），这部著作通过理论与史实相结合的方式，论述了从尼克松到里根时期的美苏关系，其主线就是这一时期的美苏缓和，从尼克松时期缓和的开始一直到里

---

① Yanek Mieczkowski, *Gerald Ford and the Challenges of the 1970s*, Lexington, KY： Kentucky University Press, 2005, pp. 282 – 302.

② Coral Bell, *The Diplomacy of Detente： The Kissinger era*, London： Martin Robertson Press, 1977.

③ Robin Edmonds, *Soviet Foreign Policy-the Brezhnev Years*, New York： Oxford University Press, 1983, pp. 5 – 10.

④ Harry Gelman, *The Brezhnev Politburo and the Decline of Detente*, Ithaca, NY： Cornell University Press, 1984.

⑤ Richard W. Stevenson, *The Rise and Fall of Detente： Relaxations of Tension in US-Soviet Relations*, 1953—84, Basingstoke, Hampshire： Macmillian, 1985, pp. 3 – 10.

根时期缓和的结束，对于这一时期美苏之间重要的外交事件都有所涉及。① 1981 年出版的理查德·派普斯（Richard Pipes）的《缓和时代的美苏关系》（*U. S. -Soviet Relations in the Era of Detente*）以及 1999 年出版的《缓和时代的美苏关系》（*US-Soviet Relations During the Detente*）两本著作也都是以缓和为研究对象，其中都涉及了福特政府时期的缓和外交，认为它既是对尼克松政府缓和外交的延续，又有了新的特点和趋势，在多种因素的影响下，缓和开始衰落。② 后者是由法国人安·德·坦吉（Anne de Tinguy）所著，作为研究苏联方面的学者，这部著作认为 70 年代的美苏缓和是苏联历史上的重要阶段。

（2）专题性的研究

目前对于福特政府时期美苏缓和的专题性研究也有部分著作，主要集中在以下几个问题：越南战争、美苏限制战略武器谈判、欧洲安全与合作会议以及安哥拉内战等。通过对这些问题的论述进而研究这一时期的美苏缓和。

对于福特政府的越南政策，国外的专门性研究较少，多是侧重于约翰逊及尼克松政府时期。2000 年出版的 A. J. 朗古特（A. J. Langguth）的《越南战争：1954—1975》（*Our Vietnam：The War 1954—1975*）认为到福特政府时期，由于国内政治状况以及越南的实际情况，政府实际上已放弃了"南越"，越南政策的主导者基辛格继续了尼克松政府的政策，不再卷入越南。③ 美国学者拉里·伯曼（Larry Berman）的《既不和平，也不光荣》（*No Peace，No Honor：Nixon，Kissinger，and Betrayal in Vietnam*）利用福特总统图书馆等档案资料，论述了尼克松及福特政府的越南政策，认为福特政府的越南政策仍然是尼克松政府越南战争政策的继续，事实上放弃了"南越"，是美国战略收缩的继续。④ 约翰·普拉多斯（John Prados）在其

①　Raymond L. Garthoff, *Detente and Confrontation：American-Soviet Relations from Nixon to Reagan*, Washington D. C. ：The Brookings Institution，1994.

②　Richard Pipes, *U. S. -Soviet Relations in the Era of Detente*, Boulder，CO：Westview Press，1981.

③　A. J. Langguth, *Our Vietnam：The War 1954—1975*, New York：Simon and Schuster，2000，pp. 644 – 668.

④　Larry Berman, *No Peace，No Honor：Nixon，Kissinger，and Betrayal in Vietnam*, New York：The Free Press，2001.

《越战，一场失败的战争，1945—1975》（*Vietnam*，*The History of an Un-winnable War*，*1945—1975*）中认为，福特上台之初试图继续保持尼克松对"南越"政府的承诺，但是在认识到无法获得支持后，转而采取了放弃政策。[①]

国外学者对于美苏限制战略武器谈判的著述很多，包括回忆录及专著等，但是对福特时期限制战略武器谈判的研究相对较少，通常是一带而过，缺少对这一时期政府决策的系统性研究。雷蒙德·L. 加特霍夫在其《冷战史：遏制与共存备忘录》中，认为美苏的限制战略武器谈判开启了战略对话，这种谈判表明双方重新为共同的战略利益努力。作者认为限制战略武器谈判在缓和时代对美苏关系做出了重要的、积极地贡献。[②] 威廉·伯尔（William Burr）所著的《基辛格手稿》（*The Kissinger Transcripts*）是研究限制战略武器谈判的重要参考资料。该手稿五、七、九章是基辛格与苏联进行限制战略武器谈判的备忘录，包括与勃列日涅夫的几次会谈记录。[③] 美国右翼势力的代表人物保罗·尼采（Paul H. Nitze）在其《外交》季刊上的《维护缓和下的战略平衡》（*Assuring Strategic Stability in An Era of Detente*）一文中，强调海参崴协议存在严重的缺陷，对美国而言并不公平，同时还影响了日后的谈判。[④] 同样对美苏战略武器谈判做出评价的还有皮特·贝克曼（Peter R. Beckman）等人，他认为在各自国内政治及对方的影响下，两阶段的战略武器谈判所达成的协议都存在着不少缺陷，福特政府时期的限制战略武器谈判也不例外。[⑤]

1975 年的欧洲安全与合作首脑会议是福特任内参加的一项重要外交活动，也是美苏缓和的指标性事件。国外学者在研究 1973—1975 年的欧安会议时对于福特参加首脑会议也有所探讨。约翰·马雷斯卡（John. J.

---

① John Prados, *Vietnam*：*The History of an Unwinnable War*, 1945—1975, Lawrence, KS：Kansas University Press, pp. 518 – 550.

② ［美］雷蒙德·加特霍夫：《冷战史：遏制与共存备忘录》，伍牛、王薇译，新华出版社 2003 年版，第 262 页。

③ William Burr, *The Kissinger Transcripts*：*The Top Secret Talks with Beijing and Moscow*, New York：New Press, c1999.

④ Paul H. Nitze, "Assuring Strategic Stability in An Era Of Detente", *Foreign Affairs*, Vol. 54, Issue 2, （Jan 1976）.

⑤ Peter R. Beckman, et al., *The Nuclear Predicament*：*Nuclear Weapons in The Twenty-First Century*, New Jersey：Prentice Hall, Upper Saddle River, 2000, p. 245.

Maresca）的《通向赫尔辛基—欧洲安全与合作会议 1973—1975》（*To Helsinki-The Conference On Security and Cooperation in Europe 1973—1975*），综合运用编年、专题史等方式评述了会议上东西方国家为达成各自的战略目标而采取的策略。作者不但对会议的进程进行了详细论述，而且将会议进程与当时的美苏缓和结合在一起，是研究福特政府缓和外交的重要著作。① 柳比沃耶·阿西莫维奇（Ljubivoje Acimovic）的《欧洲安全与合作中的问题》（*Problems of Security and Cooperation in Europe*）则从冷战的起源以及缓和的大背景出发，探讨欧洲安全与合作会议在国际关系格局中的地位与作用。该书在冷战及缓和的整体框架下，对会议过程进行了分析，认为福特总统参加的首脑会谈及随后签署的《最后文件》是缓和进程的重要一环。②

对于赫尔辛基会谈，还有部分学者是从欧洲安全的角度来加以研究论述。安德瑞斯·温格（Andreas Wenger）等人所著的《欧洲安全体系的起源：回顾赫尔辛基历程，1965—1975》（*Origins of The European Security System：The Helsinki Process Revisited，1965—1975*）就是从欧洲安全的角度，分析了赫尔辛基安全会议的整个历程，探讨了在缓和背景下欧洲安全体系的建立过程，福特政府时期是赫尔辛基谈判的重要阶段，最终签署了《最后文件》。③ 2009 年出版的莱奥波尔多·努提（Leopoldo Nuti）的《欧洲缓和的阴影：从赫尔辛基到戈尔巴乔夫时期，1975—1985》（*The Crisis of Detente in Europe：From Helsinki to Gorbachev，1975—1985*）则运用了最新的解密档案资料，分析了美苏之间的"第二次冷战"在欧洲的发展历程，从福特总统参加赫尔辛基首脑会议开始，直到戈尔巴乔夫的上台。④

安哥拉是福特政府时期美苏对抗的热点地区，1975 年内战开始后，苏美先后卷入其中，双方在安哥拉的对抗成为这一时期缓和走向衰落的重

① John J. Maresca, *To Helsinki：The Conference on Security and Cooperation in Europe 1973—1975*, Durham and London：Duke University Press, 1985.

② Ljubivoje Acimovic, *Problems of Security and Cooperation in Europe*, Netherlands：Sijthoff & Noor dhoff, 1981, pp. 1 – 5.

③ Andreas Wenger, Vojtech Mastny and Christian Nuenlist, eds., *Origins of the European Security System：The Helsinki Process Revisited，1965—1975*, New York：Routledge, 2008.

④ Leopoldo Nuti, *The Crisis of Detente in Europe：From Helsinki to Gorbachev，1975—1985*, New York：Routledge, 2009, pp. 1 – 9, 11 – 26.

要标志。国外对于该问题也有一定的研究。费尔南多·安德森·吉马良斯（Fernando Andresen Guimaraes）的《安哥拉内战的缘起：国外干涉和国内政治冲突》（*The Origins of The Angola Civil War*：*Foreign Intervention and Domestic Political Conflict*）对 1961 年至 1976 年安哥拉独立运动及内战进行了阐述，认为以美苏为首的东西方外部力量的干预导致内战的复杂化与持久化，作者对福特政府与苏联在安哥拉的对抗进行了探讨分析。① 美国学者罗伯特·唐纳森在其《苏联在第三世界的得失》中也探讨了安哥拉内战问题及相关的美苏关系问题，认为与福特政府所取得的成效相比，勃列日涅夫在安哥拉取得了更大的成功。② 曾负责中央情报局在安哥拉行动的约翰·斯托克威尔（John Stochwell）在回忆录《寻找敌人：中情局的故事》（*In Search of Enemies*：*A CIA Story*）中论述了福特政府利用中情局秘密介入安哥拉内战的史实，是研究美苏在安哥拉对抗的重要资料。③

（3）当事人的回忆录

作为这一时期美苏关系缓和的见证者，福特、基辛格以及苏联驻美大使多勃雷宁等人的传记或回忆录对研究缓和具有重要的参考价值。

1979 年出版的福特自传《治愈创伤的时代》（*A Time to Heal*：*The Autobiography*）中，福特回顾了其总统任内为解决美国所面临的政治、经济及外交等方面的挑战所采取的措施。虽然其重点在国内政治及经济问题上，但对外交也有所提及，对于美苏在这一时期的缓和与对抗，自传中也谈及了政府的外交决策。④ 而作为外交政策的实际制定者与决策人，基辛格的回忆录同样具有很高的参考价值。虽然重要的两本回忆录《白宫岁月》与《动乱年代》都没有涉及福特政府，但是在《危机：两次重大外交政策危机的分析》（*Crisis*：*The Anatomy of Two Major Foreign Policy Crises*）中详细记录了福特政府在越南问题上所采取的政策，其中涉及了总

---

① Fernando Andresen Guimardes, *The Origins of The Angola Civil War*：*Foreign Intervention and Domestic Political Conflict*, New York, NY：ST. Martins Press, INC. , 1998.

② ［美］罗伯特·唐纳森：《苏联在第三世界的得失》，任泉、刘芝田译，世界知识出版社1985年版，第125—130页。

③ John Stochwell, *In Search of Enemies*：*A CIA Story*, New York：W. W. Norton & Company, 1978, pp. 40 – 55.

④ Gerald R. Ford, *A Time to Heal*：*The Autobiography of Gerald R. Ford*, New York：Harper and Row, 1979.

统与国会关系、政府决策过程等，是研究福特政府外交的重要资料。①

　　另外其他国家有关当事人的回忆录也对研究这一时期的美苏关系具有重要的借鉴意义，如苏联驻美大使阿纳托利·多勃雷宁的《信赖——多勃雷宁回忆录》。担任驻美大使长达 25 年的多勃雷宁参与了冷战时期美苏两国之间的大多数外交活动，在其回忆录中披露了许多苏美之间的外交秘密，其回忆录的第十九、二十、二十一章讲述的是福特政府时期的美苏关系，对缓和有着特别的论述。② 另外于 1957—1985 年担任苏联外交部部长的葛罗米柯同样是美苏冷战的见证者与参与者，在其回忆录《永志不忘——葛罗米柯回忆录》中也记述了美苏缓和与对抗的情况，是研究缓和的重要参考资料。③

　　对于福特政府时期美苏关系的研究，除了上述的著作，还有众多的期刊论文以及学位论文，研究的角度也是多种多样，既有整体性的研究，也有专题性的研究，选题也比较广泛。④

　　综上所述，目前国内外对福特政府时期美国对苏联缓和外交的研究有如下几个特点：

　　第一，由于福特政府的特殊性，因而国内外对其关注度不高，无论是政治、经济及外交等各方面都缺乏系统性的研究，并且与对政治、经济的研究相比，对外交政策的研究更少，因而为进一步的研究提供了较大的空间。

　　第二，从研究成果的来源来看，大部分的著作文章来自于美国，一

---

　　①　Henry Kissinger, *Crisis: The Anatomy of Two Major Foreign Policy Crises*, New York: Simon & Schuster, 2003, pp. 430 – 460.

　　②　[俄] 阿纳托利·多勃雷宁:《信赖——多勃雷宁回忆录》，肖敏、王为等译，世界知识出版社 1997 年版，第 368—428 页。

　　③　[苏] 安·安·葛罗米柯:《永志不忘——葛罗米柯回忆录》下册，伊吾译，世界知识出版社 1989 年版，第 259—269 页。

　　④　相关论文有: Aaron L. Friedberg, "What SALT Can (And Cannot) Do", *Foreign Policy*, No. 33 (Winter, 1978—1979); Paul H. Nitze, "Assuring Strategic Stability in an Era of Detente", *Foreign Affairs*, Vol. 54, Issue 2 (Jan 1976); John Sloan, "Economic Policymaking in the Johnson and Ford Administrations", *Presidential Studies Quarterly*, Vol. 20, No. 1 (Winter 1990); Alexander R. Vershow, "The CruiseMissile: The End Of Arms Control?", *Foreign Affairs*, Vol. 55, Issue 1 (Oct 76); Caspar W. Weinberger, "U. S. Defense Strategy", *Foreign Affairs*, Vol. 64 (1986); Craig A. Daigle, *The Limits of Detente: The United States, the Soviet Union, and the Arab-Israeli Conflict*, 1969—1973, James Madison University, 2008.

小部分来自于苏联（俄罗斯），其他国家的研究成果数量很少，因而当前的众多观点及认识均体现了较浓厚的美国色彩，对这一问题缺少多元化的思考。

第三，从研究成果利用的资料来源来看，由于福特政府时期的美国外交档案近几年刚刚开始解密，因而上面所述的绝大多数研究成果并没有充分利用这些档案，因而尚有进一步发掘的空间。

（二）思路框架

福特政府时期的外交与尼克松政府时期的外交政策一脉相连，这一时期的对苏缓和外交起源于尼克松政府时期，在基辛格的主导下，缓和外交继续得以发展，但随着形势的变化，缓和外交出现了新的特点及发展趋势，开始逐步走向衰落，本书就是按照这一思路逐步展开的：

第一章主要介绍福特政府上台前美国对苏联的缓和外交。福特政府的对苏缓和外交继承自尼克松政府的外交政策。该章探讨了尼克松政府时期实行缓和外交的原因，所采取的具体外交政策以及缓和外交对尼克松政府产生的影响。

第二章主要介绍了福特政府时期对于缓和外交的继承。在多种因素的推动下，福特总统上任后，继续实行对苏缓和外交的政策。在这一背景之下，福特政府与苏联政府继续进行了限制战略武器的谈判、欧洲安全与合作会议以及中欧裁军上的合作，这是该时期美苏缓和的指标性事件。该章详细论述了美苏在这几个方面的谈判过程，进而阐述这一过程中所体现出来的美苏合作与缓和。

第三章论述了福特政府时期美国对苏缓和外交的逆转。与尼克松政府时期相同，在冷战的大背景之下，美苏间的缓和过程伴随着彼此间的遏制与对抗。其中最重要的事件是这一时期美苏第二阶段限制战略武器谈判的失败以及两国在安哥拉的对抗，同时与之相伴随的是美苏经贸关系的恶化以及两国在欧洲的对抗。这些事件都严重影响了该时期美苏间的缓和，导致缓和逐步发生逆转。

第四章主要探讨了福特政府后期美苏缓和的衰落以及对缓和的认识问题。由于美苏间的遏制与对抗，以及其他因素的影响，到福特政府后期，美苏关系的基调逐步变化，开始由缓和转向强硬，而1976年的美国国内大选则进一步推动了这一趋势的发展。为了赢得大选，回应右翼的攻击，福特政府在对苏政策上进一步转向强硬，直到最终在官方层面上放弃了对缓和的推动。本章第三节主要论述了对于福特政府缓和外交的认识。福特政府的对苏缓和对美苏双方都产生了重要的影响，对美国而言，企图在自己实力衰退的情况下，借助于缓和来遏制苏联，对苏联而言则是企图借助于缓和实现自己的战略目标，而最终的结果表明美国政府当时并未能完全实现自己的预定目标。

本书最后认为，福特政府的对苏缓和外交虽然继承自尼克松，但两者又有着不同之处，同时，缓和外交的衰落也是多种因素综合作用的结果。虽然卡特上台后，美国政府继续维持着缓和的势头，但是衰落的趋势并没有逆转，最终到里根上台后，美苏开始了"第二次冷战"。

三　档案资料说明

由于语言上的原因，因而本书只能使用英文资料以及中文资料。本书所使用的资料主要来自于美国、苏联（俄罗斯）以及英国。

1. 美国档案材料。目前已经获取的美国档案资料来自于：《美国对外关系文件》（Foreign Relations of the United States，简称 FRUS）、《解密档案参考系统》（Declassified Documents Reference System，简称 DDRS）、《美国数字化国家安全档案》（Digital National Security Archive，简称 DNSA）、《美国总统公开文件》网络版（PPPUS）以及美国国家安全档案馆。

（1）FRUS：主要涉及尼克松政府以及福特政府的外交档案文件。尼克松时期的有关档案资料多数已经解密，包括限制战略武器谈判、越南战争及欧洲安全与合作会议等。福特时期的档案尚有部分未解密，不过可以通过福特总统图书馆及其他途径加以利用。

（2）DDRS：尼克松与福特政府时期的美苏限制战略武器谈判、安哥拉内战以及欧洲安全与合作会议的部分档案在该数据库中有所涉及。

（3）DNSA：所涉及的资料比较分散，包括基辛格电话记录（The Kissinger Telephone Conversations：A Verbatim Record of U. S. Diplomacy，1969—1977），基辛格秘录（The Kissinger Transcripts：A Verbatim Record of U. S. Diplomacy，1969—1977），美国核不扩散政策（U. S. Nuclear Non-Proliferation Policy，1945—1991），总统国家安全指令（Presidential Directives on National Security，PartI. II）等。

（4）美国总统公开文件：涉及尼克松及福特政府时期大量相关的讲话、会谈记录及行政指令等。

　　（5）美国总统图书馆：尼克松总统图书馆与福特总统图书馆拥有大量的总统任职期间的机密文件，并且部分档案已经实现数字化、网络化，内容包括了总统内政及外交政策等大多数领域。

　　2. 苏联档案材料。由于语言上的原因，无法阅读俄文资料，作为弥补，因而利用沈志华先生主编的《苏联历史档案选编》（社会科学文献出版社 2002 年版）。本文主要涉及了第三十、三十一、三十二、三十三卷。

　　3. 英国档案资料。主要是英国内阁文件（The Cabinet Papers），涉及的文件包括 CAB128 系列及 CAB129 系列等。

第一章

福特上台前美国对苏联的缓和外交

1969 年 1 月，作为保守共和党人象征的理查德·尼克松在大选中以微弱优势击败民主党候选人休伯特·汉弗莱从而入主白宫，此时距离冷战的开始已有二十余年的时间。在这段时期内，美苏之间的对抗成为国际关系的主要特征。对美国政府而言，从 40 年代末杜鲁门政府提出遏制战略开始，美国历届政府都延续了该战略，而其政策核心在于通过各种方式，主要是军事手段，遏制苏联的发展与壮大，同时，把"自由"制度推广到全世界，这也是美国的核心战略目标。① 然而，到尼克松就任总统之际，美国所面临的国际政治环境及其国内环境已发生了巨大的变化，主导了战后美国外交二十余年的遏制战略受到了严峻的挑战，已经难以为继。因而，尼克松政府不但要应对"越南战争所带来的各种危机"，而且"还需要制定一项新的外交政策以应对变化了的局面。"② 正如尼克松在就职演说中指出的，"经过一段长时期的对抗后，我们已经进入了一个新的时代，一个谈判与合作的时代。"③ 尼克松认识到世界格局已经发生剧烈的变动，美国此时应该审时度势，根据现实的状况重新规划外交政策目标，并制定出新的实现这些目标的政策手段。④ 在此背景下，美国政府的对苏政策由对抗走向了谈判，缓和外交应运而生。

---

① *FRUS*，1950，Vol I，p. 406.

② Henry Kissinger，*White House Years*，Boston：Little，Brown and Company Ltd，1979，p. 65.

③ Richard Nixon，Inaugural Address，January 20，1969，http：//www. presidency. ucsb. edu/ws/index. php？pid＝1941 ＆ st＝ ＆ st1＝.

④ Richard Nixon，*U. S. Foreign Policy for the 1970's*：*A New Strategy for Peace*，Washington D. C.：Goverment Printing Office，1970，p. 62.

第一节　美国对苏缓和外交提出的背景

第二次世界大战结束之后，美苏在国家利益及意识形态上的分歧日益加剧。1947 年 3 月，美国政府以保卫希腊、土耳其不受共产主义侵略为名正式提出了杜鲁门主义，美国政府内部酝酿已久的遏制战略作为基本国策公布于众，美苏冷战正式展开。到尼克松就任之时，世界仍然是两极对峙的状态，但是这一时期的两极对峙与之前相比却有了重要的不同，出现了与先前不一样的质变因素，最明显的体现就是冷战双方的实力对比发生了显著的改变，此时迎接尼克松的是一个问题重重的烂摊子，这既包括越战的泥潭，也包括来自于日益强盛的苏联的挑战，另外还有盟国带来的竞争与压力。这些都是 20 世纪 60 年代末 70 年代初尼克松对美国外交政策进行战略调整，实现同苏联缓和的背景因素。

一　越南战争带来的深刻危机

尼克松就职之初所面临的最迫切问题莫过于越战问题，因为此时的美国深深地陷在越战的泥潭之中。到 1969 年，这场战争已经持续了近十年，虽然美国在武器装备方面拥有绝对的优势，并且参战士兵的数量持续增加，甚至一度达到五十余万人，但是仍然无法取得最终的胜利，与此同时，美军的伤亡人数不断增长，到尼克松上台时，阵亡士兵的数量已经达到 3.5 万人。[1] 持续多年的战争给美国社会各领域带来了一场全面且深刻的危机，给刚上台的新一届政府留下了众多棘手的问题。[2]

战争首先对美国的经济造成了沉重的打击。为了维持战争的进行，美国的军费开支数额剧增，政府的财政负担不断加重，收支状况日益失衡，进而导致财政赤字不断加大。1965 年至 1968 年的年度平均财政收入为 1300 多亿美元，而同时期的年度财政支出却接近 1500 亿美元。赤字的持续增加导致国内的通货膨胀加剧，物价不断上涨，美元的价值不断下降，

---

① Richard A. Melanson, *American Foreign Policy Since The Vietnam War*, London: M. E. Sharpe, 1996, pp. 65 – 66.

② Jussi M. Hanhinaki, *The Flawed Architect: Henry Kissinger and American Foreign Policy*, New York: Oxford University Press, 2004, p. 28.

国际收支状况持续恶化。① 1971 年美元与黄金的脱钩标志着美国在国际金融市场领域霸权地位的丧失。这些因素都严重影响了美国经济的稳定发展，削弱了美国在经济领域的霸权地位。

除了对经济造成的影响，越战在政治、社会及思想领域带来的消极影响更为严重。美国在越南的常年作战对自身的国力及民众的心理产生了巨大的影响，并且这种影响是极为深远的，因为美国在战争中遭到了第二次世界大战结束后的第一次重大挫败，这沉重打击了民众的信心，可以说，越战引起了关于美国文明及宪法的质疑与危机。② 到 60 年代末，对越战的指责与抨击已经演化为一场关于美国在国际社会中应承担怎样的责任与义务的辩论。美国国内的左翼与右翼势力均对政府的行为产生了疑问，进而发展到对政治制度的质疑，民众考虑更多的是自由、民主及和平的理念，而不是具体的现实利益。③ 这种质疑导致的结果就是国内空前的社会动乱，社会分裂日益加深，大规模的反战运动此起彼伏。

对于越战的质疑同样影响到了美国外交政策的制定，"越南战争除了使得美国社会到了崩溃的边缘，还把自 1947 年以来逐渐形成的对冷战外交政策的一致支持打得粉碎。"④ 尼克松政府成为"战后这一代第一个不得不在没有全国一致意见的情况下来处理他的外交政策的政府。"⑤ 越战的失利导致公众失去了乐观的情绪，这反映在对外关系方面就是这一时期孤立主义思潮的复活。这股"新孤立主义"的思潮体现了美国民众对越战的一种反思，其基本的主张是大规模的缩减军费开支，尽可能地减少美国在海外所承担的义务，修正自第二次世界大战以来所秉持的全球霸权主义政策，将关注的重点转移到国内事务上来，一项调查也表明了这一观点，在肯尼迪政府时期有大约 70% 的民众赞同增加军费，而尼克松就职之初，这一数字还不到 10%。⑥ 民主党参议员在 1969 年提出了一项修正

①　杨生茂主编：《美国外交政策史：1775—1989》，人民出版社 1991 年版，第 551—552 页。

②　Paul Kennedy, *Rise and Fall of The Great Powers*: *Economic Change and Military Conflict from 1500 to 2000*, New York: HarperCollins Publishers Ltd, 1988, p. 404.

③　*FRUS*, 1969—1976, Vol I, Foundations of Foreign Policy, 1969—1972, p. 86.

④　［美］丹·考德威尔：《论美苏关系——1947 年至尼克松、基辛格时期》，何立译，世界知识出版社 1984 年版，第 65—66 页。

⑤　Henry Kissinger, *White House Years*, Boston: Little, Brown and Company Ltd, 1979, p. 75.

⑥　Leon Friedman and William F. Levantrosser, *Cold War Patriot and Statesman*: *Richard M. Nixon*, Connecticut: Greenwood Press, 1993, p. 161.

案，要求美国撤出其部分欧洲驻军，虽然最后因几票之差未能通过，但却反映了此时美国国内民众要求减少所负担的海外义务，寻求孤立主义的情绪。

另外，越战还导致总统与国会之间的关系日益紧张。在行政与立法机构的分权问题上，由于外交事务问题太复杂，机密性较强，且往往需要很短时间内做出决定，因而美国民众将很大一部分处置权给予了总统。① 冷战之初，在处理外交事务问题上，白宫与国会之间的关系比较融洽，当总统因维护美国的国家利益需要而在世界各地进行政治及军事行动时，通常情况下会与国会进行沟通，以获取其认可。然而这一状况从 20 世纪 60 年代开始，尤其是越战爆发后，发生了显著的变化。在有关战争的决策及执行问题上，总统对国会置之不理，总统的权力也随着战争的进行而恶性膨胀。在这种情况下，总统与国会之间的矛盾开始激化，后者开始强调其在外交决策方面的权力，反对总统的大权独揽。双方之间不断激化的矛盾为尼克松的执政留下了严重的隐患，为后期尼克松的被迫辞职埋下了伏笔。

二　美苏均势的形成

20 世纪六七十年代美苏力量对比发生的最大变化是美国战略优势地位的丧失，美苏均势，尤其是核均势局面的形成，而这又是影响美国全球战略制定的首要考虑因素。从冷战开始直至 60 年代中期，凭借自身的经济实力以及在军事领域所拥有的巨大优势，美国在全球范围内对苏联展开了遏制行动，以极大的代价支持世界范围内的反对共产主义扩张的行动，正如肯尼迪所指出的，"以任何代价，支持任何朋友，反对任何敌人，以维护自由制度的生存与发展。"②

然而，随着越战的爆发，虽然军费不断增长，但是其中的绝大多数开支直接投入到了战争之中，用于其他军事领域的数额增长极为缓慢，据统计，在 1964 年后的五年间，后者的支出仅仅增长了约 5 亿美元，这严重影响了部分军事科研项目的进行。③ 而同一时期的苏联却趁此机会极大地

---

① Theodore C. Sorensen, *Decision-Making in the White House：The Olive Branch or the Arrows*, New York：Columbia University Press, 1963, p. 48.

② John F. Kennedy, Inaugural Address, January 20, 1961, http：//www. presidency. ucsb. edu/ws/index. php？pid＝8032＆st＝＆st1＝.

③ 时殷弘：《尼克松主义》，武汉大学出版社 1984 年版，第 12 页。

强化了国家的军事实力，这体现在多个方面。首先是苏联的军费开支数额大幅增加，从 1960 年的 269 亿美元增加到 1969 年的近 900 亿美元，十年之内的军费总额达到了 6219 亿美元，超过了同时期美国的 6056 亿美元。① 苏联军队不断扩充，人数增加到 400 余万人。在常规武器方面，苏联的优势得到进一步的扩大。

最能反映苏联军事实力增强的标志是其战略核力量的迅速壮大。冷战开始后，苏联先后装备了原子弹、氢弹等核武器，但是在长时期内，美国一直在该领域拥有绝对优势。到 1962 年，美国在核武器的数量及质量方面仍拥有较大优势，此时双方的洲际导弹比为 294∶75，而考虑到数量上的持续领先，美国政府领导人出于政治考虑单方面减缓了自身的核军备建设。② 古巴导弹危机的发生及最终的结果对苏联产生了极大的刺激，自此开始，苏联的核军备建设力度持续加大，以寻求与美国实现核均势。20 世纪 60 年代末到 70 年代初，苏联完成部署了新一代的陆基洲际弹道导弹，并在核武器总量上实现了与美国的平起平坐。③ 之后在很短的时间内，苏联在陆基洲际弹道导弹的数量上就取得了对美国的优势，数量比为 1300∶1054。④ 在分导式导弹及战略轰炸机领域，虽然美国仍处于优势，但却面临着苏联陆基洲际重型导弹的严重威胁。另外还需要指出的是，苏联还在美国之前研制并部署了反弹道导弹系统，这引起了美国政府的极大不安。在尼克松就职之际，苏联的洲际导弹还在以每年两百多枚的速度递增，地下发射场的数量也相应地增加。⑤ 如何应对苏联战略核力量的这种迅猛发展以及双方核力量的均衡由此成为刚上台的尼克松政府需要认真探讨的课题。

除了在军事上逐步实现了与美国的均势之外，苏联与美国在经济实力上的差距也有所减小。由于受经济危机及越战等因素的影响，这一时期美

---

① 左凤荣：《致命的错误——苏联对外战略的演变与影响》，世界知识出版社 2001 年版，第 230 页。

② Eric Black, *Rethinking the Cold War*, Minneapolis：Paradigm Press，1988，p. 96.

③ ［英］理查德·克罗卡特：《50 年战争》，王振西译，新华出版社 2003 年版，第 309 页。

④ Stanford Arms Control Group, *International Arms Control：Issues and Agreements 2nd ed.*，California：Stanford University Press，1984，p. 220.

⑤ Robert S. Ross, *Negotiating Cooperation：The United States and China 1969—1989*，California：Stanford University Press，1995，p. 19.

国经济的增长速度明显放缓。而同一时期苏联的经济水平与综合国力则有了很大的提升，国民收入年均增长率超过了美国，其经济总量所占世界经济的比重有了明显的提高，国民收入也超过了众多西方国家。经济实力的上升，为苏联的对外扩张提供了坚实的基础与保证。

三 新的力量中心的崛起与两大同盟内部各自的分裂

在 20 世纪 60 年代之前，美苏两国是国际政治舞台的主角，两个超级大国之间的对抗几乎是这一时期国际关系的全部内容。到 60 年代中后期，这一情况发生了改变。除了美苏两极，世界上又出现了数个新的力量中心，包括西欧、日本及中国。正如尼克松后来在向国会提交的关于外交政策的报告中所指出的，国际关系的战后时期已经结束，"美国、苏联、西欧、中国及日本已经成为五大力量中心，将决定未来世界的发展。"① 世界多极化的发展使得美苏两国已无法像战后初期那样有足够的能力控制世界，与之相伴随的两大联盟内部的各自分裂又使得情况变得更为复杂。意识形态不再是影响国家之间关系的唯一因素，政治行动与经济行动的作用开始体现得更为明显。② 两大同盟内部的分裂弱化了两极对抗的格局，也让美苏两国各自发现了与对方进行竞争的新方式，因为通过接触与谈判同样能达到削弱对方的最终目标。

西方阵营内部，美国的盟友西欧及日本的经济在 20 世纪五六十年代有了突飞猛进的发展，成为美国在经济领域强大的竞争对手。在"经济立国"、"贸易立国"等口号指导下的日本到 60 年代末成为西方国家中排名第二的经济体，美日之间的贸易竞争日趋激烈，贸易不平衡趋势不断加强，到 1971 年，这一数字已经达到 30 亿美元，对此美国的媒体指出，"日本人企图在经济领域主宰亚太，甚至是全世界"。③ 与经济实力的增强相伴随的是两国政治及外交关系的悄然改变，日本开始积极谋求政治上的大国地位，试图发挥政治大国的影响力，因而不愿再处于之前那种在政治

---

① Richard Nixon, Remarks to Midwestern News Media Executives Attending a Briefing on Domestic Policy in Kansas City, Missouri, July 6, 1971, http://www.presidency.ucsb.edu/ws/index.php?pid=3069 & st=& st1=.

② *FRUS*, 1969—1976, Vol I, pp. 132–135.

③ ［美］罗伯特·罗斯主编：《从对峙走向缓和——冷战时期中美关系再探讨》，姜长斌译，世界知识出版社 2000 年版，第 375、395 页。

军事上完全附属于美国的地位。在外交领域，以日美同盟为基础，日本开展了积极主动的外交行动，寻求改善与中国及苏联的外交关系。

在西欧方面，经济上，西欧的经济有了长足的发展，到60年代成为美国强有力的竞争对手，国民生产总值从50年代相当于美国的57.2%发展到1969年的72.5%。① 政治上，西欧在政治领域的联合进一步推进，相对于美国的独立自主倾向逐步加强，欧共体在国际上的政治影响力不断提升。最为重要的是，西欧主要国家在外交领域对美国的离心倾向明显增强，尤其是在与苏联的关系问题上，法德两国积极推动与苏联之间的缓和。

戴高乐及其继任者蓬皮杜领导的法国政府奉行独立自主的外交政策，不顾美国的施压，建立了自己独立的核力量，并与美国主导的北约保持一定的距离，其军事力量也不再接受北约的统一指挥。同时，在外交上率先承认了中华人民共和国，而在与苏联的关系问题上，戴高乐政府采取缓和与合作的政策，主张在全欧洲范围内开展同苏联的合作，采取实际步骤与苏联进行缓和。② 1966年6月，戴高乐访问了莫斯科，双方发表了联合公报，赞成在东西方国家间创造缓和气氛并在所有领域进行合作，另外还计划由苏联发射一颗法国卫星，对此，许多美国人认为这是推翻一切联盟关系的序幕。③ 而蓬皮杜则于1970年再次访苏，两国先后缔结了"在出现紧张局势时进行协商"和"两国合作的总原则"两项协定，法国还支持召开欧洲安全会议，虽然由戴高乐开始的这些缓和政策还不是一种普遍意义上的东西方缓和，且仅限于欧洲的范围，但它沉重打击了美国在西方联盟中的领导地位，对美苏冷战以及整个东西方关系产生了重要的影响。④

而这一时期的联邦德国也开始改变所奉行的"哈尔斯坦主义"（Hallstein Doctrine），以打破外交上的僵局。事实上，从20世纪60年代中期阿

---

① ［苏］基尔萨诺夫：《美国与西欧——第二次世界大战后的经济关系》，朱涣译，商务印书馆1978年版，第124页。

② 刘金质：《冷战史》，世界知识出版社2003年版，第613—615页。

③ ［法］让·巴蒂斯特·迪罗塞尔：《外交史》（1919—1984）下册，汪邵麟译，上海译文出版社1982年版，第302页。

④ 《苏法关系文件集（1965—1976年）》，莫斯科1976年版，第28—33页，转引自［苏］安·安·葛罗米柯等主编《苏联对外政策史·下卷（1945—1980）》，韩正文等译，中国人民大学出版社1988年版，第472页。

登纳政府后期开始，联邦德国就开始寻求改善与苏联及东欧国家的关系，提出将缓和作为外交政策的首要目标。社会民主党人勃兰特上台后，重新规划了政府的外交政策，在承认民主德国及战后的边界现状的基础上，提出了新的"东方政策"，开始绕过美国直接与苏联及东欧国家进行谈判，以寻求欧洲局势的缓和。经过谈判，联邦德国与苏联于 1970 年签订了和平合作条约，一致反对"在有关欧洲安全事务及苏德两国关系问题上使用武力或以武力相威胁"。① 而福特政府对于联邦德国的政策则有所担心与怀疑，这一点在基辛格的回忆录中曾有过表述。② 尼克松政府后来对苏联实行缓和外交的部分原因就在于防止在没有美国参与的情况下联邦德国与苏联实现缓和，从而削弱美国在资本主义世界的主导地位。

　　苏联阵营方面，苏联领导的社会主义阵营也遇到了越来越多的难题。受到苏联控制多年的众多东欧国家独立自主的意识逐渐增强，并在 60 年代导致了一系列事件的发生。除了与南斯拉夫之间仍然紧张的关系之外，与罗马尼亚之间的分歧也日益扩大，后者不但在中苏分裂问题上保持中立态度，之后更是批评苏联的蛮横态度，在苏联入侵捷克斯洛伐克问题上，罗马尼亚不但没有出兵，而且还指责苏联的大国沙文主义。1968 年捷克斯洛伐克的"布拉格之春"改革及随后的苏联入侵将社会主义阵营内部的分裂展现在世人面前。"布拉格之春"表明部分东欧国家试图摆脱苏联的控制和束缚，独立自主地处理内外事务，寻求一条适合自身国情的社会主义道路。这场运动严重冲击了苏联对东欧国家的控制，同时对苏联自身的政治体制也产生了影响与冲击。

　　而这一时期的中苏关系也由之前的口头论战发展到公开的武装对抗，这使得共产主义阵营分崩离析。中苏双方不但在边境地区都部署重兵，而且冲突与摩擦也日渐增多，最终在 1969 年 3 月份发生了珍宝岛事件，之后苏联在边境地区的军事力量部署进一步加大，更是准备以核武器打击中国。③ 20 世纪 60 年代中苏同盟的彻底分裂不仅对中苏双边关系及社会主

　　① Richard C. Thornton, *The Nixon-Kissinger Years: Reshaping America's Foreign Policy*, New York: Paragon House, 1989, p. 64.

　　② Henry Kissinger, *White House Years*, Boston: Little, Brown and Company Ltd, 1979, pp. 529 – 534.

　　③ ［日］衫田一次:《从兵要地志看中苏战争》，军事科学院外国军事研究部译，战士出版社 1983 年版，第 137 页。

义阵营的发展产生了极为消极的影响，而且对这一时期国际关系的发展及国际格局的变动产生了内在的冲击，改变了国际社会一直所盛行的以意识形态划分界限的关系格局，为美国政府重新制定对苏政策提供了依据。尼克松认为中苏分裂是 60 年代世界政治中最重大的事件，是"当代世界最深刻的国际冲突之一，"① 在给国家安全委员会的指示中，他要求对苏联的政策制定要"尽可能地用美中苏三角关系的大格局来研究问题"。② 这表明，面对共产主义世界的分裂，如何才能更有效地应对来自苏联的挑战，以维护美国的国家利益，尼克松开始有了新的想法。

从上面的分析可以看出，在尼克松总统就职前后，美国所领导的资本主义阵营及苏联为首的社会主义阵营都发生了分裂，这在客观上导致了一种结果的出现，即美苏两国都拥有了制衡对方的新砝码，美国以改善中美关系及美国与东欧的关系为手段向苏联施加压力，而苏联则以与西欧的缓和为契机迫使美国做出让步，这导致双方都不得不做出让步，从而客观上促成了缓和的实现。

四 苏联外交政策的调整

美国外交政策调整的另一个重要原因在于其最大的对手苏联外交政策的转变，这为美国提供了政策调整的机遇。尤其是在尼克松就职前后，苏联领导人勃列日涅夫正在大力地推行对西方的缓和政策。

苏联从赫鲁晓夫时代便开始进行对外战略的调整。战后初期，苏联的对外战略逐步从维护战时大国合作体制转向了与美国进行冷战的对抗体制。赫鲁晓夫上台后，进行了外交政策理念的转变，对政策进行了重大调整，在与美国等西方国家关系问题上，开始通过谈判、让步及妥协，解决或是部分解决战后遗留下来的一些问题，这在一定程度上溶解了冷战气氛，缓和了国际紧张局势。③ 赫鲁晓夫提出"三和路线"，强调缓和国际局势的必要性与可能性，主张通过"缓和"来争取与美国平起平坐的地位，建立两个核大国共管的世界体系格局。为此，他将和

---

① Richard Nixon, Second Annual Report to the Congress on United States Foreign Policy, February 25, 1971, http://www.presidency.ucsb.edu/ws/index.php? pid = 3324 & st = & st1 =.

② *FRUS*, 1969—1976, Vol XVII, China, 1969—1972, pp. 41 - 42.

③ 周尚文、叶书宗、王斯德:《苏联兴亡史》，上海人民出版社 2002 年版，第 704 页。

平共处作为苏联外交政策的总体指导方针，将其视为解决当前国际问题的关键。

1964 年勃列日涅夫上台后，基本上延续了前任所制定的外交政策，尤其是在处理与西方关系时，仍然秉持"和平共处"的方针，他指出"党的二十大、二十一大及二十二大的决议是正确的，在对外政策方面所确立的路线是不可动摇的，赫鲁晓夫制定的和平共处外交政策具有积极的作用"。① 在随后纪念十月革命 47 周年的报告中他再次确认了对和平共处的外交政策的肯定，"我们党近几次代表大会的决议所确定的对外政策的总方针是始终一贯和坚定不移的"。② 在对美关系上，这一时期的苏联政府十分重视同美国政治关系及经济关系的正常化，不断声明愿同美国建立正常关系，加强贸易、经济、科学和文化联系。

虽然 60 年代的越战对两国关系产生了严重的消极影响，但是苏联仍未放弃与美国改善关系的努力，勃列日涅夫在 1969 年召开的华约政治协商会议上，提出了关于欧洲缓和的构想。在 1971 年召开的苏共二十四大上，勃列日涅夫更是进一步提出了"争取和平和国际合作"的六点"和平纲领"，明确表示要改善同西方的关系，与美国进行"友好的对话与谈判"，并宣布"把缓和放在巩固和加强苏联和平共处外交的首位"。③

当然，苏联在这一时期推行缓和政策也有其自身经济、政治及军事等因素的考虑。"对于勃列日涅夫而言，缓和同样是很有必要且极为有益的。"④ 虽然美国经济在 60 年代遇到了越来越多的困难，而苏联的经济有了相当程度的发展，但是相比较而言，苏联面临的经济问题在本质上更为严峻，其孤立于全球经济体系的做法越来越难以维持下去，苏联此时亟须来自于外部的资金及技术。到 1971 年，美国所占世界经济的比重约为 30%，而苏联仅为 15%。不但经济总量仍远落后美国，其经济增长率也在逐年下降。在经济实力落后的背景下，苏联与美国一直在进行的军备竞

---

① 沈志华主编：《苏联历史档案选编》第 28 卷，社会科学文献出版社 2002 年版，第 576 页。

② ［苏］安·安·葛罗米柯等主编：《苏联对外政策史·下卷 (1945—1980)》，韩正文等译，中国人民大学出版社 1988 年版，第 435 页。

③ 辛华编译：《苏联共产党第二十四次代表大会主要文件汇编》，生活·读书·新知三联书店 1976 年版，第 48—50 页。

④ ［美］沃尔特·拉弗贝：《美苏冷战史话 (1945—1975)》，徐复等译，商务印书馆 1980 年版，第 291 页。

赛，尤其是核武器方面的竞赛，给苏联经济、政治等各个方面都造成了极大的压力，"与美国进行的持久的军备竞赛会严重消耗苏联的经济，进而会导致苏联遇到严重的失败。"①苏联政府迫切希望与美国的缓和能够为自己赢得喘息的时间。

从上述的分析可以看出，在缓和问题上，美国与苏联之间存在着互动。缓和的出现不仅是由于美国方面态度的变化，苏联政府态度的转化同样重要，是促使美国提出对苏缓和外交的重要因素。②

五　尼克松与基辛格的个人因素

尼克松赢得 1968 年总统大选之后，苏联政府对此高度警惕，因为他一贯坚持的反共反苏的形象是广为所知的，然而最终他却对美国的对苏政策做出了重大调整，这与他个人所信奉的理念有密切的关系，同时他的主要助手基辛格对于推动这一政策上的转变也起到了极为关键的作用。

与之前的几位总统不同，在成为总统之前，尼克松曾担任过两届副总统，在这八年时间内，尼克松曾经多次作为艾森豪威尔总统的特使出访国外，到过 54 个国家，因而积累了丰富的处理国际问题及外交事务的阅历与经验。尤其值得注意的是，与对国内事务的兴趣相比，尼克松本人对于外交事务有着更为浓厚的爱好，他将大部分时间贡献给了外交事务。首先处理外交问题是其任内的最大特色，并且在此过程中，他始终牢牢掌握制定对外政策的权力，正如他在 1968 年所指出的，"我一向认为，这个国家在内政方面可以自治，无须总统，你们需要的是一个能够制定对外政策的总统，国务卿其实无所轻重，总统制定着对外政策"。③而在尼克松入主白宫之际，大多数美国人心中显然已经被战争和对抗所充斥，丰富的外交经历使得尼克松很快就明白美国公众此时的愿望，即结束海外军事冒险，结束冷战。鉴于他曾为煽动反对共产主义的歇斯底里做过如此大的贡献，所以，要把这个国家从那种高压政治中解脱出来，无人比他更有

---

① ［俄］格·阿·阿尔巴托夫：《苏联政治内幕：知情者的见证》，徐葵译，新华出版社1998 年版，第 283 页。

② ［俄］阿纳托利·多勃雷宁：《信赖——多勃雷宁回忆录》，肖敏、王为等译，世界知识出版社 1997 年版，第 219 页。

③ ［美］拉尔夫·德·贝茨：《1933—1973 美国史》下卷，南京大学历史系英美对外关系研究室译，人民出版社 1984 年版，第 414 页。

资格。① 他非常希望通过对和平的推动来表明其在政治上的成功，进而奠定在历史上的地位。

除了尼克松，亨利·基辛格在政府的政策制定及推行方面同样占有特殊地位。由于身居要职，并且深得总统赏识，因而基辛格的外交理念贯穿于这一时期外交决策之中。基辛格是一个具有欧洲观念而不是美国观念的知识分子，他所崇拜的历史偶像之一是奥地利的"政治英雄"，一位19世纪初欧洲均势理论的实践家梅特涅，并且基辛格对梅特涅的思想及其所奉行的"均势"外交政策有过精心的研究，并从中得出了他对外交谈判、均势政策、"国际秩序"及所谓的"和平结构"的看法。②

如同战后历任政府一样，尼克松与基辛格外交政策的根本目标在于维护战后美国的国家利益，他们也将遏制苏联视为实现上述目标的关键。与之前的领导人所不同的是，两人都将现实主义理念奉为指导外交政策的圭臬，都认为旧的世界格局正在崩溃，世界正在进入一个新的时期，过去的政策方法不再有效。两人认为面对新的国际国内形势，美国必须重新界定自身的利益，进而确定所面临的威胁，在此基础上，采取新的外交政策。③ 面对苏联的日益强大及自身的日益衰落，确保国际权势的均势，进而实现稳定的国际秩序是美国最大的国家利益，为了实现该目标，意识形态不应该成为实现该目标的障碍。美国历史学家阿瑟·M. 小施莱辛格认为，尼克松与基辛格这对搭档使美国的外交政策甩掉了包袱，冲出了禁区，使全国的视线从意识形态转向了地缘政治。

在尼克松与基辛格所信奉的保守主义的政治哲学思想中，美国在世界中的角色定位发生了变化，既不是先前独霸全球的超级大国，也不是回归孤立主义的区域国家，而是成为保障世界和平与公正的必要角色。世界上的权力变得越来越分散，两人都认为美国应该完成从世界霸主向权力中心

---

① Warren I. Cohen, *The Cambridge History of American Foreign Relations* (*Volume Ⅳ*): *America in the Age of Soviet Power*, 1945—1991, New York, NY: Cambridge University Press, 1993, p. 182.

② 资中筠主编：《战后美国外交史——从杜鲁门到里根》，世界知识出版社1994年版，第594页。

③ ［美］约翰·加迪斯：《遏制战略：战后美国国家安全政策评析》，时殷弘等译，世界知识出版社2005年版，第300—301页。

角色的转变。① 他想采取这样一种外交政策，即能够将美国置于世界大国权力的中心位置，正如他在白宫中所寻求的权力中心的位置。在这些外交理念的指导下，尼克松与基辛格最终对战后的遏制战略做出了新的改进与发展，从而提出了"缓和"战略。

总之，面对 20 世纪六七十年代新的国际与国内形势，信奉现实主义外交思想理念的尼克松与基辛格开始了转变美国对苏外交政策的进程，美国对外政策中也开始显露出现实主义的成分。尽管美国的那些敌视同苏联合作的有影响的势力仍然很活跃，但尼克松政府内部还是越来越明确地认识到，美苏关系的持续紧张化孕育着引起严重危险的麻烦，甚至是武装冲突的威胁，这不符合美国的国家利益。在新的形势下，要最大限度的维护自身的利益，只能是同苏联保持和平共处的相互关系，两国都要考虑彼此的安全利益。

第二节　尼克松政府时期的对苏缓和外交

在 1968 年接受共和党总统候选人提名大会上，尼克松在演讲中表示，在对苏关系上，美国的政策要从对抗转向谈判。② 入主白宫后，他便开始奉行对苏"缓和"的方针，试图通过谈判达到遏制苏联的目的。由此，对苏联的"缓和"与"遏制"便开始有机地结合起来，美国的对苏外交进入了一个新的阶段。

一　"缓和"的提出

虽然很早就已确定改善美苏关系的总体方针，但"缓和"这一词语的提出及政策的出炉是一个缓慢的过程，而非一蹴而就。正如前文中所指出的，尼克松在其参选总统之前就已考虑通过谈判改善与苏联的关系。在 1968 年 3 月的一次演说中，他就打算指出他"已预见到与苏联关系的一

---

① Franz Schurrmann, *The Foreign Politics of Richard Nixon*, Berkeley: Institute of International Studies, University of California, 1987, p. 2.

② Richard Nixon, Address Accepting the Nomination at the Republican National Convention in Miami Beach, Florida, August 8, 1968, http: //www. presidency. ucsb. edu/ws/index. php? pid = 25968 & st = & st1 = .

个新时代，新一轮的首脑会谈及其他谈判即将开始。"① 但这次演说最终未能举行，因为此时约翰逊总统突然宣布不再寻求连任，考虑到竞选的需要，他没有进行此次演说。在后来的提名大会及之后的就职演说中，尼克松对于和平及谈判做了重点的强调，但是，值得注意的是，在这些论述中并没有发现"缓和"这个词语，也没有提及均势及限制战略武器谈判的任何内容，只是强调"在本届政府任期内，美苏交流的渠道是敞开的。"②

同样显示出尼克松政府在缓和问题上的谨慎态度的是政府所制定的对外政策报告。尼克松政府是首个向国会发布关于外交政策的年度总统报告的政府，通过这一系列报告，总统向国会阐明政府外交政策的目标及策略。与年度国情咨文相比，这一系列报告更为详细综合。在首个任期内的一系列文件被称为"20世纪70年代的美国外交政策"（U. S. Foreign Policy for the 1970's），每一年度均有一个强调和平主题的副标题，如1970年的"和平的新战略"（A New Strategy for Peace），1971年的"构建和平"（Building for Peace），1972年的"和平的结构"（The Emerging Structure of Peace）及1974年的"构建持久和平"（Shaping a Durable Peace）。但是值得注意的是，在头三卷的内容中并没有出现"缓和"这一词汇，而在第四卷中也只是对这一词语做出了谨慎地使用，"缓和并不意味着危险的结束……缓和与持久的和平并不相同"。③ 取而代之的是一些其他的表达方式，如"一个新的时代"、"相互合作""和平共存"及建立"和平架构"等等。④ 当然缓和的主题在这些报告中体现的还是很明显的，但这一词语还是在长时间内被避开使用。

尼克松首次使用"缓和"这一词汇是在1970年联合国大会所做的演讲中，他将这个词与"权力政治"相对比，指出"我们必须跳出传统的强权政治模式，即国家寻求利用每个可利用的机会获取自己的利益，或是在每次谈判中为自己获取最大的利益……真正的缓和需要双方作出一系列

---

① Richard J. Whalen, *Catch the Falling Flag: A Republican's Challenge to His Party*, Boston: Houghton Mifflin, 1972, pp. 140 – 144.

② Henry Kissinger, *White House Years*, Boston: Little, Brown and Company Ltd, 1979, p. 50.

③ *FRUS*, 1969—1976, Vol XXXVIII, Part 1, Foundations of Foreign Policy, 1973—1976, pp. 33 – 43.

④ *FRUS*, 1969—1976, Vol I (1970), pp. 2 – 4; Vol IV (1973), pp. 26, 37; Vol III (1972), p. 16.

的根本改变，而不仅仅是表面政策的转变。"① 美国官方或民间广泛使用缓和则是在 1973—1974 年。可以说，在 1969 年甚至直到 1972 年，关于缓和的政策并没有被详细的阐述甚至是考虑。② 与之相对应，在实践中，缓和的发展也是一个逐步地且不确定的过程，美苏双方既在包括限制核武器等问题上进行着合作，同时也在中东等地区展开着对抗。

在尼克松上任后的头两年内，美国对苏联的缓和外交并未取得进展，双方在一些重大国际事件上不断发生利益上的冲突。苏联在古巴建立核潜艇基地事件及约旦危机都引起了双方之间的剑拔弩张，给缓和蒙上了沉重的阴影。直到 1971 年下半年，缓和才取得了一定的进展。值得注意的是，在缓和的缓慢发展过程中，尼克松政府形成了一个关于缓和的基本认知：缓和是一个战略而不是一个目标，是一种外交手段而不是外交目的，是用来应对日益强大的苏联的手段，意味着双方在某些领域进行某种程度的有限合作，但并不意味着对立与冲突的结束，缓和不同于绥靖，也不是遏制的同义词，而是和平共处与竞争的结合体，清醒的缓和是将缓和与威慑结合在一起。③

尼克松政府的缓和是一种尝试与努力，不仅要减小爆发核战的风险——这是基本的动力及双方共同的安全利益，建立对双方都有利的关系，而且要实现遏制苏联的根本目标。然而此时公众与国会的厌战情绪以及脆弱的经济严重束缚着尼克松的手脚，为了更有效地实施缓和战略，尼克松政府主要采取了两方面的应对措施。第一，在外交决策领域采取高度集权的方式。出于政治等因素的考虑，尼克松与基辛格在制定及实施外交政策时使政府其他成员的参与度降到最低，将行政机构的其他关键成员排除在白宫的外交决策圈之外，避免外交政策受到官僚机构、新闻界、国会及街头示威的干预。虽然这一做法在政府内部、国会及民众当中引起了不满，但这更加确认了尼克松与基辛格的判断，即有必要进一步做好政策制定及实施的保密性。

① Richard Nixon, Address to the 25th Anniversary Session of the General Assembly of the United Nations, http: //www. presidency. ucsb. edu/ws/index. php? pid = 2754 & st = & st1 = .

② William G. Hyland, *Soviet-American Relations*: *A New Cold War*, Santa Monica, California. : Rand Corp. , 1981, pp. 22 – 25.

③ Raymond L. Garthoff, *Detente and Confrontation*: *American-Soviet Relations from Nixon to Reagan*, Washington D. C. : The Brookings Institution, 1994, pp. 32, 36.

第二，在美国的财富和国力都相对下降及公众支持度陷入低潮的情况下，尼克松与基辛格采取了被称为"联系原则"（linkage）的谈判策略。这一原则强调事件之间的相互关系，一件事情被用来作为另一件事的谈判筹码，如只有达成关于 B 的协议时，关于 A 的协议才会生效。换句话说，谈判的一方对 A 协议的接受是以第二方对 B 协议的接受为条件的。通过承认苏联取得的战略上的平等地位并容忍侵犯人权的行为，以及给予其所缺的资金与技术，尼克松与基辛格要求苏联承认超级大国在稳定其利益，尤其是在保持第三世界秩序时的相互依赖关系，也就是说，苏联将因为接受美国提出的要求而受到鼓励，反之则会受到惩罚。① "联系原则"是缓和时期尼克松政府制定对苏政策，处理同苏联关系的重要原则，是任内对苏政策三项原则——"实际的原则"、"克制的原则"及"联系的原则"之一。②

需要强调的是，"联系原则"不仅是尼克松任内，也是其继任者福特总统任内对苏实施缓和外交时所坚持的基本原则。美国利用苏联最关心的问题，如要求美国承认其世界大国地位、进行限制核武器谈判等，做出一定的让步，从而吸引苏联做出相应的妥协，最终实现遏制苏联的目标。同时，贸易杠杆也是"联系原则"经常使用的武器。美国将经济贸易作为同苏联进行政治交易的手段，正如基辛格所指出的，美苏经济关系的发展"取决于双边政治关系的进展"，美国对美苏贸易的调节与控制将会"推动两国缓和关系的进展"，并在可能的情况下，促使苏联保持克制态度。③

二 "缓和外交"的实施

在尼克松政府实施缓和外交的过程中，美国政府在众多问题上与苏联进行着谈判、合作甚至是妥协，同时也保持着警惕，在涉及自身利益的诸多问题上与苏联进行竞争与对抗。总体上说来，这一时期美国主要在限制战略武器谈判、德国问题与欧洲安全以及美苏经贸关系等领域与苏联进行谈判与合作，并在各个领域都取得了重大的进展。

---

① U. S. Department of State, *Department of State Bulletin*, Vol. 73, July 7, 1975, p. 17.

② Henry Kissinger, *White House Years*, Boston: Little, Brown and Company Ltd, 1979, pp. 174 – 176.

③ ［美］亨利·基辛格：《动乱年代——基辛格回忆录》第一册，张志明等译，世界知识出版社 1983 年版，第 301、310 页。

（一）第一阶段限制进攻性战略武器谈判（SALT I）

冷战开始之后，美苏两国的核军备竞赛日益加速，但由于担忧其巨大的破坏力，因而核武器控制问题成为两大国关注的焦点。苏联很早就确信这是一个非同寻常、位居一切问题之首的难题。[①] 而美国从艾森豪威尔政府开始，就已经在探讨一条限制战略武器谈判的道路，到尼克松政府时期，美苏之间开始了正式的限制战略武器谈判，近三年时间内举行了 7 轮谈判，127 次会议，最终签订了第一阶段限制战略武器条约。可以说，核军备谈判不仅是尼克松政府，而且是整个冷战时期美苏缓和的主题，双方均把限制进攻性战略武器谈判看作是缓和的主要内容和追求的主要目标，认为这决定着美苏关系的发展。

从 20 世纪 50 年代初即已开始的谈判到尼克松政府时期真正步入正轨。在就职之后举行的首次记者招待会上，尼克松表示赞成同苏联之间的限制战略武器谈判，但同时表示这一谈判应该与事关其他问题的谈判同时进行，"我们的限制战略武器谈判应该以这样的方式进行，即如果可能的话，同时促进包括越南、中东等政治问题取得进展"。[②] 这显然体现了尼克松与基辛格所制定的"联系原则"。虽然如此，尼克松还是早在 1 月 31 日就任命了杰拉德·史密斯（Gerald Smith）为首席谈判代表兼军备控制与裁军署署长。

3 月 6 日，白宫发布了第 28 号国家安全研究备忘录，要求国家安全委员会研究制定美国政府在可能举行的限制战略武器谈判中应采取的立场。[③] 同一天，基辛格开始在政府各个部门中调研关于谈判方案的意见，并组建了跨部门小组，专门负责研究谈判中的各项具体问题。此外，为排除外在的干扰，提高谈判的效率，在尼克松的授权下，基辛格与苏联驻美大使多勃雷宁及苏联外长葛罗米柯之间还建立了秘密的谈判渠道。[④]

经过一段时期的内部协商之后，尼克松政府在 7 月份出台了谈判草

---

① ［苏］安·安·葛罗米柯：《永志不忘——葛罗米柯回忆录》下卷，伊吾译，世界知识出版社 1989 年版，第 253 页。

② *FRUS*, 1969—1976, Vol XXXII, SALT I, 1969—1972, p. 1.

③ National Security Study Memorandum 28: Preparation of U. S. Position for Possible Strategic Arms Limitation Talks, *DNSA*, Presidential Directives on National Security, Part I, PD01343.

④ Henry Kissinger, *White House Years*, Boston: Little, Brown and Company Ltd, 1979, pp. 186 – 187.

案,共提出了 5 种谈判方案,这些方案的不同主要集中在陆基、海基洲际弹道导弹的数量,是否部署反弹道导弹及其数量以及多弹头分导导弹等问题上。①

随后的 7 月 11 日,美国通过罗杰斯通知多勃雷宁,将于 7 月底开始限制核武器谈判。在达成一致意见后,双方于 10 月 25 日各自在首都宣布将就有关问题举行初步讨论。11 月 12 日,尼克松总统批准了第 33 号国家安全决定备忘录,确定了美国在首轮会谈中的方案,主要内容包括:(1)代表团的主要目标是获取苏联在谈判中的立场与态度,为以后的谈判做准备;(2)确定采用 7 月 11 日所制定的五套方案中的方案二为谈判文本等。②

11 月 17 日,双方之间的首轮会谈在赫尔辛基举行。由于是首次会谈,双方更多的是了解对方的观点,因而会谈并未取得实际的成果。会谈表明,苏联更多的是希望给反弹道导弹施加限额,而不希望限制自己占优势的进攻性洲际导弹,同时苏联还提出了美国的前沿武器系统问题,另外双方在多弹头导弹及核查问题上也存在着分歧。③ 虽然存在不同的意见,但双方对待谈判的态度都比较认真,美方在谈判中提出了先前制定的方案,苏联也表明了自身的立场,双方还就建立工作组达成了协议,同意通过继续谈判来交换意见,以推动协议的达成,并商定 1970 年 4 月再次会晤。④

首轮会谈结束之后,针对与苏联之间的分歧,美国政府开始为第二轮会谈做准备。1969 年 12 月 30 日,基辛格在给国家安全委员会核查小组的指令中要求其研究制定下一轮会谈的方案,指出核查小组应根据最新的评估报告,制定出几种选择性的方案。⑤ 到 1970 年 3 月 23 日,国家安全

---

① *FRUS*, 1969—1976, Vol XXXII, pp. 108 – 118.

② National Security Study Memorandum 33: Preliminary Strategic Arms Limitation Talks, *DNSA*, Presidential Directives on National Security, Part I, PD01193. 方案二的主要内容包括:限制陆基与海基弹道导弹发射器的数量;允许部署陆基可移动式洲际弹道导弹,其数量归纳到武器总量之中;禁止部署陆基移动式多弹头分导导弹;限制反弹道导弹发射器的部署数量等。

③ *FRUS*, 1969—1976, Vol XXXII, pp. 164 – 166.

④ Ibid., pp. 163 – 164.

⑤ National Security Council, Henry Kissinger provides members of the National Security Council's Verification Panel with issues in Preparations for the next round of U. S. -Soviet Strategic Arms Limitations Talks, Dec 30, 1969, *DDRS*, CK3100645655.

委员会出台了关于美国在下一阶段谈判中应采取的立场的综合性分析报告。[①] 在这份报告的基础上，国家安全委员会确定了四套谈判方案，并于3月27日以第49号国家安全决策备忘录的形式发布，这四套方案分别为：（1）限制方案：允许部署防御性的反弹道导弹以及多弹头导弹；（2）综合方案Ⅰ：放弃防御型导弹或是只部署防御首都的反弹道导弹及多弹头导弹；（3）综合方案Ⅱ：放弃防御型导弹及多弹头导弹，只部署防御首都的反弹道导弹；（4）削减方案：对核武器进行阶段性的实质削减，并同意部署多弹头导弹。[②]

　　1970年4月16日，双方之间的第二轮会谈在维也纳举行。在会谈举行之前的4月10日，美国国家安全委员会出台了第51号国家安全决策备忘录，提出要在谈判中涉及尽可能多的内容，并确定了两个方案作为谈判的起点：方案一即为上述的综合方案Ⅱ，该方案得到了国务院以及军备控制与裁军署的支持，具体为：在进攻性武器方面，将两国陆基及潜射洲际导弹数量限制在1710枚，轰炸机数量冻结在美国527架，苏联195架，在防御性武器方面，不部署反弹道导弹或是只部署防御首都的反弹道导弹，此外还禁止部署多弹头导弹；方案二即为综合方案Ⅰ，在防御性的反弹道导弹方面同上，但在进攻性武器方面，双方要大大削减自身的数量，到1978年保留为1000枚，另外允许部署多弹头导弹，这一方案得到了军方的支持，而在核查问题上，美国政府的立场则一直是现场核查的方式。[③]

　　对于美国提出的方案，苏联的反应是，一是接受对洲际弹道导弹、潜射导弹及战略轰炸机总量的限制，二是接受对反弹道导弹的限制，三是主张将所有射程能够达到苏联的武器系统都归为"战略进攻性"武器（这意味着美国部署在西欧的前沿武器系统将被计算在内），四是同意禁止多弹头导弹的生产与部署，但是仍可以进行飞行测试与研发（这主要是因为美国已经接近实际部署，而苏联仍处于试验阶段）。[④] 苏联的后两项提议对于美国而言是无法接受的，谈判因而陷入了僵局。

---

① *FRUS*, 1969—1976, Vol XXXII, pp. 198 – 207.

② Ibid., pp. 215 – 216.

③ Ibid., pp. 231 – 232.

④ Ibid., pp. 257 – 259.

在之后于 8 月及 11 月份举行的两轮协商中，美苏均未做出实质性的妥协。这也使得谈判继续处于僵局。除了上述分歧，美苏在谈判议程与内容方面的分歧也变得日益明显，美国要求将限制进攻性战略武器与限制防御性的反弹道导弹系统的谈判结合在一起同时进行，而苏联则表示反对，提出要先达成关于反弹道导弹的协议之后，才能开始讨论进攻性武器问题。①

由于在公开层面上的会谈迟迟不能取得进展，在谈判桌上，双方代表各执一词，争吵不休，因而从 1971 年初开始，基辛格与多勃雷宁之间的秘密管道开始发挥重要的作用，美苏政府同意由两人举行秘密谈判来讨论协定的原则条件，而技术上的专门问题则继续留在赫尔辛基与维也纳进行讨论。与此同时，福特与基辛格也在不断地向国会做出解释，使其接受政府提出的谈判方案。基辛格与多勃雷宁之间的秘密渠道的作用随即开始显现，尤其是在限制进攻性战略武器谈判与限制防御性武器谈判的结合问题上，经过两人之间及两人与各自政府之间的多次秘密接触与商谈，最终取得了突破，苏联同意把两者联系起来进行协商，之后尼克松与柯西金通过交换信件形成了协议。

1971 年 5 月 20 日，美苏两国在华盛顿与莫斯科同时宣布：美苏两国政府在回顾了之前的谈判过程之后，一致同意今年将达成关于反弹道导弹的协议；另外双方还同意，在完成上述协议的同时，将就限制进攻性战略武器的某些措施达成一致；双方保证将为进一步的谈判创造更加有利的条件。② 随后，谈判进程加快，分歧逐步消除。1972 年 4 月 20 日，基辛格秘访莫斯科，与苏联商讨限制战略武器谈判问题，为之后的首脑会晤做准备。经过会谈，双方消除了最后的分歧，苏联接受了美国提出的冻结进攻性战略武器五年的主张以及潜射导弹的数量，而美国同意了苏联提出的反弹道导弹系统的部署计划。③

1972 年 5 月 26 日，美苏双方最终签署了第一阶段限制战略武器条约。内容主要包括两个部分，一项是《美苏关于限制反弹道导弹防御系统条约》，规定每一方最多建设两套反弹道导弹系统，其中一套用于防卫

---

① *FRUS*, 1969—1976, Vol XXXII, pp. 265 – 267.

② Ibid., pp. 503 – 504.

③ Ibid., pp. 787 – 788.

首都，另一套负责保护导弹基地，另一项是《美苏关于限制进攻性战略武器的某些措施的临时协定》，冻结了自协议签署之际双方各自拥有的导弹数量。① 第一阶段限制战略武器协议是美苏双方迈向军备控制的关键性步骤，为之后的谈判奠定了坚实的基础，成为缓和的重要内容，更是 20 世纪 70 年代东西方缓和的象征。谈判的意义不仅在于所取得的成果，更在于谈判本身，会谈开创并促进了双方之间的战略对话，为缓和时代美苏关系及东西方关系的发展做出了重要的贡献。

在达成第一阶段限制战略武器协议之后，双方随即开展了第二阶段的会谈，以寻求达成一项长期性的协定。但此时来自国内对苏强硬派的反对意见越来越大，再加上尼克松因水门事件陷入了政治困境，无法顾及谈判，直到最终辞职。虽然如此，在其任内，双方还是于 1973 年的首脑会晤期间签署了《关于进一步限制进攻性战略武器谈判的基本原则》及《美苏关于防止核战争协定》等条约。在无法达成最终协定的情况下，这几个协议的签署有助于继续保持双方在该问题上的合作以及战略缓和的势头。

（二）欧洲安全问题的谈判

第二次世界大战结束之后，欧洲所面临的主要问题便是其分裂的局面，东欧与西欧的分裂，北约与华约的对立，这影响到欧洲大陆生活的各个方面。尽管包括美苏在内的众多国家寻求改善这一状况，但仍没有解决的办法。到 20 世纪 60 年代末 70 年代初，随着东西方之间缓和的开始，欧洲问题的解决进入了新的轨道。缓和的基本论点就是东西方之间更紧密、更开放的关系会导致更加正常局面的出现，而欧洲安全与合作会议就是这一时期缓和的重要一部分。值得注意的是，在会议的准备过程中，美国领导的西方阵营提出了将解决柏林问题及召开中欧裁军谈判作为会谈召开的前提条件，苏联表示了认可，这同时又解决了困扰欧洲安全多年的两个重大问题。

召开会议解决欧洲政治安全问题的首次正式提议是 1954 年由苏联提出的。当时为了阻止德国的重新武装，削弱北约的作用，苏联外交部部长莫洛托夫提出召开欧洲安全与合作会议以达成集体安全协议，美国可以作

---

① *FRUS*，1969—1976，Vol XXXII，pp. 908 – 917.

为会议的观察员，而西欧国家一致拒绝了这份提议。① 1966 年 7 月，华沙条约成员国在布加勒斯特举行会议，之后发表了一份关于加强欧洲和平与安全的正式宣言，要求召开一个关于欧洲安全与合作问题的会议。1969年 3 月在布达佩斯召开的华约国家领导人会议正式通过了一份"华约成员国向所有欧洲国家的呼吁"，要求召开一次包括"所有有利害关系的欧洲国家"所参加的会议，但不包括美国。

1969 年 4 月在华盛顿召开的北约外长会议对布达佩斯声明做出了回应，指出美国与加拿大必须参加会议，西欧准备与东欧探讨有助于进行建设性会谈的具体问题。之后东西方之间加快了在安全会议问题上的交流。在 1970 年 5 月北约召开的罗马会议上将多边会谈与当时正在进行的德国及柏林会谈联系起来。1970 年 6 月华约成员国在布达佩斯会议上决定接受美国及加拿大参加欧洲安全会议。

1970 年 8 月及 12 月联邦德国与苏联及波兰互不使用武力条约的签署以及 1971 年 8 月 23 日关于柏林问题的四方协议的达成为筹备会议的召开铺平了道路。尤其是四方协议的达成，对于西方而言，协定为从西德通向西柏林的通道提供了法律基础，而对于苏联而言，协定迫使西方接受了东德控制东柏林的现状，并排除了将西柏林作为西德的不可分割的一部分的可能，这就消除了长期以来东西方之间爆发危机的一个热点。② 1972 年 5月在莫斯科举行的美苏首脑会谈最终同意推动欧洲安全会议的召开，会后发表的联合公报指出"美苏一致认为欧洲安全与合作会议的协商应当在关于柏林问题的四方协议签署之后开始。会议召开的时间由各与会国协商决定，但不应无故推迟"。③

于是 1972 年 11 月，33 个欧洲国家及美国、加拿大的代表在赫尔辛基举行了欧安会议筹备会议，半年之后，欧安会议开始了正式的谈判，从1973 年 7 月一直持续到 1975 年 8 月首脑会议的召开，会议最终签署了《欧洲安全与合作最后文件》。

尼克松上台之际，召开欧洲安全会议的主张已经提出了十五年。面对

---

① Department of State, Conference on Security and Cooperation in Europe, Sep 1, 1972, *DDRS*, CK3100574949.

② *FRUS*, 1969—1976, Vol XL, Germany and Berlin, 1969—1972, pp. 892 - 896,

③ Department of State, Conference on Security and Cooperation in Europe, Sep 1, 1972, *DDRS*, CK3100574949.

这种局面，在上台之初政府内部就开始集中讨论欧安会议的问题并提出了美国的立场。基辛格指出虽然他并不认为苏联的倡议有助于推动欧洲问题的解决，但美国不应当对此做出消极的回应，美国应该利用这一问题迫使苏联与美国进行具体问题的协商，尤其不能回避德国问题。4 月 8 日基辛格在另一份由总统签署的备忘录中，进一步明确了美国政府的立场，即美国应该在原则上接受召开关于欧洲安全的会议，但是会议必须要等当前关于欧洲问题的谈判取得进展之后再召开，否则最后解决欧洲问题的前景将受挫。① 10 月份国务卿罗杰斯在给尼克松总统的备忘录中再次重申了美国政府的态度，即欧洲安全会议并不能解决东西方之间包括德国分裂在内的分歧，但是由于华约提出的倡议在西欧获得了政府及众多民众的支持，所以我们不应该采取消极或反对的态度。②

在 1970 年到 1972 年，美国政府基本上维持了上述的立场。1971 年底，国务卿罗杰斯在向海外作家协会的演说中也介绍了美国政府对于会议的态度，认为会谈应重点关注具体问题，推动东西方之间在人员、思想及信息等方面的交流。虽然美国对于欧安会议能够解决处于分裂中的欧洲所面临的问题不存幻想，但相信只要相关国家一致努力，会谈就可以取得一定的进步。1972 年 9 月助理国务卿沃尔特·斯托塞尔（Walter J. Stoessel）在众议院外交事务委员会作证时，指出欧洲安全会议有助于推动东西方关系的进一步发展，美国政府认为可以举行会议，并认为会谈应采取具体的措施推动欧洲问题的解决。③

在这一时期召开的几次北约外长会议上美国还积极主导了与欧安会议相关的问题的决策。1969 年 4 月北约成员国在华盛顿举行的部长级会议上确认了之前尼克松总统批准的美国政府的立场。虽然一些国家的代表想采取更为积极的态度，但会议发表的声明总体上与美国的立场保持一致。④ 声明指出西欧准备与东欧探讨"有助于进行建设性会谈的具体问

①　*FRUS*，1969—1976，Vol XXXIX，European Security，p. 6.

②　*FRUS*，1969—1976，Vol XXXIX，pp. 21 – 22.

③　National Security Council，Statement by Assistant Secretary Stoessel Before the House Foreign Affairs Committee，Sub-Committee on Europe，Sep 7，1972，*DDRS*，CK3100574953.

④　*FRUS*，1969—1976，Vol XXXIX，p. 14.

题"，北约内部正在研究"如何更好地进行谈判"。① 为准备 1969 年 12 月的北约外长会议，美国国家安全委员会及国务院研究起草了一份关于国家安全会议的指令，传达给美国驻北约常驻代表罗伯特·艾斯沃斯（Robert F. Ellsworth），在 181393 号电报中要求艾斯沃斯向北约盟国强调美国坚持认为要为欧安会议的召开做好充分的准备，美国必须参与会议，同时还要求北约主动向东欧提出建议，包括相互均衡裁军问题以及德国与柏林问题等。② 12 月的北约部长会议最后发表的声明中强调了"周密准备"及"具体成果"的必要性，并再次确认了相互均衡裁军问题的雷克雅未克计划。③ 在 1971 年举行的北约外长会议上，美国提出推迟欧安会议的召开直到关于柏林问题的四方协议签署，这一提议获得了普遍支持。

针对北约盟国所关注的中欧均衡裁军问题，美国政府在与苏联的双边谈判及政策制定过程中多次加以强调。1969 年 12 月底在与苏联大使多勃雷宁的会谈中，美国副国务卿理查德森指出虽然美国并没有将中欧裁军问题与欧安会议必然联系在一起，但的确认为中欧裁军问题是欧安会议的完善与补充，美国非常关注中欧的均衡裁军问题。④ 1970 年 4 月在国家安全研究第 92 号文件中，尼克松总统要求对均衡裁军问题做出全面评估，分析对北约及华约的影响。⑤

而在美国的压力之下，苏联终于在 1972 年 5 月的首脑会晤中同意中欧裁军谈判与欧安会议"分别但又平行"的举行。⑥ 1973 年 1 月 31 日至 6 月 23 日，裁军会议在维也纳举行了筹备会议，同年 10 月 30 日，正式会议举行。谈判一直持续到 1989 年 2 月，期间共进行了 37 轮 493 次会议。在谈判过程中，北约与华约先后提出了多种裁军方案与建议，双方围绕着政治安全与军事安全的关系、裁军的原则及步骤、裁军的对象等问题进行了漫长的谈判。虽然最终并未取得根本性的进展，但是自 70 年代开

---

① North Atlantic Treaty Organization: Final Communique, 10 Apr, 1969—11 Apr, 1969, http://www.nato.int/cps/en/natolive/official_texts_26904.htm.

② *FRUS*, 1969—1976, Vol XXXIX, pp. 14 – 17.

③ Raymond L. Garthoff, *Detente and Confrontation: American-Soviet Relations from Nixon to Reagan*, Washington D. C. : The Brookings Institution, 1994, p. 132.

④ *FRUS*, 1969—1976, Vol XXXIX, pp. 37 – 38.

⑤ Ibid. , pp. 59 – 60.

⑥ Richard Nixon, Joint Communiqu, Following Discussions With Soviet Leaders, May 29, 1972, http://www.presidency.ucsb.edu/ws/index.php? pid = 3439 & st = & st1 = .

始的谈判体现了双方裁军的愿望，推动了这一时期美苏及欧洲地区的缓和，成为欧洲缓和的重要内容。

总体上而言，上台之初直到 1972 年底筹备会议召开之前，尽管对于欧安会议心存疑虑，尼克松政府还是对其进行了讨论，并形成了明确的态度，即在总体上支持会议的召开，并较为积极的发挥作用。这主要是由于尼克松认识到在美苏战略均势的时代，全球任何重大政治问题的解决都需要与苏联的协商。虽然欧安会议在美国看来并不重要，因为美国从以往的经验出发，认为国际上的那些重大且复杂性的安全问题，只有在小范围的秘密会谈中才更容易得到解决，美国认为如果不能取得具体的成果，召开这样一个会议并没有什么意义，但是会议的举行本身就是一个积极的信号，对于推动这一时期的缓和具有重要意义。

（三）美苏经贸关系的改善

除了政治、军事及外交领域关系的改善，20 世纪 70 年代美苏缓和的另一个重要领域是双方的经贸关系，尤其是在尼克松政府时期，美苏经济关系实现了解冻，推动了这一时期美苏关系的发展，成为缓和的重要标志之一。

美国与苏联的经贸关系始终服从于两国的政治关系，自 20 世纪 20 年代苏联建国之时，由于对共产主义的极端恐惧与仇视，美国对苏联采取了全面封锁加制裁的政策，经济领域也难以幸免，这种情况一直持续到 1933 年两国建交。建交之后，两国之间逐步建立起正常的经贸关系。二战期间，随着租借法案的实施，两国的经贸关系有了大幅度的发展，苏联获得了极大的收益。[1] 然而，随着冷战的开始，美苏经贸关系再次停滞，美国把禁运和制裁作为冷战的重要工具，专门成立了巴黎统筹委员会，严格控制对苏联及其他社会主义国家的出口贸易。而国会也通过专门法令，严格限制苏联等国向美国的出口，如 1951 年通过的《贸易条件附加法令》及《相互防御援助管制法》（《巴特尔法案》），都规定对苏联及其盟友进行严格的管制输出，禁止对其提供任何的经济与财政援助等。[2] 肯尼迪及约翰逊政府时期，虽然美国政府对政策做出了部分的调整，但这种对

---

① James K. Libbey, *American-Russian Economic Relations: A Survey of Issues and References*, Claremont, CA: Regina Books, 1989, p. 77.

② *FRUS*, 1951, Vol I, pp. 1095 – 1097.

苏联的经济冷战并未有太大的改变。

20 世纪 60 年代，随着国内外局势的改变，美国的对苏经贸政策也难以为继，受到了国内及苏联方面的持续抨击。尼克松上台之后，两国开始了缓和进程，由此不仅在苏联看来，而且在美国许多官员及民众看来，实现美苏经贸关系的正常化并进一步扩大双边贸易已成为缓和的必然要求，也是缓和的重要组成部分。此时也刚好出现了一个改善美苏经贸关系的契机，因为到 1969 年 6 月 30 日，美国政府实行了近二十年之久的出口管制法将到期，[①] 要不要继续实施该法案，需不需要做出修正，这都成为政府内外争论的焦点。

此时在如何处理与苏联的经济关系问题上，美国国内存在着不同的观点。自由派人士主张缓和，恢复并发展与苏联的经济合作关系，保守派则主张继续进行经济上的冷战，对苏联保持全面遏制。[②] 在政府内部，国务院及商务部等部门比较赞同自由派的观点，而国防部的观点则比较保守，另外国会内部反对缓和的力量更为强大。尼克松与基辛格的态度则介于两者之间，既主张要对保守性的经济政策进行修改，以此扩大两国之间的经济往来，同时更将对苏经贸关系的改善视为影响苏联外交政策以及加深苏联对美国的依赖程度的杠杆。在两人看来，经贸关系的改善与政治关系的改善要同时进行，否则难以建立长期稳定的经济关系，尤其是国会也不会在两国仍处于政治对抗的情形下，支持双方经贸方面的往来。正如基辛格所指出的"我们的策略是将贸易上的妥协作为政治工具，当苏联采取合作态度时就奖励他们，在他们冒险时就惩罚他们。"[③]

1969 年 12 月，在经过激烈争论之后，美国国会最终通过了新的出口管制法，新法案对之前的法案在某些方面做出了调整，宣布要扩大与苏联之间的贸易往来，如允许与苏联之间的非军事物资的贸易，解除对苏联的部分物资出口限制等，同时，新法案将执行权大部分赋予了行政

---

① 《1949 年出口管制法》（Export Control Act of 1949）授权总统为了美国的对外政策、国家安全、有助于国内短缺物资供应及抑制通货膨胀而进行禁运或限制出口。该法案以后于 1969 年、1979 年、1981 年及 1985 年历经多次修改，至今仍在沿用。

② Vladimir Petrov, *U. S. -Soviet Detente*: *Past and Future*, Washington D. C. : American Enterprise Institute for Public Policy Research, 1975, pp. 16 – 18.

③ Henry Kissinger, *White House Years*, Boston: Little, Brown and Company Ltd, 1979, p. 840.

机构。① 虽然尼克松与基辛格仍坚持"联系原则",但新法案的通过还是表明了美国政府寻求改善及发展双边经济关系的愿望。

随着新法案的通过以及限制核武器谈判的顺利进行,美国政府的对苏贸易开始取得明显进展。尼克松政府采取的首个推动美苏贸易的官方举动是 1971 年 11 月美国商务部长莫里斯·斯坦斯(Maurice Stans)率团访问莫斯科,与此同时,两国在 11 月份还达成了一系列的协议,包括向苏联出售粮食、采矿设备等。12 月份,苏联农业部长弗拉基米尔·马茨凯维奇(Vladimir Matskevich)访问华盛顿,与美国农业部长厄尔·布茨(Earl Butz)商讨向苏联出口粮食问题。② 1972 年 2 月 14 日,尼克松批准了第 151 号国家安全决定备忘录,指示由国务院牵头,就租借法案问题抓紧与苏联开始谈判,并要求农业部制定出对苏粮食出售方案。③

美苏两国的经贸关系在 1972 年 5 月尼克松与勃列日涅夫举行的首次首脑会谈上得到了进一步的发展,在双方通过的《美苏关系基本原则》文件中指出"商业及经济关系的改善是推动双边关系发展的重要且不可缺少的组成部分,两国政府将采取措施促进相关组织及企业的合作,进而达成各种协议。"④ 在首脑会谈的推动下,1972 年 10 月 18 日,双方签署了综合贸易协定,解决了租借法案债务问题以及美国赋予苏联最惠国待遇问题,随后美国政府开始向苏联提供粮食及贷款。

在上述众多因素的推动下,美苏正常的经贸关系逐步恢复并发展起来,两国的经济官员不断互访,民间的贸易交往也迅速扩大,各种官方及非官方的贸易机构建立并开始发挥作用。总之,虽然尼克松政府更多的是将改善对苏贸易关系视为一种诱饵,以迫使苏联在其他重大问题上做出让步,但这一举动还是切切实实地推动了双边关系的缓和,在客观上成为尼克松政府时期美苏缓和的重要内容之一。

---

① Raymond L. Garthoff, *Detente and Confrontation: American-Soviet Relations from Nixon to Reagan*, Washington D. C.: The Brookings Institution, 1994, p. 104.

② Ibid., p. 105.

③ National Security Decision Memorandum 151: Next Steps With Respect to U. S. -Soviet Trading Relations, February 14, 1972, *DNSA*, Presidential Directives on National Security, Part I, PD01266.

④ Richard Nixon, Text of the "Basic Principles of Relations Between the United States of America and the Union of Soviet Socialist Republics", May 29, 1972, http://www.presidency.ucsb.edu/ws/index.php? pid = 3438 & st = & stl = .

三   小结

尼克松上台后，在缓和精神及联系原则的指导下，对苏联开始了缓和进程，寻求建立更具建设性的关系。在这一过程中，双方逐步建立起一种谈判与合作机制，以调节并限制他们之间的分歧。在一些具有共同利益的问题上，双方进行了富有意义的合作，取得了明显的积极效果，尤其是对于整个国际局势而言，缓和的开始大大缓解了自冷战开始之后紧绷的国际局势，降低了核战争爆发的风险，开始了东西方之间，资本主义阵营与社会主义阵营之间的对话进程，从这一点而言，尼克松政府的缓和功绩不容抹杀。

然而，需要指出的是，虽然缓和是这一时期美苏外交关系的主题，但并非是全部内容。尼克松与基辛格自始至终都认为缓和是合作与竞争的共同体，根本目标是为了实现对苏联的遏制，而苏联政府虽然此时也接受了缓和的政策，但其领导层及众多苏联政治制度的支持者在事关缓和的一些政治问题上并没能达成一致，苏联的行为仍然包含着强烈的竞争性因素，因而，两国在缓和的大背景下仍然进行着对抗，代表性的事件包括两国围绕 1970 年 9 月苏联在古巴建立核潜艇基地、约旦危机、1971 年年末的南亚次大陆冲突以及非洲之角所进行的明争暗斗。虽然并未发展到兵戎相见，但还是给缓和蒙上了沉重的阴影，影响了两国关系的发展，为福特政府任内缓和的逆转埋下了伏笔。两国在缓和下的对抗表明，由于在包括意识形态在内的国家利益方面存在根本性分歧，尼克松政府时期的对苏缓和仍然只是美国对外战略上的一种调整，是遏制的一种新的形式。

第二章

福特政府时期对缓和外交的继承

1974 年 8 月 9 日，福特作为美国历史上首位未经选举的总统入主白宫。在就职仪式上，福特说道："我们国家漫长的噩梦已经结束，我将努力使国家恢复正常。"① 面对当时严峻的国内与国际问题，在外交政策方面，福特政府很快就确立了基本的立场，即继续推行尼克松政府的缓和政策，改善与苏联的关系。

第一节　福特政府继承缓和外交的原因

一　对缓和外交的肯定

在就职之初，福特政府尽力向国内民众及世界各国保证美国外交政策的稳定性，为此，福特及基辛格在多个场合，以各种方式表明美国政府的这一立场。1974 年 8 月 12 日，在国会参众两院的联席会议上，福特在阐述美国的外交政策时，指出在作为国会议员及副总统期间，他一直全力支持尼克松的外交政策，现在他将继续坚持下去。在对苏关系上，他保证将继续履行过去三年美国政府所做出的承诺，与苏联政府共同寻求和平，福特强调，在核时代，美苏两国除了保持友好稳定的关系外，没有其他选项。② 9 月 19 日，在出席参议院外交关系委员会就美国与社会主义国家的外交关系的听证会上，基辛格再次强调了继续与苏联进行缓和的必要性。他指出美苏之间的良好关系是保证国际关系格局稳定的重要基础，虽然美

---

① Gerald R. Ford, Remarks on Taking the Oath of Office, http://www.presidency.ucsb.edu/ws/index.php? pid = 4409 & st = & st1 = .

② *FRUS*, 1969—1976, Vol XXXVIII, pp. 217 – 218.

苏在价值观、行为方式等方面存在深刻的分歧，但是作为一个负责任的政府，美国应该采取切实的努力来推动两国建设性合作关系的形成与发展。当前正面临着 25 年来发展对苏关系的最好机会，美国应紧紧地把握住这一机遇。①

　　除了在国内的表态，就职之初与苏联政府领导人及高层官员的通信及会见中，福特政府也表明了继续坚持与苏联进行缓和的立场。在就职当天给勃列日涅夫的信件中，福特写到，他将恪守尼克松政府与苏联政府达成的一系列协议的基本精神，继续与苏联进行富有意义的谈判，争取在事关两国共同利益的重大问题上取得具体的成果，在其任内，美国政府的这种态度不会发生改变。② 在同一天基辛格给葛罗米柯的信中，也重申美国政府将坚持与苏联的缓和立场。基辛格指出，"在接下来的数周内，不管您听到或是看到了什么，我个人都保证总统将继续推动并发展尼克松政府时期美苏两国已达成的原则与共识。"③ 在宣誓就职仅仅几个小时后就与苏联驻美大使多勃雷宁的会见中，福特总统还当面向其传达了与苏联改善双边关系的愿望，并约定在年底举行双方首脑的首次会谈，以落实莫斯科会谈时的计划，同时还再次邀请勃列日涅夫访美。随后在 14 日与葛罗米柯的会谈中，福特一方面重申将继续与苏联的限制战略武器谈判、中欧裁军谈判及和平利用核能的谈判，另一方面提出希望与勃列日涅夫建立良好的私人关系，并维持现存的双方之间的秘密沟通管道。④

　　对于福特政府上台之初的表态，苏联政府表示出了认可。在 8 月 11 日给福特的回信中，勃列日涅夫肯定了福特总统在美苏关系上的态度与立场，指出他本人及他的同事对福特继续执行前任政府的对苏政策的做法感到高兴。对于苏联政府而言，继续保持并发展与美方在平等互利基础上的双边友好关系是苏联外交政策的基本指导原则，这一方针不会改变。⑤ 苏联外长葛罗米柯在给基辛格的回信中也对福特政府的对苏政策表示了赞许，指出虽然当前面临着诸多的问题，但是经验已经表明，双方之间的合作将最终克服这些困难，苏联政府将尽其所能，深化与美方

---

① *FRUS*, 1969—1976, Vol XXXVIII, pp. 230 – 234.

② *FRUS*, 1969—1976, Vol XVI, Soviet Union, August 1974—December 1976, p. 7.

③ *FRUS*, 1969—1976, Vol XVI, pp. 5 – 6.

④ Ibid. , pp. 26 – 28.

⑤ Ibid. , pp. 15 – 16.

的合作关系。①

二　继承缓和外交的具体原因

从福特政府上述的一系列行为可以看出，虽然遇到了严峻的挑战，但美苏间的缓和并没有随着尼克松的下台而衰亡，福特宣称将继续遵循尼克松与基辛格所确立的外交政策，而基辛格仍然作为国务卿及总统国家安全事务助理。② 在就职的头几个月里，福特继续推动与苏联的战略武器谈判，并与勃列日涅夫举行了海参崴首脑会谈，达成了重要协议。福特政府之所以继续推行与苏联的缓和政策，有着多方面的原因，概括起来，主要包括两个方面：一是严峻的国内形势迫使福特政府将大部分的精力关注于解决国内问题；二是基辛格继续掌握外交政策的决策权。另外前一阶段缓和外交的成效也是促使美国政府延续缓和政策的重要原因。

（一）严峻的国内形势

1974 年夏天，在福特刚刚就任总统之际，盖洛普民意调查中心向美国公众提出了以下问题，"你认为这个国家今天面对的最重要问题是什么？"对此，受访者大多数将通货膨胀导致的高生活成本列为他们首要关注点，其次是与水门事件相关的问题，包括"缺少对政府的信任"以及"政府的腐败"，第三点是能源危机。③ 福特将这些问题视为在总统任内面临的最大挑战。1975 年 7 月，在接受纽约时报的采访时，记者询问福特为政府设定了什么目标，他指出了三个目标：降低通货膨胀及失业率，恢复水门事件后民众对白宫的信任以及消除国家在能源问题上的脆弱性。这几项问题成为福特任内以及整个 70 年代美国国内的主题，福特几乎将所有的精力放在解决这些问题上。上述现象在福特之前的冷战年代里几乎没有出现过，这是 20 世纪 70 年代的特点。在 20 世纪 50 年代及 60 年代，美国人在总体上还是相信他们的领导人，他们认为总统是值得信任的，能够熟练地处理经济问题并保护国家的安全。在低能源价格的帮助下，经济不断发展。随着国内状况的稳定，他们开始关注于国际问题。遏制共产主

---

① *FRUS*, 1969—1976, Vol XVI, pp. 17 – 18.

② Melvyn P. Leffler and Odd Arne Westad. *The Cambridge History of the Cold War——Volume II, Crises and Detente*, New York：Cambridge University Press, 2010, p. 388.

③ Yanek Mieczkowski, *Gerald Ford and the Challenges of the 1970s*, Lexington, KY：Kentucky University Press, 2005, p. 1.

义、朝鲜及越南战争、军备竞赛等问题在 20 世纪 70 年代占据了国家的主要议程。艾森豪威尔及肯尼迪的就职演说几乎完全关注于外交事务，并且 1964 年的一项调查表明，美国人最为关注的五件事均为外交政策问题。①

福特上任之后，在政治上面临的首要任务是愈合水门事件给美国政治机制造成的伤害。虽然水门事件严重削弱了美国国内民众对政府的信任感，但事实上民众对政府信任的缺失在几年之前已经开始。60 年代美国社会领域的冲突使得民众对政府处理社会危机的能力产生了质疑，随后，约翰逊政府及尼克松政府在越战中对国内民众的欺骗行为更是引起了普遍的抗议与不满。水门事件所体现出的总统权力的恶性膨胀以及对司法制度与人权的侵犯使得民众感到震惊。福特上台之后采取了一系列措施来平息美国公众对政府滥用职权行为的不满，并且很快就收到了效果。《华盛顿邮报》的评价反映了民众及国会山对刚刚入职的总统的认识，"自打哈里·杜鲁门离开白宫后，福特是在椭圆形办公室工作的最正常、最理智、最脚踏实地的人。"②

但是，随着 9 月 8 日对尼克松的赦免，福特总统很快在政治上陷入被动之中。在对全国发表的电视讲话中，福特宣布赦免尼克松在担任总统期间所"犯下的或可能犯下的"一切罪行，给予尼克松"完全的、无条件的与绝对的赦免，"因为"这个悲剧已经引起了太多的分歧与争论，并且仍在持续"，"尼克松本人也已经并将继续受到惩罚。"③ 一夜之间，福特为使国家政治生活恢复正常的努力停止了，试图抚平水门事件创伤的福特再次使该事件成为政治的焦点，而在这一过程中，他不仅损害了自己收拾政府烂摊子和精心确立两党支持的议程的能力，而且损害了自己的政治前途。他与国会民主党之间的合作关系迅速消失，两党内部对他产生了普遍的政治怀疑，与国会之间短暂的"蜜月期"很快结束了。美国民众对他的决定感到震惊，普遍认为福特与尼克松之间存在着秘密的协定，这导致他在民众中的声望也直线下降，最直接的后果就是共和党在 1974 年的国会中期选举中失利，民主党进一步扩大了在国会两院的优

---

① Godfrey Hodgson, *American in Our Time*, New York: Simon and Schuster, 1976, p. 11.

② ［美］托马斯·M. 德弗兰克：《福特传：等我死后再公开》，王海舟、闫鲜宁译，中信出版社 2009 年版，第 45—46 页。

③ Gerald R. Ford, *Remarks on Signing a Proclamation Granting Pardon to Richard Nixon*, http://www.presidency.ucsb.edu/ws/index.php? pid = 4695 & st = & stl = .

势。福特对尼克松的赦免及水门事件的余波不仅耗费了刚上台的福特政府的大量精力，而且沉重打击了福特的政治威信，成为其任内始终挥之不去的阴影。

与政治危机同时发生的是经济上的衰退。自第二次世界大战结束后，大多数美国人经历了经济上的繁荣。美国的经济实力居世界首位，民众的生活水平大幅提高，国内的通货膨胀率及失业率都处于较低的水平。但到了 60 年代末，二战后开始的经济增长开始减速，到 70 年代，经济增长完全停止了。到福特上台时，正如《纽约时报》指出的，他所面临的是"这个国家和平时期有史以来最严重的通货膨胀、本世纪最高的利率、以及由此而产生的住房业的不景气、正在萎缩并混乱的证券市场、伴随高失业率的经济滞涨、日益恶化的国际贸易和支付地位。"[①]

1974 年 8 月，消费物价指数比上个月上涨 1.3%，这是自 1973 年 8 月以来增长幅度最大的一个月，也是自 50 年代朝鲜战争以来月度第二增幅。到 10 月份，物价指数又增长了 1%。福特总统就职当天公布的数据显示，美国 7 月份零售价格指数的增幅是自 1946 年以来的第二大增幅。除了不断高涨的物价，另外一个重要的挑战就是失业率的持续增长。1974 年 8 月的失业率达到了 5.4%，失业人口比上个月增加了近两万人，经济增速持续走低，国民生产总值下降，道·琼斯工业平均指数在整个 8 月份下降了近 100 点，贸易赤字更是达到了 11 亿美元。[②] 正如福特总统后来在回忆中所指出的，"到 1974 年 12 月上旬，我们的经济发生了巨大的转变，从通胀问题又转向了失业问题，我们处于二战后最严重的经济衰退之中……"[③] 于是，新政府的大量精力被用来应对国内经济的迅速衰退，经济议题也彻底主导了 1975 年 1 月 15 日的国情咨文。

另外，能源危机也是这一时期与经济危机相伴随的另一个严峻问题。由于五六十年代经济的迅速发展，美国的石油消费量大幅增长，而美国自身的石油产量从 70 年代初开始下降，这导致美国日益依赖于国外，尤其

---

① Gerald R. Ford, *A Time to Heal: The Autobiography of Gerald R. Ford*, New York: Harper and Row, 1979, p. 147.

② John Robert Greene, *The Presidency of Greald R. Ford*, Lawrence, KS: Kansas University Press, 1995, p. 67.

③ Yanek Mieczkowski, *Gerald Ford and the Challenges of the 1970s*, Lexington, KY: Kentucky University Press, 2005, p. 4.

是中东地区的石油。1973 年的第四次中东战争及随后的石油禁运，对美国造成了沉重的打击，能源危机在短时间内席卷美国，成为美国经济上的"珍珠港事件"。一直到离任之际，福特政府都在努力寻求制定能够从根本上解决能源问题的政策，这与经济滞涨问题一起成为福特任内面临的最严重挑战。

总之，福特是在极为特殊的环境下入主白宫的。他所领导的国家此时受到了一系列事件的打击——越战、水门事件、能源危机及经济的滞涨等。并且，福特和基辛格很快发现，与在国外跟苏联的对抗相比，美国民众更为关注的是工作和生活的问题。因而，福特政府清楚地意识到了应优先考虑并处理的事情，即让国家在政治生活领域恢复平静，修复总统与国会的关系，应对陷入滞涨中的经济与严峻的能源危机。孤立主义的思潮再一次弥漫于民众之中，外交政策成为政府与民众并不关心的领域，因而，延续尼克松政府时期推行的仍受到民众认可的缓和外交便成为最佳选择。

当然，美国所面临的重重困境也决定了此时美国政府无力重新恢复尼克松之前所推行的全面遏制政策，尤其此时苏联的经济、政治及军事能力仍在继续膨胀，面对严酷的现实，福特政府即使不情愿，也不得不延续前任的政策，继续通过各个领域的合作来诱使苏联停止扩张。

（二）基辛格的作用

福特政府延续对苏缓和政策的另一个重要原因是基辛格继续成为外交政策的主导者与决策者。虽然经历了水门事件，但是基辛格的名声并未受到影响，反而有所上升。他被新闻媒体描述为一个"不可缺少"的人，称为"超级 K"，尤其是在水门事件导致国内局势混乱的情况下，正是基辛格维持了外交事务的正常运转，不少民众及政府官员将其视为近些年来政府内部最杰出的官员。福特上台之后不久的一项民意调查显示，57% 的受访者认为福特在外交领域依赖于顾问，依赖于基辛格，只有 24% 的人认为他有自己的外交政策。虽然福特也规划了自己的外交政策，但是由于他既不像尼克松那样有系统的外交见解，又不像尼克松那样有丰富的个人经验，因而基辛格的继续存在在很大程度上主导了福特任内，尤其是前期的外交决策。

早在 1948 年就成为国会众议员，1965 年开始担任众议院少数党领袖，后来又担任副总统，福特通常被视为一个经验丰富的政治家，虽然他在国会的长期经历为他提供了超过外界所普遍认为的对国际事务的掌握程度，但是事实上，福特本人对外交事务并没有太多的了解与认识，也没有过多的兴趣。在国会期间，他主要是在众议院公共工程委员会、拨款委员会及航空与宇宙空间特别委员会等担任委员，并未涉及外交领域。即使担任副总统之后，虽然成为国家安全委员会的一员，但面对尼克松与基辛格对外交事务的大权独揽，他并未表达出不满，听任自己被排斥于决策圈之外。① 水门事件之后，基辛格事实上完全接管了外交事务的处置权，对此，福特也是毫无异议，他意识到自己缺少处理外交事务的经验。另外，在成为总统之后，除基辛格外，他所任命的关键顾问及官员都是他在国会担任议员时期的助手，如同福特本人一样，这些人虽然熟悉国会的政治事务，但对于外交事务却毫无经验。在回忆录中，基辛格指出，这个团体虽然不缺少正直与忠诚，但是与尼克松政府相比，他们缺乏必要的活力与计谋。因而，直到1975年年末白宫开始为1976年大选做出调整之际，基辛格在政府中的地位是非常稳固的。

在回忆录中，福特指出，当尼克松通知他将于次日辞职时，他首要的行动之一就是打电话给基辛格并告诉他，"亨利，我需要你，这个国家需要你，我希望你留下来，我将尽我所能与你共事。"② 福特决定基辛格继续担任国家安全事务助理及国务卿。福特描述了他对基辛格的钦佩与钟爱，指出他尊重基辛格在外交方面的才能，他认为基辛格是"一个完全的现实主义者，相信权力及国家利益而不是意识形态"，"基辛格对国际关系具有全球视野并且试图对其做出重新调整以有利于美国"。总之，最为重要的一点就是，福特相信基辛格在外交领域的能力。因而，与尼克松第二次就职时对政府机构官员的大规模调整不同，在入主白宫的第二天，福特总统在召开的内阁会议上就强调他不想接受任何辞职，这个国家需要稳定与连贯性。③ 在就职当天发布的由其批准的国家安全决定备忘录第265号文件中，福特总统认可了尼克松政府时期确立的国家安全委员会决策体制，并再次肯定了基辛格的核心地位。④

---

① Jussi M. Hanhimaki, *The Flawed Architect：Henry Kissinger and American Foreign Policy*, New York：Oxford University Press, 2004, p. 362.

② Gerald R. Ford, *A Time to Heal：The Autobiography of Gerald R. Ford*, New York：Harper and Row, 1979, p. 30.

③ *FRUS*, 1969—1976, Vol XXXVIII, p. 212.

④ Ibid., p. 210.

另一方面，虽然政府发生了更替，但是在新的政府中基辛格仍然完整地保留了自己的外交政策团队与班底，他的主要助手，如斯考克罗夫特、索南费尔特（Sonnenfeldt）、理查德·所罗门（Richard Solomon）、罗德曼（Rodman）等人仍然保持了自己在国家安全委员会及国务院中的职务。这一人事的延续性为基辛格在外交政策领域保留了一支富有经验且高效的团队，从而大大加强了他在新政府中的影响力。① 同时，在政府过渡时期，福特在副总统人选问题上的决定也加强了基辛格在政府中的地位。在乔治·布什与纳尔逊·洛克菲勒之间，福特最终选择了基辛格最密切的朋友——共和党温和派的代表洛克菲勒，这对基辛格而言是重大的胜利。与基辛格有着同样外交政策理念的洛克菲勒，成为基辛格在共和党及福特政府中的重要支持者与保护者。

（三）苏联政府对缓和的配合

福特上任后，勃列日涅夫在缓和问题上的继续配合也是福特政府初期缓和外交能够推行的重要原因。美国政府的对苏缓和外交需要苏联政府的密切配合才能够得到推行，无论是在尼克松时期，还是在福特任内都是如此。在尼克松提出缓和外交的同时，勃列日涅夫领导的苏联同时也确立了缓和战略，虽然从根本目的上而言，两国的缓和都各有私心，但不可否认的是，在尼克松任内的缓和取得了极为丰硕的成果，尤其是第一阶段限制战略武器条约的达成，具有里程碑式的意义。而这些成果的取得无不是苏联政府积极配合甚至是强烈追求的结果。

尼克松总统辞职后，面对美国国内强大的反缓和力量，虽然苏联政府对于缓和，尤其是美国政府推行缓和政策的能力产生了质疑，但是这并没有影响其继续推行缓和的决心。这主要是因为通过前一阶段的缓和，苏联无论在政治上、经济上还是军事方面都获得了极大的利益，不但逐步实现了多年期盼的与美国平起平坐的目标，而且在扩张苏联的势力与影响方面也领先于美国，这与苏联做出的让步相比是微不足道的。福特就职之后，苏联政府仍希望继续推进缓和战略以寻求更大的战略利益。勃列日涅夫认为此时放弃缓和将威胁到苏联早已获得的利益与优势，并且在苏联领导层看来，虽然美国的相对实力出现了下降，但是苏联仍没有足够的实力与美

① Jussi M. Hanhimaki, *The Flawed Architect*: *Henry Kissinger and American Foreign Policy*, New York: Oxford University Press, 2004, p. 364.

国进行全面的竞争，而且即使对美国发起攻势，仍然无助于苏联国内问题的解决。因为此时苏联所面临的最严峻挑战是在经济领域，而不是军事领域，是国内脆弱的经济体制。苏共二十四大所确立的第九个五年计划的经济目标并没有完成，尤其是生活消费品方面，整个经济体制变得愈加迟钝及效率低下，因而苏联政府最需要的是来自于美国的技术与资金，从而能够使自身的经济得到均衡与稳定的发展，进而提高人民的生活水平，这也是苏联政府一直向国内外民众所做出的最重要承诺，而放弃与美国的缓和将意味着断绝了来自于西方，尤其是美国的资源。[1]

同时，对于苏联国内的自由派及改革派而言，如果放弃缓和或是缓和最终失败，这都将对他们构成沉重打击，苏联国内的保守与强硬派的力量将在外交事务领域发挥更大的影响力，进而导致苏联更加封闭保守及专制，这显然并不是一个好的选项。从前一阶段的缓和中，我们可以发现，即使是在缓和取得重大成果的情况下，主导缓和外交的勃列日涅夫还是不断地受到来自于党内保守派及军方的压力与指责。如果缓和不能取得进一步的成果，那么勃列日涅夫等人将会遇到更大的阻力。

美国国内民众及苏联政府对缓和的认可是促使福特政府继续坚持该政策的重要推动因素。虽然由于水门事件而下台，但是尼克松的外交政策当时在国内还是受到了民众的普遍支持。尤其是与苏联之间的缓和，取得了明显的成效，改善了美苏之间的政治、经济及军事关系，缓和了自冷战开始以来国际关系的紧张局势，满足了国内民众结束战争、期望和平与稳定的新愿望。在苏联方面，虽然苏联领导层始终怀疑水门事件是美国国内的保守派为打击美苏缓和而掀起的政治事件，但是在对变化中的政治、经济及军事等局势做出评估后，勃列日涅夫及其他苏联领导人再次强烈地确认了缓和作为苏联外交的基本方针。在苏共二十五大上，苏联领导层特别确认支持 1972 年 5 月及 1973 年 4 月苏共中央全会关于改善美苏关系的决定，并且还肯定了 1972 年及 1973 年美苏首脑会谈所确立的合作原则与合作精神。

在福特总统图书馆陈列着如下一段话，"杰拉德·福特是 20 世纪最不幸的总统之一。"入主白宫时正值宪法危机，经济状况异常严峻，国家

---

[1]　Vladimir Petrov, *U. S. -Soviet Detente*: *Past and Future*, Washington D. C. : American Enterprise Institute for Public Policy Research, 1975, pp. 52 – 53.

遭受着两位数的通胀率并随后陷入严重的衰退之中。国内问题的困扰导致了总统权威的下降，美国人民发出了更多不同的观点。更为不幸的是，美国民众在水门事件之后变得悲观且怀疑，但是福特总统在与国会中的反对力量谈判时还不得不寻求他们的支持，对任何总统而言，这种政治环境都是最糟糕的。因而，在这种背景之下，许多人惊讶于美国在国内出现危机之际，其政府机构及对外政策的稳定性。这种稳定性正是体现了以福特、基辛格为首的政治领导层有意识的努力。正如基辛格于 1974 年 8 月 20 日在迈阿密对美国退伍军人协会所做的演说中指出的，"国会中的两党领导人能够将国内问题与外交问题区别对待，这值得感谢"。①

第二节　美苏第二阶段限制战略武器谈判的顺利进行

在福特总统入主白宫后，美苏之间进行的限制战略武器谈判仍然是这一时期缓和最为关键的问题。在 1974 年 6 月尼克松总统第二次访问苏联之际，由于水门事件的冲击，再加上经贸问题及裁军问题的困扰，美苏缓和已经失去了先前的活力，尼克松也不想因新的重大协议引起国内的争议，因而虽然第二次莫斯科会谈产生了关于战略武器谈判的有限协定，如减少反弹道导弹系统的条约，限制地下核试验的条约等，但是在第二阶段限制战略武器谈判（SALT II）问题上并没能取得重大进展，双方没能签署一项限制进攻性战略武器的正式条约以取代 1972 年签署的《美苏关于限制战略进攻性武器的某些措施的临时协定》。一直到尼克松总统辞职，美苏未能在该问题上再取得进展，双方在这一问题上遇到了自缓和以来最严重的挫折。

福特继任总统之后，认为该谈判有利于美国的国家利益，因而仍然把与苏联达成限制战略武器协议作为缓和外交的中心内容，认为这是美国的最大利益所在，美国有责任为协议的达成寻找到共同的基础。② 正如基辛格所言，"美苏之间要取得更为和平的关系，限制战略武器协议是必不可少的"，"美苏之间进行的限制战略武器谈判计划使得缓和具有了更深远

---

① John J. Maresca, *To Helsinki*: *The Conference on Security and Cooperation in Europe 1973—1975*, Durham and London: Duke University Press, 1985, p. 76.

② National Security Council, Memorandum of Conversation, Sep 14, 1974, *DDRS*, CK3100151743.

的意义，为双方关系的和平与稳定奠定了基础"。① 总体上说来，福特政府时期美苏的限制战略武器谈判开始于福特上台伊始，一直持续到 1976年初，其中 1974 年下半年的谈判整体上比较顺利，在一系列问题上取得了进展与突破，到 1975 年及 1976 年，由于美苏关系的发展遇到了众多的麻烦与障碍，双方的谈判最终陷入困境之中。而在这一时期的谈判过程中，1974 年 10 月基辛格与勃列日涅夫的莫斯科会谈及 1974 年 11 月的海参崴首脑会谈是两个最为关键的节点。

一　1974 年 10 月的莫斯科会谈与第二阶段限制战略武器谈判的继续

（一）福特就任之初战略武器谈判的继续

尼克松政府时期美苏经过长期且曲折的努力终于达成了关于限制战略核武器的《临时协定》，规定了双方在今后 5 年内各自战略核武器的总数量，该协定以及另一项《美苏反弹道导弹条约》是美苏向控制军备竞赛走出的重要一步，为进一步的谈判奠定了基础。但是，该协定对于双方的战略武器系统并没有实现真正的控制，一方面，协议所规定的核武器总量数量过高，这使得双方可以继续发展及部署正在计划中的大多数武器系统，另一方面，协定并没有对洲际导弹的弹头数量以及质量做出具体的规定，因而，该协定实质上并没有在限制战略武器方面取得明显的进展。

面对这一状况，美苏双方都不满意。对美国而言，在谈判之初，对于会谈基本上有三个比较明确的目标。第一个目标是实现双方战略核力量总量的基本相等；第二个目标是降低核战争爆发的风险；第三个目标是减少美苏核武器竞赛进而降低军费开支。② 但是从上述分析看来，随着双方致力于核导弹的多弹头化，以及各自核弹头数量的持续增长，远远超出了原来设想的数额，并且随着精度的提高，以及双方都在努力寻求解决对方海基战略核力量的方法，双方核战争爆发的风险并没有降低，而从这一时期的预算及规划中的战略武器项目来看，军备竞赛的减缓及军费开支的降低这两大目标实现的前景极为黯淡。对于苏联而言，一方面，在 1971 年 3

---

① U. S. Department of State, *Department of State Bulletin*, Vol. 71, October 14, 1974, pp. 515 - 516.

② Paul H. Nitze, "The Strategic Balance Between Hope and Skepticism", *Foreign Policy*, 17 (Winter, 1974—75), p. 136.

月的苏共二十四大上，勃列日涅夫确定和平共存为美苏关系发展的基础，推动了会议同意改善与美国的关系，这一举动将他本人与缓和的成败联系在一起。在报告提出的关于"争取和平与国际合作"的六点"和平纲领"中，明确提出要停止军备竞赛，缔结裁军协定。① 因而虽然尼克松辞职使得谈判遇到挫折，但是随着苏共二十五大的临近，勃列日涅夫急于需要谈判取得突破，以获得政治资本，同时他也想作为"和平缔造者"载入史册，所以迫切要求第二阶段会谈取得新的进展。另一方面，继续进行战略武器谈判也符合苏联的国家利益，通过谈判，在军事上可以弥补苏联在导弹技术上与美国的差距，为苏联赢得发展的时间，在政治及经济上则可以减少军费，增加其他经济部门的开支，推动国内经济的正常发展，维持苏联的大国形象。因而，在继续推动第二阶段限制战略武器谈判问题上，美苏双方存在着共识。

　　无论是在尼克松政府时期，还是福特政府时期，在限制战略武器谈判的方式问题上，一直是以双轨模式进行。一方面双方代表团在维也纳或是日内瓦进行着长期且复杂的谈判，讨论着各种具体的细节问题，另一方面双方的首脑或是其他高级官员也不断地利用各种会面机会进行高层会谈，并且从会谈的结果来看，大多数谈判成果的取得都是通过后一种方式而来的。事实上早在第一阶段谈判结束后不久，美苏之间就开始了第二阶段的谈判。由于尼克松总统的辞职，1972 年 11 月在日内瓦开始的第二阶段谈判陷入了停滞，双方首脑间的会谈也在取得了部分成果后中断了。② 福特继任总统后，美国开始重新制定并规划第二阶段的会谈进程及具体内容。1974 年 8 月 14 日，福特在接见多勃雷宁时指出，他将按照莫斯科会晤时双方达成的默契及后来的商定，在年底与勃列日涅夫举行首脑会谈，讨论有关战略武器控制的建议，这些建议将由双方的官员在会晤前详细拟定。③ 9 月 20 日，福特总统接见了葛罗米柯。用福特本人的

① 周尚文、叶书宗、王斯德：《苏联兴亡史》，上海人民出版社 2002 年版，第 776 页。

② 1973 年 6 月美苏在华盛顿举行首脑会谈，在限制战略武器领域签订了《关于进一步限制进攻性战略武器谈判的基本原则》以及《美苏关于防止核战争协定》等协议；1974 年 6 月美苏首脑在莫斯科举行第三次首脑会谈，又签订了《美苏限制地下核武器试验条约》、《苏美限制地下核武器试验条约议定书》以及《美苏关于限制反弹道导弹系统条约议定书》等。

③ ［俄］阿纳托利·多勃雷宁：《信赖——多勃雷宁回忆录》，肖敏、王为等译，世界知识出版社 1997 年版，第 372 页。

话来说，在会谈中，葛罗米柯"暗示他的同事对福特政府可能会更加'积极'，可能愿意做出某些让步以推动我们达成一项新的武器限制条约。"[①] 在这一背景下，福特与基辛格决定在继续进行日内瓦会谈的同时，基辛格本人在 10 月份的中东行程之后亲赴莫斯科，在更高级层面上推动谈判取得进展。

1974 年 9 月 14 日，美国国家安全委员会就限制战略武器谈判问题召开了新政府上台后的首次会议。在这次会议上，基辛格提出了在新阶段谈判中的政策指导原则，另外，针对即将在日内瓦重开的谈判也提出了具体的谈判方针与建议。基辛格在发言中首先简要回顾了前一阶段的谈判，指出之前达成的协议取得了一定的成果，包括冻结了五年之内双方战略核导弹的数量，限制了美苏双方反弹道导弹系统的部署，使苏联停止了重型导弹发展计划，并且对美国而言，协议并没有限制美国在战略轰炸机以及多弹头导弹方面的优势，但是，前一阶段达成的协议也存在着严重的缺陷与不足，最大的争议在于双方武器总量的不均等，苏联占据着优势（2350∶1710），并且由于协议同样没有对苏联的多弹头导弹计划做出限制，自 1972 年以来苏联在该项目上已经取得了快速的发展，这将使得苏联在弹头数量及投掷总量方面的优势进一步加强。[②] 面对这一状况，基辛格提出了下一阶段谈判的总体方针，即与苏联签订一项基于战略武器数量相等的长期性协议，同时，对苏联多弹头导弹计划的限制是这一阶段谈判的重点，谈判所要处理的最重要问题就是确立美苏双方战略核力量的均衡，由此美国要处理好以下三个具体问题，即战略武器的总量问题（包括陆基洲际弹道导弹，潜艇发射弹道导弹，远程轰炸机），多弹头导弹问题以及有效载荷或是投掷总量问题，另外，在战略武器的削减问题上美国应尽力与苏联达成一致。对于即将重开的日内瓦会谈，这次会议也进行了讨论。福特总统强调限制战略武器谈判是美苏之间建立稳定关系、降低核战爆发风险的关键所在，因而日内瓦会谈具有重要的意义，在下一阶段的会谈中，美国要将关注的重点放在达成美苏双方都能接受的限武的基

---

① Gerald R. Ford, *A Time to Heal: The Autobiography of Gerald R. Ford*, New York: Harper and Row, 1979, pp. 183 – 184.

② Department of State, *Secretary Kissinger's Talking Points for the NSC meeting*, Sep 14, 1974, *DDRS*, CK3100155185.

本原则，并努力遏制苏联扩大核计划的野心。①

对于在日内瓦会谈中美国应采取的具体措施，基辛格指出当前的会谈陷入僵局，美苏双方都有责任，但是美国应该负更主要的责任，他建议在当前的会谈中，谈判代表约翰逊不必着急提出谈判方案，应该更多地向苏联传达美国寻求达成协议的立场，这一点更为重要，美国可以在谈判中提出一些新的问题，如战略武器的削减问题，同时在会谈中可以坚持之前的立场，但是约翰逊在谈判中要有足够的灵活性，等到10月份国家安全委员会研究出具体的方案后，如果苏联领导层能够接受，那么双方的日内瓦会谈就在此基础上进行协商，制定出最终协议的具体内容。②

9月18日，以 U. 艾里克西斯·约翰逊（U. Alexis Johnson）为团长的美国代表团抵达日内瓦，开始与苏联进行新一轮的 SALT 谈判。9月24日，按照福特总统在14日召开的国家安全委员会会议上的指示，国安会制定了国家安全决策备忘录第271号文件，用以指导正在日内瓦举行的会谈。这份备忘录明确了会谈的目的、内容以及注意事项，指出代表团要向苏联表明美国的以下立场：新的协议必须对核武器的数量与质量都做出限定，包括对总量、投掷重量以及多弹头导弹的限制，双方的核武器数量应均等；战略武器的削减问题应成为会谈关注的重点；达成的协议应包括核查的条款，另外还明确了美国在前沿武器系统问题上的立场等。③

除了在日内瓦举行的会谈，这一时期，美苏在首脑层面也进行着平行的谈判。并且由于日内瓦的会谈只是讨论总体的谈判原则，并没有涉及具体的建议，因而在福特政府看来，基辛格主导的小范围会谈模式仍是谈判取得成功的关键。由于美国政府已经决定基辛格于10月份赴莫斯科与勃列日涅夫举行会谈商讨战略武器问题，同时也是为美苏首脑年底的最高级会谈做准备，为了使基辛格与苏联的会谈更具成果，美国国家安全委员会于10月7日及18日先后召开了两次会议，以商定出具体的谈判方案。

在10月7日举行的会议上，基辛格首先介绍了美国当前的核武器数

---

① White House, NSC Meeting for the Review of Proposals to be Presented to the Soviet Union at the SALT in Geneva, Sep 14, 1974, *DDRS*, CK3100160125.

② National Security Council, Memorandum of Conversation, Sep 14, 1974, *DDRS*, CK3100151743.

③ National Security Decision Memorandum 271: Instructions for the SALT Talks, Geneva, Sep 18, 1974, *DNSA*, Presidential Directives on Natioanl Security, Part II, PR00220.

量以及美苏核力量发展的不同路线，美国侧重于轰炸机、多弹头导弹以及导弹的精度，而苏联侧重于大型的陆基导弹及投掷的重量，进而，基辛格提出了三种谈判方案在会上进行讨论，第一种方案是只对双方核武器的总量进行限制，即双方各自可以拥有等量的导弹及轰炸机，数量为 2000 个，该方案没有对多弹头导弹以及投掷重量做出限制；第二种方案则对核武器的数量以及质量都做出限制，除了相同的总量外，在投掷总量上也做出限制，美国的一个选择是将投掷总量限定在 600 万磅；第三种方案称为均衡优势（Balanced Advantage）或是同等不对称，即允许美苏双方各自在某一领域拥有优势，苏联在武器总量上以 2200：2000 拥有优势，而美国在多弹头导弹上以 1350：1050 拥有优势，该方案对核武器总量以及多弹头导弹的数量都做出了限制。① 在会议上，福特总统、国防部长、参谋长联席会议主席及中情局长等人对以上几个方案的可实施性分别进行了讨论，最后并没有给出结论，但是基本共识是应该在武器总量或是投掷重量上保持均等。

10 月 7 日的会议之后，基辛格等人对于谈判方案又进行了更详细的研究与讨论，随后在 10 月 18 日再次召开会议。会上，正与苏联代表团在日内瓦进行会谈的美方代表团团长艾里克西斯·约翰逊首先介绍了日内瓦会谈的情况。他指出，在新一轮的谈判中，苏联的立场表现出了更多的灵活性，这体现在原则上接受了削减战略武器总量的提议，不再坚决要求美国放弃 B-1 轰炸机及三叉戟型核潜艇，在前沿武器系统问题上的立场有所软化等，但苏联并没有给出新的方案，同时仍要求针对美国的前沿武器系统对苏联作出补偿，之后，基辛格提出了四种主要的谈判方案：第一种方案规定双方的武器总量开始各自限定为 2500 个，到 1985 年减少为 2000个，并且先进的巨型导弹的数量为 300 个，但该方案没有对投掷总量以及多弹头导弹的数量作出限制，该方案的最大优点在于简单，容易操作，不利之处在于没有对武器的质量改进作出限制；第二种方案是规定双方各自的武器总量一开始限定为 2500 个，到 1985 年减为 2000 个，同时每一方的投掷总量开始也各为 800 万磅，到 1985 年减为 600 万磅，方案没有对多弹头导弹的数量做出限制；第三种方案与第四种方案基本上相同，实行

---

① National Security Council, Minutes of the National Security Council meeting, Oct 7, 1974, *DDRS*, CK3100151770.

的是均衡优势的做法，即开始在武器总量上美苏对比为 2250 : 2500，到 1985 年的对比为 2000 : 2200，在多弹头导弹数量上美苏对比为 1300 : 1050，同时在重型运载工具方面（重型轰炸机及重型导弹）双方的数量各为 500 个，到 1985 年削减为 250 个，方案四还对投掷总量做出了限制。①后两种方案的优势在于考虑到了美苏各自的核武器发展现状，容易达成协议，而最大的不利之处在于武器总量上的不均等容易令人理解为美国让步太多。

国家安全委员会经过多次商讨后，在基辛格开始行程前一星期，一项具体的方案通过基辛格—多勃雷宁渠道传达到莫斯科。该方案建议到 1985 年底，双方保持相等的总量，即 2200，其中 1320 个可以是多弹头导弹，重型导弹数量限定到 250 个（SS - 9 及重型轰炸机），另外，大型的洲际弹道导弹不能多弹头化，射程超过 3000 公里的导弹也应禁止，发射器现代化更新的速度每年不能超过 175 个。从该方案的内容可以看出，美国谈判的出发点仍然是在总量上保持均等，同时要对苏联占优势的重型导弹加以限制，以此在谈判中获取优势。

（二）1974 年 10 月莫斯科会谈

按照预定计划，在结束中东行程之后，基辛格于 10 月 23 日至 27 日访问了莫斯科。这一行程的主要目的是为福特总统与勃列日涅夫年底的会晤做准备，以确保尼克松辞职后美国对苏政策的连续性，保持双边关系的正常发展。会谈的范围相当广泛，涉及两国之间的经贸问题、中东问题、欧安会议及苏联的犹太人移民问题等众多影响两国关系发展的问题，但限制战略武器仍是这次会谈的焦点，而谈判的基础就是一周前通过秘密渠道传达到莫斯科的最新方案。

基辛格在莫斯科待了四天，期间与勃列日涅夫举行了四次会谈。首次会谈是在 10 月 25 日上午。在这次会谈中，基辛格首先提出了美国的方案，该方案分三阶段实施，1974 年至 1977 年 10 月，1977 年 10 月再到 1982 年 10 月，最后是 1982 年 10 月至 1983 年底，在第一阶段继续遵循双方签订的限制武器条约，到第二阶段，双方的核武器总量最后数量各限定为 2350 个（包括陆基导弹、潜射导弹及远程轰炸机），到 1983 年底，总

---

① National Security Council, Minutes of the National Security Council meeting, Oct 18, 1974, *DDRS*, CK3100151627.

量削减到 2200 个，同时双方的重型武器系统限定为 250 个（美国的 B－1 轰炸机与苏联的 SS－18，SS－9 型导弹），美国同意不将远程空对地导弹配备到重型轰炸机上，而苏联则不能将重型导弹多弹头化，另外双方不得再建新的洲际弹道导弹发射井，对于多弹头导弹则没有明确的规定。对于该方案，勃列日涅夫认为并不合理，不同意对苏联的陆基重型导弹做出限制，并反对三阶段的裁减方案，在总量上也主张考虑到前沿武器系统等因素，苏联应获得补偿，苏美最终比例应为 2400：2000。[①]

当天晚上，基辛格与勃列日涅夫又举行了第二次会谈。在这次会谈中，双方仍然在导弹数量、前沿武器系统及多弹头导弹等问题上存在分歧。勃列日涅夫认为美国提出的导弹总量过低，这使得苏联必须要削减其现役导弹，而美国却可以继续增加部署，在弹头数量上美国也远远多于苏联，同时，美国在欧洲部署的前沿武器系统以及英法两国的核武器对苏联而言都是额外的威胁，因而苏联要在谈判中获得补偿，另外苏联也不同意美国限制其重型导弹多弹头化的做法。[②] 面对这些问题，基辛格在当天晚上发给福特总统的会谈报告中，指出苏联对于美国的方案总体反应是消极且不满的，认为方案对美国有利而忽视了苏联的要求，基辛格认为这次谈判取得进展的前景并不明朗。[③]

10 月 26 日下午，双方举行了第三次会谈。在这次会谈中，双方并没有讨论具体的方案，勃列日涅夫回顾总结了他与尼克松最后一次首脑会谈的情况。虽然如此，两人在防止核战争的爆发上达成了共识，考虑到核战的巨大破坏性，双方一致认为应当共同合作防止核战争的爆发。

26 日晚上，基辛格与勃列日涅夫又举行了一次秘密会谈，讨论了最终协议的问题。勃列日涅夫提出了以下几点：第一，双方确认将共同努力，制定出一份新的协议，以此推动关系的进一步发展以及世界的和平与稳定；第二，双方将仍然遵守 1972 年及 1973 年签署的协议，防止核战争的爆发；第三，到 1985 年底，双方将拥有等量的战略武器运载工具，为 2200 个，在这一过程中，苏联对美国将保持 2400：2200 的优势；第四，考虑到地理位置等因素，苏美双方将有权按照自身意愿决定武器的部署方

①　*FRUS*, 1969—1976, Vol XVI, pp. 222－234.

②　Ibid., pp. 238－250.

③　Ibid., pp. 251－252.

位及比例；第五，在多弹头导弹问题上，到 1985 年底，双方将拥有同等的数量，为 1320 个，双方都有权按照协议对其陆基弹道导弹进行升级改造，另外，在此期间，苏联将有权部署 10 艘台风级战略核潜艇，美国也有权建造更多的更为现代化的三叉戟型核潜艇，其导弹数量计入总量之中，美国的 B－1 轰炸机不得携带射程超过 3000 公里的导弹，同时要考虑到美国的盟友所拥有的战略武器运载工具等。①

在 27 日发给福特总统的会谈报告中，对于勃列日涅夫提出的总体谈判原则，基辛格认为这是推动双方达成协议的重要一步，这表明苏联试图努力做出立场上的调整以向美国的方案靠拢，在年底的首脑会谈中双方在核武器总量、多弹头导弹等主要问题上达成一致的可能性是存在的。②

尼克松辞职的冲击，贸易法案的黯淡前景以及双方在中东问题上的矛盾，使得福特与基辛格一开始对于此次莫斯科会谈并未抱很大期望。因而，当基辛格报告苏联在 SALT 谈判中要采取一种新的温和态度时，福特总统既欣慰又感到意外。事实上，由于基辛格的报告是如此令人鼓舞，使得福特认为美苏之间在这一问题上的分歧已有所减小，从而促使福特授权基辛格接受并安排于 11 月份在远东地区与勃列日涅夫举行一次专门的首脑会谈。③ 在基辛格离开莫斯科之前，双方宣布福特总统将于 11 月底在海参崴与勃列日涅夫举行会谈。④

二　海参崴首脑会谈与海参崴协议

莫斯科会谈后不久，福特与勃列日涅夫的首脑会谈便按照预先安排于 11 月 23 日至 24 日在苏联的海参崴举行，主题是限制战略武器问题。这一会谈是该时期限制核武器谈判的一个转折点。在会谈召开前两周，美苏双方已各自协调其国内的立场并相互间进行了沟通，为会谈的召开做出充分准备。在美国方面，经过与以五角大楼为代表的强硬派的协商，福特与

---

①　*FRUS*, 1969—1976, Vol XVI, pp. 261－273.

②　White House, Memorandum to President Gerald Ford from Brent Scowcroft regarding Secretary of State Henry Kissinger's meeting with Leonid Brezhnev, Oct 27, 1974, *DDRS*, CK3100480676.

③　The President's New's Conferenceof October 29, 1974, http: //www. presidency. ucsb. edu/ws/index. php? pid = 4515#axzz1sBwGELD1.

④　U. S. Department of State, *Department of State Bulletin*, Vol. 71, November 25, 1974, pp. 701－704.

基辛格最终确定了核武器总量均等的方案，并在会议召开前一周发送至莫斯科。在苏联方面，虽然军方并不同意在谈判中做出过多让步，但为了更广泛的政治目标，勃列日涅夫还是倾向于做出妥协，以达成协议。① 11 月13 日到 16 日，基辛格与多勃雷宁进行了多次讨论，就会议的一些具体细节问题进行协商，两人讨论了会后要公布的联合公报以及双方限制战略武器的联合声明问题。②

在 23 日下午的会谈中，双方主要探讨了两国的总体关系，指出关系的缓和对于世界的和平与稳定都具有重要意义，而限制战略武器谈判是其中最关键的问题。勃列日涅夫认为谈判走向了一个错误方向，并没有实现对核武器的真正控制，反而进一步加剧了军备竞赛。对此，福特指出，应该通过谈判逐步解决这些问题，而谈判的基础就是继承了 1972 年协议精神的最新草案。③

23 日晚上，双方进行了第二次会谈，一致同意新的协议有效期应至1985 年，并且要减少战略武器数量，同时不再建设新的导弹发射井，对于战略武器总量问题，福特总统指出美苏双方在战略武器总量上必须要实现均等，否则将面临国内民众及国会的指责，在多弹头导弹问题上，美国方面同意双方拥有同等的数量，而对于这两个关键问题，勃列日涅夫表示了认可，同意到 1985 年底，实现总量为 2400 个的平衡，在此过程中，苏联保持着对美国的总量优势，双方的多弹头导弹数量各为 1320 个，对于苏联提出的前沿武器系统问题，美国坚持其立场，并没有在该问题上做出让步，但是，美国在苏联的重型导弹问题上做出了妥协，同意苏联保留其威力巨大的重型洲际弹道导弹，苏联则同意了美国保留 B - 1 轰炸机及三叉戟核潜艇，另外对于美国要求的苏联应在轰炸机的武器装备问题上做出让步的问题，在这次会谈中并未达成一致。④

24 日上午，双方进行了第三次会谈。在会谈一开始，福特总统就提出美国同意将射程超过 700 公里的机载弹道导弹纳入总量为 2400 个的限额

---

① Raymond L. Garthoff, *Detente and Confrontation*：*American-Soviet Relations from Nixon to Reagan*, Washington D. C. ：The Brookings Institution, 1994, p. 17.

② ［俄］阿纳托利·多勃雷宁：《信赖——多勃雷宁回忆录》，肖敏、王为等译，世界知识出版社 1997 年版，第 377 页。

③ *FRUS*, 1969—1976, Vol XVI, pp. 320 - 329.

④ Ibid., pp. 330 - 350.

之中，以推动谈判取得进展，但对于苏联所提出的要求禁止轰炸机携带射程超过 3000 公里的导弹的提议，美国方面加以拒绝，认为这将导致其在政治上的被动，双方最终只是同意将射程超过 600 公里的机载导弹计入总量之中，在重型导弹多弹头化问题上，美国做出了让步，不对苏联的重型导弹多弹头化做出限制，另外双方一致同意将此次会谈达成的协议传达至日内瓦的谈判小组，争取在两到三个月时间内完善所有的细节，进而签署最终协议。①

最后，美苏共同发表了《关于限制战略性进攻武器的联合声明》，宣布新协议的有效期将从 1977 年 10 月至 1985 年 12 月 31 日，协议的基本指导原则是数量均等与同等安全，具体包括双方拥有同等数量的战略武器运载工具以及多弹头导弹，数量分别为 2400 个及 1320 个，双方还决定最迟在 1981 年年底前就进一步限制并尽可能削减战略武器进行谈判，另外，双方在日内瓦的代表团将于 1975 年 1 月开始协商新的协议。②

随后的谈判进程表明海参崴协议成为第二阶段谈判的出发点，福特与勃列日涅夫成功地就限制进攻型战略武器的原则框架达成了协议，不管它在技术上的优点或缺陷如何，海参崴会晤为谈判指出了方向。福特认为会谈的成果"超出了预料"，指出他对会谈是"心满意足的"，并且认为勃列日涅夫也同样乐观，对于最终协议，他认为"只要技术人员解决了最后的问题，我们就将签订第二阶段协议"。③ 福特会后证实邀请勃列日涅夫于 1975 年访问美国，他们计划于上半年举行会面，预计将签署条约。他在会谈中告诉勃列日涅夫，如果能在 1976 年大选之前签署条约，将会有力的推动缓和并阻止参议员杰克逊等人对美苏双边关系的干扰与破坏。基辛格在海参崴举行的记者招待会上也称协议是一个"突破"④。福特继续进行谈判的举动挽救了尼克松辞职后面临中断的谈判进程。对美国政府而言，海参崴协议不仅是核武器谈判中的进步，更为关键的是，在谈判

---

① *FRUS*, 1969—1976, Vol XVI, pp. 351 – 360.

② Joint United States-Soviet Statement on the Limitation of Strategic Offensive Arms, November 24, 1974, http：//www. presidency. ucsb. edu/ws/index. php? pid =4584 & st = & st1 = #axzz1tOQ474sb.

③ Gerald R. Ford, *A Time to Heal：The Autobiography of Gerald R. Ford*, New York：Harper and Row, 1979, pp. 218 – 219.

④ 资中筠主编：《战后美国外交史——从杜鲁门到里根》，世界知识出版社 1994 年版，第 733 页。

中，苏联领导人做出了重要让步，同意双方的战略武器总量相等，没有因美国的前沿武器系统而获得相应的补偿，而这也使得苏联军方领导人对协议很不满意，对于勃列日涅夫提出的要美国放弃计划中的三叉戟潜艇及B-1轰炸机项目的要求，福特总统也加以回绝。

在美国国内，总体上而言，海参崴协议获得了普遍的支持。国防部长施莱辛格，参谋长联席会议主席乔治·布朗（George S. Brown）以及众多的参议员都支持该协议。1975年1月及2月，国会参众两院先后通过了支持海参崴协议的决议。美国国内民众对核战争爆发的担忧程度也进一步下降，当时的一份调查显示，受访的600名公司经理只有两至三人认为未来十年会爆发核战争，而在1963年的众多民意调查中，人们担忧的重点集中在核战的爆发上。在苏联国内，苏共中央政治局、最高苏维埃主席团以及部长会议在海参崴会谈后发表的联合声明中也完全认可了勃列日涅夫的决定及会议的重要政治成果。对于勃列日涅夫本人而言，他更需要海参崴协议，以此弥补在贸易问题上的失利，如果通过军备控制进而在安全问题上取得切实进展，那将会缓和国内反对派对他的批评。① 由此，海参崴协议成为福特政府时期美苏控制战略核武器谈判的一个重要转折点，除部分人怀疑外，大多数人都认为该协议是美苏关系中取得的真正成就。

总之，福特上台之初，在限制战略武器谈判问题上完全继承了前任尼克松政府的政策，继续推进第二阶段的会谈，并且在双方的共同努力下，达成了海参崴协议，为后来协定的最终签署奠定了基础。此时的福特政府仍然将降低核战争爆发的风险视为缓和的基本目标，作为其外交政策的出发点，用基辛格的话来说，"我们赞同缓和是因为我们想降低核战的风险。"② 虽然后来由于国内外环境的变化以及协议本身存在的问题导致最终协议没能在福特任内签署，但这一时期的功绩却不应抹杀。

第三节 欧洲安全与合作首脑会议的召开

福特政府时期欧洲缓和进程加速，这主要体现在欧洲安全与合作会议

---

① Raymond L. Garthoff, *Detente and Confrontation: American-Soviet Relations from Nixon to Reagan*, Washington D. C.: The Brookings Institution, 1994, p. 518.

② U. S. Department of State, *Department of State Bulletin*, Vol. 69, December 10, 1973, p. 716.

的继续召开以及 1975 年赫尔辛基最后文件的签署。欧安会议开始于缓和兴盛时期，与美苏缓和同步进行。在尼克松政府时期，虽然美国政府对会议整体上采取了"低姿态"的立场，即在总体上支持会议的召开，但在众多相关议题上并不采取积极主动的态度，但是会议的举行本身就是一个积极的信号。尼克松辞职后，福特政府整体上继承了前任的立场，继续参与欧安会议的和谈进程，并且更进一步，亲自参与了首届欧安首脑会议，签署了《欧洲安全与合作最后文件》，为欧洲的长期和平稳定与繁荣做出了重要的贡献。

具体说来，为了推动缓和的继续进行以及东西方关系的正常化，在欧洲安全与合作问题上，福特政府主要在两个方面采取措施推动会议达成最终协议。一是在继续参与会谈的同时，改变了"低姿态"的谈判立场；二是在受到国内保守派及众多民众强烈反对的情况下，仍坚持出席了欧安会议首届首脑会议，认可了《最后文件》，推动了东西方之间的交流及整个国际形势的缓和。

一　从"低姿态"到重新关注

（一）尼克松政府的"低姿态"立场

1972 年 11 月至 1973 年 6 月，33 个欧洲国家以及美国、加拿大的代表在赫尔辛基举行了欧安会筹备会议，拟定了《赫尔辛基最后建议蓝皮书》，规定会议分三个阶段进行。1973 年 7 月 3 日，第一阶段的会谈在赫尔辛基召开。从筹备会议开始，美国对于会议的主动性便逐步消失了，进入了所谓的"低姿态"阶段。

事实上，从一开始美国与欧洲对于欧安会议就存在理解上的不同。到这一时期，美国更是沉溺于与苏联的双边谈判，同时由于认为会议取得成功的可能性很小，也担心激起国内民众对于和平与缓和的过高期望，因而将欧安会议置于第二位。这一时期无论是政府官员的表态还是参会的美国代表团的举动，都体现出了这种态度。

在 1973 年 2 月与卢森堡外长加斯东·托恩（Gaston Thorn）的会谈中，基辛格指出：对于欧洲安全会议，我们从来就不相信它的作用，是欧洲人推动我们参加会谈，我们想尽快结束正在进行中的会谈，否则人们会认为正在进行一些重要的谈判。会谈最好的结果就是不取得任何成果或仅仅是平庸的成果。① 美国政府此时已经放弃了会议开始之前的主动性。之后美国政府接连在多个场合表达了这种态度。1973 年 4 月 17 日，国家安全委员会在一份提交给基辛格的备忘录中建议基辛格在与意大利外交部部长的会谈中要向意大利强调企图通过欧洲安全会议从而改造苏联内部体制是一个幻想，因而要尽快举行第二阶段的会谈，从而迫使苏联九、十月份开始中欧裁军谈判。② 美国政府试图通过向西欧盟国施压，尽快召开第二阶段会谈，从而为中欧裁军谈判扫清障碍。在 10 月份国务院的一份研究备忘录中更是明确提出了将欧安会议作为对苏联施加压力的一种手段。在这份由助理国务卿沃尔特·斯托塞尔提交给基辛格的备忘录中明确提出在与苏联的交往中美国在外交领域可以利用欧安会议作为向苏联施加压力的手段，"我们将向苏联表明我们会在谈判中采取强硬的立场，威胁推迟会谈或是拒绝最后阶段的首脑会谈"。③

正式谈判开始之后，西欧与苏联的分歧日益明显。西欧国家的战略是放慢谈判的节奏，使会谈关注的重点集中于西欧所提出的针对欧洲安全的具体提议，通过这些措施逼迫想尽快达成协议的苏联在其他议题上做出让步。因而西欧国家坚持设立了针对每个问题的小组委员会。而此时的尼克松正急于在外交上取得新的成功，同时也想将欧安会议作为交易筹码换取苏联在限制战略武器谈判问题及中东问题上的让步，因而对于日内瓦谈判的缓慢进展感到不满。除了公开的表态外，在与苏联的双边谈判中，基辛格等人也多次明确表示了对会谈进展的不满，美苏试图共同主导欧安会议的想法表露无遗。

1974 年 3 月基辛格访问苏联，在 25 日的会谈中，勃列日涅夫指责部分西欧国家将一些与欧安会议不相关的内容加到会议中，违背了会议的基本原则，指责他们企图拖延会议或使会议无果而终。基辛格对此表示认可，并且同意与苏联一道推动会议于 1974 年年内尽快结束，两国在日内瓦的代表团共同合作，加快会议的进行。在最后阶段的首脑会谈问题上，美苏也初步达成了一致，认为只要会谈结果令人满意，双方将一致同意首

---

① National Security Council, Memorandum of Conversation, Feb 21, 1973, *DDRS*, CK3100568367.

② National Security Council, Memorandum for Kissinger, April 17, 1973, *DDRS*, CK3100568358.

③ Department of State, Possible Pressure Points on Soviets, Oct 13, 1973, *DDRS*, CK3100572323.

脑会谈的召开。① 在 1974 年 6 月 26 日至 7 月 3 日尼克松的第二次访苏过程中，美苏之间再次就欧安会议达成了与西欧国家见解不同的共识。会后发表的联合公报指出：美苏双方都希望会议的最后阶段能尽早举行，并以最高级会谈的形式结束。②

此时在日内瓦的美国代表团的行动也体现出了美国官方的态度。第二阶段会谈开始后，参会的代表团便很少收到来自于国内的书面指令——甚至是正常的有关谈判的电报，这是不同寻常的，并且先后担任美国代表团团长的两任官员都没有参加多边谈判的经历，也缺乏关于该会议的专门知识。代表团更多的是根据与北约保持一致的原则，在缺少华盛顿指令的情况下，利用北约的一致立场作为代表团的立场。代表团尽最大努力支持西欧的立场，但同时避免与苏联在相关问题上的对抗，以免引起国务卿基辛格的不满。在发给国务院的一封电报中，代表团成员戴尔指出："在局势变化的情况下，我们希望得到来自于国务院的进一步指令，尤其是如何对苏联的压力做出回应。另外我们也会非常感激国务院指示我们如何对盟国的质疑做出回应。"③ 这封电报表明了代表团的尴尬处境。

第二阶段谈判期间，正是美苏缓和的高潮之际。美苏之间的缓和是一个逐步的过程，在 1969 年或者直到 1972 年，关于缓和的政策并没有详细的论述甚至是考虑。④ 到这时，缓和开始在国际关系中变得非常突出。在美国看来，缓和就是控制与苏联的冲突，处理好与苏联之间竞争与共存的关系，因而，并不重要的欧安会议就成为缓和过程中对苏联做出的让步。虽然西欧的利益必须得到保护，但是美国认为在美国、苏联及西欧的多边交易中，西欧的利益早已在关于柏林问题的四方协议以及维也纳召开的中欧裁军谈判中得到补偿，并且美国认为西欧并不能从会议中获取到重要的利益，因而美国这一时期的"低姿态"立场成为必然。

（二）福特政府的重新关注

尼克松辞职后，福特政府在欧安会议问题上一方面继承了缓和政策，即继续低调参与会谈进程，另一方面又对美国政府的立场做出了调整，以

---

① White House, Memorandum of Conversation, Mar 25, 1974, *DDRS*, CK3100554398.

② *FRUS*, 1969—1976, Vol XXXIX, pp. 680 – 681.

③ Ibid. , p. 660.

④ William G. Hyland, *Soviet-American Relations*: *A New Cold War*, Santa Monica, California. : Rand Corp. , 1981, pp. 22 – 25.

适应不断变化发展的国内外环境。总体上说来,福特政府逐步改变了前任政府对欧安会议的消极、被动态度,在会议的后期开始积极主动地参与其中,并在会议的关键时刻发挥了影响。

福特就任之初,对于欧安会议,基本上延续了前任的政策。在基辛格的主导下,政府仍然坚信欧安会议的成功落幕将是建立持久和平的重要事件。因此,政府一方面仍然对具体的会谈进程保持着"低姿态"的立场,但另一方面仍支持欧安会议达成最终协议,并召开首脑会谈。1974 年 8 月 15 日在与基辛格会谈中,福特认可了基辛格关于欧安会议问题的建议,认为会议只是一场交易,美国从没有想过召开这样的会议,因而将加快会议的进行,并在召开首脑会谈问题上与苏联保持一致。① 10 月份访问中国时,基辛格在与邓小平副总理的会谈中,重申美国在欧安会议问题上的立场,即会谈是没有意义的,应该立即结束,美国政府已经指令参加会议的代表团不要参加任何专门性及技术性的讨论。② 直到 1974 年年底之前,美国官方一直保持着这一态度。与此同时,在海参崴发表的联合公报中,双方确认了尼克松与勃列日涅夫会谈公报中的内容,指出:"美苏认为欧安会议有可能成功地尽早达成协议,并且会议所取得的成果将以最高级会谈的形式结束。"③

但随着在限制战略武器、中东、安哥拉及犹太人等问题上矛盾的日益加剧,以及"南越"政府倒台带来的混乱情绪,加上共和党右翼势力的激烈指责,美国国内对苏联持强硬态度的呼声日益升高,这也直接影响到了美国对于欧安会议的态度。在谈判即将结束之时,美国政府在谈判中的立场日益强硬,以摆脱那些指责政府对于苏联太软弱的声音。同时,随着赫尔辛基首脑会谈的临近,美国国内对于会谈的结果似乎很不满意,在这种情况下,获取苏联在重要问题上的让步成为必要,以使会谈令国内民众满意。因而,在会议的最后时刻,美国政府开始重新关注并发挥了重要的影响。在 1975 年 5 月的一次谈话中,基辛格的讲话表明了美国政府态度的巨大转变,他指出欧安会议的结束日期并不取决于美国,而是正在进行

① White House, Memorandum of Conversation, Aug 15, 1974, *DDRS*, CK3100477410.

② White House, Summaries of HK-Teng Discussions in Nov, 1974, *DDRS*, CK3100143908.

③ Joint Communique Following Discussions With General Secretary Brezhnev of the Soviet Union, November 24, 1974, http://www.presidency.ucsb.edu/ws/index.php? pid = 4585 & st = & st1 = # axzz1 neiawzwa.

中的会谈所取得的进展，会谈仍有众多问题未解决，加快会议的最好方法就是苏联认真考虑美国所提出的见解。"①

福特政府主要在两个问题上发挥了关键性的影响，一是成功地使苏联接受在最后文件中加入未来边界可以通过和平方式改变的条款，这促使联邦德国接受了最后文件；二是向苏联清楚地表明如果想要西方接受最后文件，苏联必须在人权问题上做出妥协。

在柏林问题的四方协议签署之后，联邦德国最关心的就是未来东西德的统一问题，这也成为阻碍最后文件签署的重要障碍。联邦德国政府坚持在最后文件的第一部分加入可以通过和平方式改变边界的条款，而苏联政府对此存在异议，认为这与边界的不可侵犯原则相违背。② 1975 年上半年美国政府开始在这一问题上进行积极的协调，以达成联邦德国政府及苏联双方都接受的协议。从 2 月份到 4 月份，美国国务院官员与苏联官员之间进行了密集的协商，最终使苏联政府及联邦德国政府接受了一致的立场，即在遵循国际法的前提下，与会国的边境可以通过和平的方式加以改变。③ 这在事实上维护了联邦德国及西方国家的利益，因为关键的边界问题已经在 1970 年苏联与联邦德国条约以及波兰与联邦德国的条约中得到解决，相反地，文件正式宣称反对用武力改变国界，但却支持通过和平协定实现领土的改变。因此，"承认欧洲现状并不代表苏联影响的扩大，而是表明了美国影响的提高"。④

人权问题是与会的西方国家关注的重要问题。虽然许多西欧国家也认识到欧安会议并不能对苏联的国家体制产生根本性的影响，但是在总体上认为通过对苏联的施压，还是能够获得苏联在人权领域，包括东西欧之间人员自由流动问题上的让步。⑤ 苏联虽然并没有明确反对保障人权的提议，但对于西方在这些问题上的压力持高度怀疑的态度。因而双方在最后

---

　　① John J. Maresca, *To Helsinki*: *The Conference on Security and Cooperation in Europe 1973—1975*, Durham and London: Duke University Press, 1985, p. 69.

　　② *FRUS*, 1969—1976, Vol XXXIX, pp. 696, 731 – 732.

　　③ Ibid. , pp. 807 – 810.

　　④ Coral Bell, *The Diplomacy of Detente*: *The Kissinger Era*, London: Martin Robertson Press, 1977, p. 107.

　　⑤ North Atlantic Treaty Organization: Declaration of the North Atlantic Council, 4 December, 1969—5 December, 1969, http: //www. nato. int/cps/en/natolive/official_ texts_ 26904. htm.

文件第三部分的条款上进行了激烈的争论。对于美国而言，苏联的人权一直以来也是其关注的问题，只是在尼克松时期美苏合作的大背景下，这一问题被有意忽视，但是随着缓和的衰退，美国国内对于苏联人权问题的指责日益激烈，成为一个严重的政治问题。因而美国在这一问题上的态度日益积极。

在 1975 年 2 月与苏联外长葛罗米柯的会谈中，基辛格指出：美国认为苏联代表团在最后文件第三部分的谈判中并未尽最大努力。[1] 之后在 5 月 19 日的会谈中，基辛格与苏联讨论了多个存在争议的条款，并要求苏联做出让步，否则将影响最后阶段首脑会谈的召开。[2] 同时还给在日内瓦的代表团发出指令，要求除非苏联在人员交流及信息流动方面做出表态，否则代表团不会参加会谈。[3] 这使得葛罗米柯同意重新考虑苏联在这一问题上的立场。在与盟国的协商中，美国也表明其立场，即在最后协议达成之前，美国将拒绝承诺参加首脑会谈。最终苏联被迫在这一问题上做出了让步，为协议的达成扫清了又一障碍。

二　出席欧安会首届首脑会议

福特担任总统期间，为了推动缓和的进程，在外交政策方面所从事的具有重大影响但同时存在巨大争议的行动是亲自参加欧安会议首脑会议。包括福特在内的 35 个国家的元首或政府首脑聚在一起共同签署了《最后文件》。赫尔辛基首脑会谈是 20 世纪 70 年代缓和发展的高峰。

对于总统是否出席首脑会谈，在尼克松政府时期，美苏已就此问题达成一致立场，即欧安会议应以最高级会谈的形式结束。但尼克松总统辞职后，随着国内外形势的发展变化，在这一问题上的争议也越来越大。当时美国国内对该问题的普遍看法是欧安会议是一个毫无任何意义的会议，福特总统首次正式出访就去参加这样一个会议有损自身的形象及美国的利益。当然，美国民众的这种认识也有着内在的原因。

首先是国内问题的困扰。对于美国民众而言，20 世纪 70 年代他们所关注的是国内问题。水门事件的丑闻，经济状况的恶化及能源问题的困

---

① *FRUS*, 1969—1976, Vol XXXIX, p. 797.

② Ibid., pp. 822 – 839.

③ Ibid., pp. 844 – 845.

扰，使得民众质疑政府在解决好国内问题之前，是否应该积极地介入国外的事务。一种新的孤立主义的情绪笼罩着国家，并且随着经济的日益恶化进一步加强。国内问题的严峻使得越来越多的国内民众反对政府将过多的精力投入到国外事务之中，并继续领导自由世界。在 1973 年，很少的年轻人表示他们准备为了保卫美国的利益或维持大国地位而参加战争。①

二是由于尼克松及福特初期对欧安会议的"低姿态"立场，以及在《最后文件》拟定之后，基辛格等人对该协议的漠视，导致该会议在美国国内并不为民众所了解，也不受他们的重视。直到福特总统去赫尔辛基之前，大多数美国人并不知道正在进行中的欧安会议，这与会议在西欧受到的广泛关注与支持形成鲜明的对比。认为该会议不过是外交官们之间某种程度上无聊的争论的观点是整个会议期间大多数美国新闻媒体的认识。同时，再加上基辛格在这一时期仍然致力于秘密外交，并没有成功地向国内民众及媒体介绍赫尔辛基会议的意义与重要性，新闻界质疑总统是否有必要亲自参加会议并批准这个并不重要的《最后文件》。《华尔街日报》力劝总统不要前去，《纽约时报》则认为该行程是"错误及空洞的"。②

同时，由于这一时期缓和的逐步恶化，在是否参加首脑会谈问题上，福特总统也面临着来自于国内保守派的强大压力。此时的苏联仍然致力于全球扩张，如违反 1973 年的停战协定继续向越南民主共和国（以下简称"北越"）提供援助，最终导致"南越"政府的垮台，介入安哥拉事务，保守势力质疑对苏缓和的成效。美国公众的看法是，有一种越来越大的威胁，美国有一个"脆弱的窗口"，而苏联却有一个"机会的窗口"，在政治上甚至军事上利用起来会使美国陷入危险的境地。③ 因而当得知总统准备参加峰会并签署最后文件之时，国内的保守派随即开始指责并施压。他们将赫尔辛基会谈与 1945 年的雅尔塔会议相比较，认为富兰克林·罗斯福与丘吉尔背叛了东欧国家，而欧安会议同样是出卖东欧的同义词，美国国内的东欧裔美国人组织波美工会（Polish-American Congress）告诉总统，他们强烈反

---

① David Frum, *How We Got Here*, *The 70's*: *The Decade That Brought You Modern Life*（*For Better or Worse*），New York: Basic Books, 2000, p. 317.

② Gerald R. Ford, *A Time to Heal*: *The Autobiography of Gerald R. Ford*, New York: Harper and Row, 1979, pp. 300 – 302.

③ ［美］雷蒙德·加特霍夫：《冷战史：遏制与共存备忘录》，伍牛、王薇译，新华出版社 2003 年版，第 335 页。

对赫尔辛基协定，警告说苏联很少遵守条约，并且该协定意味着西方民主国家承认了苏联对于东欧及波罗的海三国的控制。[1] 流亡的苏联持不同政见者同样批评条约是对东欧的背叛。纽约州的参议员詹姆斯·巴克利（James Buckley）写信给福特，指出他"非常担忧"这一协定，这将强化并认可苏联在东欧的影响。[2] 这些关于美国参加首脑会议的批评性评论总体上认为福特总统的出席在某种程度上是对苏联做出的无偿让步与妥协，没有对西方做出任何赔偿。

虽然面临着这些压力，福特总统经过深思熟虑，最终还是决定出席会议。在他看来，35 个国家的领导人参加的赫尔辛基首脑会谈是 3 年来紧张谈判的最高潮，美国的缺席将引起欧洲盟国的不满，因为从整体上而言，该会议即将签署的协议对欧洲盟国是有益的，福特认为他的缺席也会在客观上表明美国不愿参与欧洲事务，而这也正是福特总统本人竭力避免的孤立主义的行为。福特反对孤立主义的这一态度与自身的经历有密切的关联。虽然在二战之前福特曾经签署过要求通过中立法的请愿书，但是在他参军并经历二战之后，他转变了自己的世界观，成了一个坚定的国际主义者。在后来接受采访时，他指出，"二战时期在海军服役的经历对我政治上的认识产生了巨大影响，""无论是在国会时期，还是担任副总统或总统，在外交政策方面我都是一个国际主义者"。[3] 在孤立主义思潮复活的背景下，福特坚信美国应当继续在世界事务中发挥积极的作用，而参加首脑会谈就是他本人为了推动美国的国际主义进行的最大努力。1975年 5 月 5 日福特与基辛格及国家安全事务副助理布伦特·斯考克罗夫特（Brent Scowcroft）在白宫的会谈中，当基辛格指出参议员约翰逊等人指责总统参加首脑会谈的举动时，福特表示"我们必须尽量向他们做出解释"，"我认为如果我们不参加会议，其他人就会认为我们对会议不满，要重新回归到冷战状态"。[4]

---

[1] Yanek Mieczkowski, *Gerald Ford and the Challenges of the 1970s*, Lexington, KY: Kentucky University Press, 2005, pp. 296 – 298.

[2] Leo P. Ribuffo, *Right Center Left: Essays in American History*, New Brunswick, Nj: Rutgers University Press, 1992, p. 295.

[3] Yanek Mieczkowski, *Gerald Ford and the Challenges of the 1970s*, Lexington, KY: Kentucky University Press, 2005, p. 273.

[4] White House, Memorandum of Conversation, May 5, 1975, *DDRS*, CK3100126655.

最终，1975 年 7 月 30 日至 8 月 1 日，欧安会首届首脑会议在赫尔辛基召开，福特总统亲自出席并认可了《最后文件》。整体上而言，欧安会谈判不仅涉及与会国的共同利益，而且在平等协商的基础上，在一些分歧上达成了妥协。与会国提出的众多提议被装进了三个"篮子"，最后文件主要包括三个部分：

第一部分涉及欧洲的安全。会议产生了指导与会国关系的原则宣言，包括处理与会国相互关系的十项原则：尊重主权及国家平等，禁止使用武力或以武力相威胁，边界的不可侵犯性，领土完整，以和平方式解决争端，不干涉内政，尊重人权与基本自由，权利的平等与人民自决，国家间合作以及国际责任与义务的履行等。文件还达成了"关于建立信任的措施和安全与裁军的某些文件"，通过这一措施及其他类似措施来增进相互信任；

第二部分是经济、科学技术和环境方面的合作。包括有关商业与工业合作、科学与技术、环境、运输、推动旅游业及劳工流动方面的条款；

第三部分是人道主义和其他方面的合作。包括人员之间的交往、信息的传播以及文化与教育的交流。另外为了推动人口、思想及信息的自由流动，文件中包括了推动家庭成员的团聚与探望、跨国婚姻、改善记者工作条件以及各种形式的文化与教育合作；

另外最后文件还提出要继续欧安会议谈判进程，并规定于 1977 年下半年在贝尔格莱德召开第一次续会。

值得注意的是，福特总统不仅亲自参加了会议，并且在讲话中再次表明了美国对于欧安会议的重视，他指出，"对我们的国家而言，这些协议并不是陈词滥调或是空洞的说辞。我们非常认真地对待这一协议"，"对你们而言，意识到美国政府及民众对人权与基本自由的深切关注是至关重要的。"①

三 索尔仁尼琴事件与首脑会议

为了表示对缓和的支持，总统最终参加了首脑会谈。事实上，福特决定出席首脑会议的态度也在会谈之前应对索尔仁尼琴事件时得到明显的体

---

① U. S. Department of State, *Department of State Bulletin*, Vol. 73, September 1, 1975, pp. 305 – 307.

现，从这一事件的处理上可以明显看出福特总统寻求维护及发展美苏关系，进而推动缓和良好发展的意愿。

随着首脑会议的临近，美国国内的反缓和力量寻求一切办法来干扰或阻碍福特参加会议，索尔仁尼琴事件就是其中之一。索尔仁尼琴是苏联境内的一名作家，早在20世纪40年代就因批评斯大林而被捕入狱，在赫鲁晓夫执政的"解冻"时期，他发表了多部揭露苏联社会阴暗面的小说，到70年代，他已成为苏联境内知名的持不同政见者。此时苏联国内的信息环境也已经有了较大改变，在20世纪50年代，苏联国内只有极少数人拥有收音机，到70年代这一数量已经增加到民众的半数，他们可以接触到越来越多的政府监控的信息。克格勃将这一问题上报苏共中央，认为民众中的改良主义及修正主义思潮日益增长，在此基础上形成的持不同政见者运动对国家安全的威胁越来越值得警惕，政府应该采取类似于封锁边境、限制与外部世界的交流与联系等措施，使反对派的运动无法组织起来。[①]

由于索尔仁尼琴在苏联及世界范围内有着广泛的知名度，还曾于1970年获得了诺贝尔文学奖，因而苏联政府对其恨之入骨，从60年代开始便将他列为需要特别关注的人物，并不时采取监禁等惩罚措施，勃列日涅夫曾愤怒地表示："索尔仁尼琴这个反动分子太过分"，"按照我国的法律，我们完全有根据把他关进监狱"。[②] 由于索尔仁尼琴对于政府的指责日益激烈，且在国内外产生的影响越来越大，因而，经过领导层之间的讨论，苏联政府最终于1974年2月12日做出剥夺其国籍并驱逐到德国的决定。[③]

到达国外后，索尔仁尼琴更是积极致力于指责、攻击苏联的国家体制、社会制度及外交政策等各个方面，这使得他得到了西方国家众多反苏力量的支持与厚爱，当然也包括美国国内的右翼势力。1975年6月中旬，右翼势力的重要代表，美国劳联—产联主席乔治·米尼（George Meany）借索尔仁尼琴在美国活动之际，向福特总统发出邀请，希望总统出席在华

---

①　［俄］E. T. 盖达尔：《帝国的消亡——当代俄罗斯的教训》，王尊贤译，社会科学文献出版社2008年版，第99—100页。

②　沈志华主编：《苏联历史档案选编》第31卷，社会科学文献出版社2002年版，第2页。

③　同上书，第102—104页。

盛顿希尔顿饭店举行的欢迎索尔仁尼琴的宴会。由于后者在美国国内拥有很高的知名度及支持度，而且米尼木人也具有很大的政治影响力，他所领导的劳联—产联是左右美国政局的重要力量，因而这实际上是给福特总统出难题，以达到干扰或破坏美苏关系，进而影响一个月之后召开的首脑会议的目的。

对于是否出席欢迎宴会，国会及政府内部存在着不同的意见。作为保守势力的大本营，国会经常为美苏关系的发展制造障碍，这次也不例外。在福特收到邀请且未做出决定之际，参议院就通过决议，授予索尔仁尼琴美国"荣誉公民"的称号。保守派的代表，南卡罗来纳州共和党参议员斯特罗姆·瑟蒙德（Strom Thurmond）及北卡罗来纳州的共和党参议员杰西·赫尔姆斯（Jesse Helms）两人代表国会内的保守派向福特表示，希望他能够在 6 月 30 日会见索尔仁尼琴。[①] 在政府内部，总统顾问杰克·马什（Jack Marsh）以及国家安全事务副助理切尼等人希望总统参加欢迎宴会。马什担心总统如果拒绝，将会进一步激怒右派，切尼则指出：索尔仁尼琴是反抗苏联压迫的代表，虽然美国很希望同苏联签署限制战略武器等协议，但是美国也不应放弃自身所坚持的基本原则，要推进自由与民主，保护人权，接见索尔仁尼琴的行为将向苏联及世界其他国家清楚地表明美国的这一信息；同时，还应该认识到，即使与苏联签署了限制战略武器及关于欧洲安全的协议，仍然需要国会的批准，总统此次的接见行动将会给共和党内的保守派以良好的印象，从而在投票时获得他们的支持，因而从长远来看也将有利于美苏关系的发展；另外，总统也可以通过私下的交流向勃列日涅夫解释这样做的原因，表明美国无意公开羞辱苏联。[②] 切尼的这一观点在政府内部也得到了一定的认同。

而基辛格、斯考克罗夫特、国家安全委员会成员 A. 丹尼斯（A. Denis Cliftyi）以及国家安全委员会秘书珍妮·戴维斯（Jeanne Davis）等人则反对总统参加欢迎宴会，认为宴请这样一位具有广泛知名度的持不同政见者将进一步触怒苏联。这一宴会很可能会成为右翼势力指责与讨伐苏联的场所，从而使得总统的处境非常尴尬。当然，意识到来自于党内右翼势力的巨大压力，他们中的部分人也提出了一项替代性的措施，邀请索尔仁尼琴

---

①　*FRUS*，1969—1976，Vol XVI，p. 610.

②　Ibid.，pp. 612 – 613.

赴白宫，总统与其进行一个简短的会谈，但具体地点不在椭圆形办公室，而是其他会客室。① 这样将降低这一事件对美苏关系的危害程度，虽然仍然会引起苏联的不满。

福特显然意识到这是党内的保守派给自己制造的难题，在马上就要参加首脑会谈之际，他对自己陷入这种政治上的困境十分愤怒及无奈，一方面要维护与苏联之间非常脆弱的缓和关系，另一方面不能得罪势力强大的右翼势力。经过与众多政府成员的协商，福特最终拒绝了宴会邀请，并且决定在首脑会谈之前不与索尔仁尼琴会面，理由是日程安排非常紧张，这一决定显然会激怒党内的保守势力。在福特看来，会见行为会对接下来的首脑会谈产生非常消极的影响，不利于当前正在进行的缓和，同时，福特本人对索尔仁尼琴也并无好感，认为他脾气暴躁，是个"让人不愉快的人"。②

还未等正式公布，总统的决定就被泄露给了媒体。保守派获知后极为不满，于是赫尔姆斯及瑟蒙德参议员公开地再次向福特发出请求，希望福特能够在 7 月 4 日当天接见索尔仁尼琴，而他们显然清楚的是 4 日当天福特需要在多个城市做演讲以庆祝美国建国两百周年，根本没有时间会见索尔仁尼琴。保守派的这一举动仍然是想让福特陷入尴尬。面对来自保守派的再一次邀请，福特仍然坚持不在首脑会谈之前会见索尔仁尼琴。在记者会上，福特宣称他本人很乐意会见索尔仁尼琴，但是在他看来，这种会见并不能推动索尔仁尼琴所希望的一些苏联国内问题的解决，而且显然会削弱缓和的根基。

当然，为了安抚国内的右翼势力，福特总统提出了一项替代性的方案，他公开邀请索尔仁尼琴在赫尔辛基首脑会谈结束之后的某个时间访问白宫，他将亲自接见并与之举行会谈。在福特看来，这一方案既不会影响接下来的首脑会谈，把对缓和的危害降到最低，同时又给右翼势力以交代，是一个很明智的解决方法。然而，在索尔仁尼琴及保守派看来，福特的方案并无任何吸引力，因为他们的根本目的是为了干扰破坏月底的会谈，这样才能产生最大的破坏性影响，首脑会谈之后的接见虽然也会影响美苏关系，但效果会大打折扣。因而，正如福特在回忆录中所言，"当我

---

① 　*FRUS*，1969—1976，Vol XVI，pp. 610 – 611，663.

② 　Walter Isaacson，*Kissinger*：*A Biography*，New York：Simon and Schuster，1992，p. 658.

向索尔仁尼琴发出正式邀请之后，所有的人似乎都对安排这次会谈失去了兴趣，参议员赫尔姆斯再也没提这件事，而索尔仁尼琴本人则声称自己太忙，没有时间来华盛顿。"[1]

对于福特的最终决定，美国国内的右翼势力相当不满。7 月 15 日，美国国会为索尔仁尼琴举行了招待会，在会上为福特拒绝会见的行为向索尔仁尼琴表示了歉意，有超过 24 名参议员发起了这次招待会，其中就包括杰克逊等人。[2] 而索尔仁尼琴本人对于福特的态度更是不满，6 月 30 日在希尔顿饭店发表的演说中，他攻击尼克松和福特政府对苏联做出的让步，把越南"送给了"共产党，指责美国统治集团干涉苏联内政不够积极，"让苏联人民听凭命运的摆布"。[3] 他认为福特参加首脑会议的举动是对"东欧的背叛"，这也是众多保守的国会议员的观点。[4]

总之，福特总统在索尔仁尼琴事件中所采取的态度及立场清楚地表明了他对欧安会议的支持，体现了改善美苏关系，维护美苏缓和的决心，这是首脑会议能够取得最终成功的关键。

四　小结

赫尔辛基最后文件签署之后，美苏两国对于欧安会议的评价存在着巨大的差别。苏联共产党政治局、最高苏维埃常务委员会及部长会议共同表达了对最后文件的肯定。勃列日涅夫赞扬了会议所取得的成就，认为虽然进程持续了两年，但是最终的结果证明之前的付出是值得的。[5] 苏联学者将最后文件视为欧洲缓和中最成功的部分，认为它与 1972 年的《美苏关系基本原则》及美苏防止核战争协定共同构成了美苏缓和的基础。到 1980年，在缓和瓦解后，一些苏联评论者将 20 世纪 70 年代视为缓和的十年，将赫尔辛基协议视为缓和的顶峰。而美国对最后文件的反应则与苏联有着极

---

① Gerald R. Ford, *A Time to Heal: The Autobiography of Gerald R. Ford*, New York: Harper and Row, 1979, p. 298.

② *FRUS*, 1969—1976, Vol XVI, p. 661.

③ 沈志华主编:《苏联历史档案选编》第 31 卷, 社会科学文献出版社 2002 年版, 第 107—112 页。

④ *FRUS*, 1969—1976, Vol XVI, p. 663.

⑤ 上海译文出版社编译室:《勃列日涅夫言论第十二集（1976 年）》, 上海译文出版社 1979 年版, 第 36 页。

大的不同。赫尔辛基协议签订之后，大量的信件涌进白宫，反对协定的签署，并且福特的民意支持度也下降。部分政府成员也不赞成该协定，并为协定的签订向国内民众道歉。在共和党召开的全国代表大会上，来自于保守派的压力迫使大会通过决议公开批评这一协定。在接下来的大选辩论中福特也因该问题受到对手的指责，吉米·卡特在辩论中指出，"我认为我们输掉了赫尔辛基会谈，我们认可了苏联对东欧的占领，我们也没有得到任何实际的回报"。①

虽然总统的出访及协定的签署在当时受到了保守派势力的广泛指责，但不可否认的是，欧安会议的召开及《欧洲安全与合作最后文件》的签订是有其重要历史意义的，不论是对于美国及其盟国自身利益的维护还是美苏之间的缓和以及欧洲地区政治局势的长期稳定都具有重要的推动作用。

对于美国而言，《最后文件》并非如保守派所指责的那样是另一个雅尔塔协议。虽然第一部分承认了边界的不可侵犯性，但西欧国家强调他们并没有正式承认欧洲的边界或是承认苏联控制的地区是不可侵犯的。事实上，在美国的支持下，联邦德国赢得了一个有利条款，即通过和平方式改变边界，这为德国的最终统一铺平了道路。条约还迫使苏联放弃了1968年入侵捷克斯洛伐克之后提出的"勃列日涅夫主义"，通过诱导苏联放弃军事干预东欧卫星国的做法，赫尔辛基条约削弱了苏联对于东欧诸国的控制。条约成为帮助东欧国家实现经济及政治体制的改革的一种手段，而不是依赖于暴力或外部的干涉。正如基辛格所回忆的，"在赫尔辛基，所有的东欧国家都获得了更多的活动空间，而福特总统先前对于东欧国家的访问也鼓舞了这些国家，由于赫尔辛基条约，苏联势力范围内部出现了裂隙。"② 从70年代开始，苏联卫星国内部抗议及寻求独立的思想愈加普遍，以至于一则笑话广泛流传，即苏联成为唯一一个被敌对的共产主义国家所包围的国家。③

而美国公众对于赫尔辛基条约的态度也经历了一个缓慢的转变。《最

①　Yanek Mieczkowski, *Gerald Ford and the Challenges of the 1970s*, Lexington, KY: Kentucky University Press, 2005, p. 298.

②　James Cannon, *Time and Chance: Gerald Ford's Appointment with History*, New York: Harper Collins Publishers, 1994, p. 400.

③　Henry Kissinger, *Years of Renewal*, New York: Simon and Schuster, 1999, p. 100.

后文件》逐步被视为一个潜在并且有效地支持共产主义国家人权的工具
而不是意味着西方国家对欧洲现状的确认。欧安会议机制也被视为与苏联
及东欧政府讨论人权相关问题的良好对话平台。部分国会议员提出了法案
要求政府密切监督《最后文件》的执行，随后一个专门委员会被创建。
该委员会的创立迫使政府在面对苏联及东欧国家违反赫尔辛基会议规定的
责任与义务时采取更为强硬的立场。后来里根政府时期担任国务卿的乔
治·舒尔茨（George Pratt Shultz）及其同事也对欧安会议机制表明了积极
态度。他表示：赫尔辛基进程代表了一种消除欧洲东西部之间分歧的有意
义的尝试，并且这种尝试一定要继续，因为它代表了所有欧洲人最根本的
利益及最崇高的希望……①

在国际层面上，欧安会议两个最重要的作用被忽视了。首先是它作为
第二次世界大战和平条约替代品的重要角色。由于欧洲主要国家德国的分
裂，因而在当时的国际形势下不可能签署一个传统形式的和平条约，而在
欧安会议这样一个包括两个德国在内的范围更大的会议上，各主要国家达
成了一个所有交战国都接受的协议，该协议正式将战争推入历史，这体现
了各国协调一致的精神与原则以及联合国宪章的基本准则，同时还制定了
国际关系中的一些政治规范和行为准则，具有政治和道义感染力。第二是
《最后文件》确认将继续欧安会议谈判进程，先后召开了四次续会和五次首
脑会议，欧安会议也于 1995 年 1 月改名为欧安组织。这使得欧安会议作为
一个继续发展的欧洲机制，成为东西方之间、中立国与非中立国、大国与
小国之间辩论与谈判的重要舞台，加强了各国之间的相互了解，减少了猜
疑与误解，通过协商及妥协达成共识，从而推动了欧洲在政治、经济、文
化和人员等各方面的合作与交流，即使是在东西方关系紧张之时，它在推
动欧洲局势缓和方面仍发挥了积极的作用。

总之，类似于福特总统当时所采取的许多政治举动一样，赫尔辛基条
约在当时的环境下同样充满着争议并且被低估。到 20 世纪 80 年代末，里
根总统确信谈判而不是对抗才是应对苏联的明智方法。赫尔辛基条约是一
个超前的协议，通过参加欧安会议首脑会议，福特表明，如同国内的经济
政策一样，在外交政策上，他的政策同样有先见之明。在福特看来，赫尔

①　John J. Maresca, *To Helsinki: The Conference on Security and Cooperation in Europe 1973—1975*, Durham and London: Duke University Press, 1985, p. 208.

辛基条约是最显著的外交成果，在接受采访时，他指出，"许多人不同意我参加赫尔辛基首脑会谈，但实际上参加会谈是正确的举动，并且现在回顾起来，我认为大多数的评论家会相信赫尔辛基条约是引起苏联消亡的重要因素。"①

第四节　中欧裁军谈判的继续进行

为了维护欧洲地区的和平与稳定局面，在两大国的主导下，《欧洲安全与合作最后文件》最终签订。但是这仅仅实现了欧洲地区政治上的缓和，要实现该地区局势的彻底和平，还必须要有军事上的缓和作保证，因而，福特政府继承了尼克松为实现欧洲地区的军事安全而做出的努力，在中欧裁军谈判问题上继续保持与苏联的合作，推动了裁军谈判继续向前发展，为 80 年代协议的最终达成提供了保证。

一　福特政府新的谈判方案的出台

中欧裁军谈判，又称相互均衡裁军谈判（MBFR），是分别以美国及苏联为首的北约与华约为了降低中欧地区双方爆发战争的风险，维护该地区的和平局面而进行的相互削减军事力量，主要是常规武装力量的谈判。它起源于 20 世纪 50 年代，当时苏联为了防止联邦德国加入北约及重新军事化，于是提议召开欧洲安全会议，并呼吁所有外国军事力量撤出德国，后一项提议成为削减中欧武装力量谈判的雏形，然而在 60 年代，苏联失去了在欧洲地区削减军事力量的兴趣。主要原因在于以下几个方面：首先是担心美国从欧洲撤出的军队将会投入正在进行的越南战争当中，从而大大提高美国越战获胜的可能性；其次是认为裁军谈判将为美国在欧洲军事力量的合法化、长期化提供理由，尤其是在美国国会已经单方面迫使美军撤出欧洲的情况下；第三是担心西方国家会通过谈判获取苏联及东欧国家的军备建设情况；第四则是以此为杠杆，迫使西方国家在召开欧安会议问题上做出让步。② 直到欧安会议召开之后，苏联才重新恢复了对中欧裁军

---

① Yanek Mieczkowski, *Gerald Ford and the Challenges of the 1970s*, Lexington, KY: Kentucky University Press, 2005, p. 299.

② *FRUS*, 1969—1976, Vol XXXIX, p. 1042.

谈判的兴趣，因为此时欧洲地区政治上的缓和已经初步实现，为了推动缓和的进一步发展，需要军事上的缓和取得突破，正如勃列日涅夫在苏共二十五大上所指出的，"政治上的缓和需要用军事上的缓和来巩固。"①

　　而在西方阵营这边，主要出于两个原因，美国与大多数盟国在 60 年代末接受了裁军会议的主张，首先是出于对苏联召开欧安会议提议的回应，西方阵营主张先召开裁军会议，再进行欧安会议的谈判；其次是为了应对美国国会参议院的压力，因为自 1966 年起，参议院民主党领袖迈克·曼斯菲尔德（Mike Mansfield）每年都提出议案，要求大量削减美国驻扎在欧洲的军力，随着美国国内反越战及孤立主义情绪的增长，公众及参议院对曼斯菲尔德的支持日益增加，北约此时支持相互均衡裁军的目的之一就是抵制这种发展趋势，一方面展示北约准备削减的意愿，另一方面向参议院表明单方面削减军力的举动将降低苏联与华约裁军的动力。② 在 1967 年 12 月召开的北约部长级会议上所通过的关于北约未来任务的报告，即所谓的哈梅尔报告中，北约也正式提出了要在欧洲地区进行裁军，报告指出，为了推动欧洲地区的安全取得重大进展，在条件成熟的情况下，两大联盟应开始进行均衡裁军谈判。③

　　在尼克松时期，双方之间的正式谈判便已开始，到福特执政之时，双方已经提出了多项方案与建议。在华约方面，1973 年 11 月提出了首份方案，建议包括美苏在内的所有正式参与国同时裁减本国的军队与装备数量及在中欧地区的驻军，裁减的范围既包括陆军，也包括空军及战略核力量等，另外计划分三个阶段实施，即 1975 年双方各裁减 2 万人，1976 年所有的参与国再裁减 5%，到 1977 年再裁减 10%，裁军的原则是对等裁减或称为"按同等数量裁减"，至于核查问题，主要是以本国自己核查为主，辅以国际监督。④ 在北约方面，1973 年 10 月 30 日，美国代表北约提出了首份方案，即"两阶段裁军方案"，方案建议分两个阶段对在中欧地区的武装力量进行裁减，首阶段范围只包括美国与苏联两国在该地区的驻

　　① 辛华编译：《苏联共产党第二十五次代表大会主要文件汇编》，生活·读书·新知三联书店 1977 年版，第 32 页。

　　② *FRUS*，1969—1976，Vol XXXIX，pp. 1042 - 1043.

　　③ North Atlantic Council Final Communique，Brussels 13th—14th，December 1967，http：//www. nato. int/docu/comm/49 - 95/c671213a. htm.

　　④ *FRUS*，1969—1976，Vol XXXIX，pp. 1003 - 1010.

军，按照"均衡裁军"的原则各自削减 15%，数量大致为美国 2. 9 万人，苏联 6. 8 万人，第二阶段则是中欧地区的所有其他相关国家实行裁减，力求通过第二阶段的裁军，使该地区武装力量总额降为 70 万人。① 双方后来提出的修改建议与方案基本上仍然是以自己的首份方案为基础进行调整，基本原则并未做大的变动。

通过对比双方提出的谈判方案，可以看出两大阵营在裁军问题上存在着比较明显的矛盾与分歧，具体而言主要集中在以下几个问题上：一是裁军的原则，美国为首的北约坚持"均衡裁减"的原则，简而言之就是多者多裁。在北约看来，华约在中欧地区的驻军数量远超过北约，因而华约必须做出更多的裁减，争取实现双方武装力量数量上的均等，这样才能真正实现该地区的力量均衡与稳定，而苏联则坚持"对等裁军"，即双方所削减的军队数目要相等；二是裁军的步骤，双方分别提出了"两阶段论"及"三阶段论"；三是裁军的范围，美国主张只裁减双方的地面部队，包括陆军以及火炮与坦克等装备，同时冻结双方的空军力量，将来如果有可能的话，再对其进行削减，而苏联则主张从一开始就将范围扩展到所有的相关军事力量及装备，包括陆海空军以及核力量等，尤其是在苏联看来，北约在该地区的空军及核力量拥有着明显的优势，必须要加以削减；另外一个是关于裁军的核查问题，北约主张要进行严格的国际监督，而苏联则强调要以本国的核查为主。②

由于双方之间存在着上述分歧，因而到福特就任之际，谈判未能取得任何进展，双方只是各自提出了谈判方案，之后就围绕着分歧打口水仗。当然，为了取得进展，双方之间也彼此不断地向对方做出保证，北约向华约保证将不断完善两阶段修改方案并考虑华约对空中力量及核武器的关切从而增加自身方案的吸引力，而华约也表示将对方案中的一些基本立场进行修改，但是直到福特就职，双方也都没有做出任何实质性的让步，谈判仍在原地踏步。面对这一状况，在刚上任不久，福特就主导提出了新的谈判建议，并且与之前的建议相比，有了很大的突破。

①　National Security Decision Memorandum 241: Mutual and Balanced Force Reductions, January 10, 1974, *DNSA*, PR00197.

②　John G. Keliher, *The Negotiations on Mutual and Balanced Force Reductions: the Search for Arms Control in Central Europe*, New York: Pergamon Press, 1980, pp. 34 – 73.

　　1974 年 9 月 14 日，福特政府召开了上任后关于中欧裁军谈判的首次会议。在会上，驻维也纳的美国代表团团长斯坦利·里索（Stanley Resor）向总统介绍了正在进行的谈判的状况。他指出，苏联在谈判中非常实际，并不肯在关键的裁军原则问题上做出让步，除非美国正式提出仍处于商讨中的削减核武器方案，但同时，苏联方面也希望协议能够很快达成，并尽快开始第二阶段的削减，因为这一阶段包括苏联极为关注的联邦德国的裁军。基辛格也强调，美国政府提出的首份谈判方案并不合理，对苏联而言并不公平，美国需要对方案做出合理的修改，使苏联能够接受。对此，福特总统指出，他认为中欧裁军谈判非常重要，是限制战略武器谈判的重要补充，两者的有机结合对于更好地维护世界和平与安全具有重要意义。① 可以看得出，作为主要决策人的福特与基辛格此时已经准备提出新的谈判建议或者说是让步，以推动会谈取得进展。

　　经过政府内部的讨论协商，9 月 21 日，福特总统最终批准了国家安全决策备忘录第 269 号文件，用以指导正在进行中的中欧裁军谈判。文件授权正在维也纳进行谈判的美国代表团近期可向苏联提出政府制定的新的谈判建议，主要内容是将该地区的空军以及核力量纳入裁减的范围。文件指出，代表团可以正式通知华约代表团以下方案内容：北约同意与华约相互通告双方在中欧地区的空军力量状况，并且在此基础上，讨论将其纳入第一阶段美苏削减地面武装力量的范围之内；在第一阶段进行的单独削减美苏在中欧地区的武装力量的过程中，将同时冻结其他成员国的空军力量；考虑在第一阶段的削减中，美苏各自空军力量的削减幅度为 15%，并原则上同意将空军力量纳入总量控制之中。② 除了上述提议，文件还提出了其他几个补充条款：在第一阶段的裁减中，美国将以师、团等整建制的形式进行削减；美苏两国都应继续参加第二阶段的军力削减，但美国部署在柏林的武装力量不在裁减的范围之内。③ 备忘录所提出的另外一个重要的妥协方案是关于核武器裁减的内容，方案指出，美国政府原则上同意将之前的国家安全备忘录第 211 号文件所包括的第三个谈判条款引入当前

---

　　①　*FRUS*, 1969—1976, Vol XXXIX, pp. 1028 - 1029.

　　②　National Security Decision Memorandum 269: Instructions for the Mutual and Balanced Force Reduction Talks, Vienna, September 16, 1974, *DNSA*, PR00218.

　　③　*FRUS*, 1969—1976, Vol XXXIX, pp. 1030 - 1031.

正在进行的谈判中，其主要内容为美国政府将削减在中欧地区部署的核力量，具体数量为 1000 枚核弹头，48 架具备核打击能力的 F-4 战斗机以及 27 套潘兴地对地导弹发射装置，但是在没有经过政府的进一步商讨之前，该项提议暂时不向美国的盟国及苏联方面提出。①

对比先前提出的方案，可以看出福特政府此时提出的方案在两个方面有了明显的不同，一是同意将空军纳入削减范围，二是提出了一整套关于削减核武器的建议，而这两方面的内容都是在谈判过程中苏联向北约提出的要求，福特政府的这一举动体现出了他本人及包括基辛格在内的政府主要成员希望推动会谈取得进展的愿望。

虽然福特政府针对会谈提出了新的谈判建议，但值得注意的是，备忘录中明确规定，在没有经过政府内部的进一步协商之前，该提议还不能作为正式的方案在维也纳的会谈中提出，这主要包括两个原因：一是此时的第二阶段限制战略武器谈判正处于关键时期，福特与基辛格想以中欧裁军谈判为诱饵，促使苏联在限制战略武器问题上做出更多的让步，因而不急于正式提出方案；二是中欧裁军涉及美国在西欧的众多盟国的切身利益，因而美国的方案必须要与盟国进行协商并获得他们的认可与同意。

但是，围绕新方案，尤其是削减核武器方案提出的时机问题，政府内部还是存在不同的意见。包括国防部长施莱辛格以及驻维也纳的谈判代表认为政府应尽快将方案提交给苏联，他们认为该方案并没有损害美国在中欧地区的基本安全利益，面对来自于国会的撤军压力，尤其是新一届国会在该问题上可能更为强硬，政府应更为主动，同时，美国政府事实上也打算削减核弹头的数量，而对核弹头的削减也不像削减导弹那样复杂，很容易获得北约的认可，另外，苏联正酝酿提出"新"的非实质性的妥协方案，这将使他们处于更有利的谈判位置。在这些因素的基础上，施莱辛格等人建议在 12 月初举行的北约理事会上政府应通知各盟国，美国政府将在 12 月维也纳会谈休会之前向苏联正式提出削减核弹头的方案，前提是苏联接受北约已经提出的第一阶段的削减方案，包括对苏联坦克部队的削减，之后根据会谈情况，再向苏联提出削减潘兴导弹及 F-4 战机的方案。②

---

①　*FRUS*，1969—1976，Vol XXXIX，p. 1031.

②　Ibid.，pp. 1032 - 1033.

　　1974 年 12 月及 1975 年 1 月，福特政府内部就何时向北约盟国及华约正式提出中欧地区核武器方案展开了讨论。到 1975 年 1 月底，福特与基辛格决定在 2 月份将方案提交北约成员国讨论，至于向苏联提出的时间，基辛格认为为了体现美国政府的重视，福特总统应该在与勃列日涅夫举行首脑会谈之际向苏方提出，而福特总统也表示了认可。① 而在这一过程中，政府内部围绕着削减核弹头的数量问题又发生了分歧。国防部长施莱辛格及参谋长联席会议提议将削减的数量增加到 1600—2000 枚，在他们看来，美国在中欧裁军谈判中的目标主要有两个：一是改善西欧盟国的安全状况，他们认为美国在中欧地区的常规部队力量已经有了很大的提升，并且已经在谈判中要求削减威胁性最大的坦克部队，因而这一点已有所保证；二是通过谈判，使美国的盟友为自身的安全承担更多的责任，美国只有减少所提供的保证，才能促使盟国增加自身的人力及财力支出。并且在他们看来，新一届国会对于曼斯菲尔德修正案的支持将会进一步增加，这也将给政府施加更大的压力。② 但是在福特及基辛格看来，突然将削减的数量增加到 2000 枚的做法并不可取，一是由于政府已经将原方案通知了北约盟国，如果突然变动，在盟国看来必然是美国政府与苏联在海参崴的会谈中做了秘密交易；二是在考虑削减问题时，不能仅仅从军事角度来考量，更要考虑整个政治大环境，这种大幅度的削减将对外交政策领域造成严重的后果，另外一点是在新一届国会对该问题的态度上，福特及基辛格与施莱辛格有着不同的判断，在他们看来，新一届国会议员中反对曼斯菲尔德修正案的势力有所增长，政府受到的撤军压力将会减小而不是增加。③

　　经过内部讨论，初步解决了存在的分歧之后，福特总统于 1975 年 2 月 4 日批准了国家安全决策备忘录第 284 号文件，对第 269 号文件中的几个问题进行了修正与阐释，以此来指导在维也纳进行的会谈。在新的指令中，削减的核武器数量有所增加，变更为 1000 枚核弹头，战机的数量增为 54 架，潘兴式导弹发射装置为 36 套。文件同时规定，这一方案是作为当前北约第一阶段方案的补充，也就是说北约之前对华约的削减要求并未

---

① *FRUS*, 1969—1976, Vol XXXIX, pp. 1034, 1037.

② Ibid. , pp. 1047 – 1048.

③ Ibid. , pp. 1048 – 1050.

发生改变，对于方案提出的时间，文件规定必须首先提交给英国与联邦德国，在取得他们的一致后，再提交给北约理事会全体会议讨论，最后再提交给苏联方面。对于削减空军力量的问题，新的指令指出虽然美国同意在第一阶段削减驻扎在中欧地区的空军，但现阶段并不承诺削减的具体数量，尤其值得关注的是，美国盟国的空军力量将不会包括在第二阶段的削减范围之内。①

　　虽然美国政府并未在维也纳的会谈中正式提出这一新方案，但该方案的内容还是早已通过各种途径被苏联所知晓，面对这一时期毫无进展的谈判，苏联迫切希望美方尽快将方案正式提交到谈判桌上，并就此问题不断地向福特政府施加压力，如葛罗米柯在9月访美时与福特及基辛格的会谈中，就表示美苏双方在欧洲安全会议问题上进行了很好的合作，取得了显著的成果，但在裁军问题上，双方却迟迟未能取得进展，苏联政府已经做出了很大的努力，但缺少来自美国的配合。②葛罗米柯认为，北约的原方案对苏联而言毫无公平可言，只是想单方面大量削减苏联的坦克部队，苏联完全不能接受，美国必须尽快提交新的方案。对于葛罗米柯的要求，福特与基辛格表示美国政府认为裁军会谈与限制战略武器谈判对欧洲及世界的安全而言同样重要，美国及盟国仍在研究新方案，在取得一致之后，将尽快在会谈中提出。③

　　12月中旬，北约防务计划委员会会议及北约理事会会议在布鲁塞尔召开，在这次会议上，美国与盟国就中欧裁军问题举行了会谈，并就福特政府的方案达成了最终的意见，在防务委员会发表的会后公报中指出，裁减中欧地区的武装力量，实现该地区的军事稳定将推动东西方关系的发展，北约将尽力推动谈判取得进展，但是在这一过程中，也将坚持自己的谈判原则，一方面，北约继续强烈关注华约在中欧地区不断增强的军事力量，另一方面，北约将继续在该地区保持强大的遏制与防御力量。④在北约理事会会后发表的公报中，肯定了近几个月来东西方关系的进展，重申

　　①　National Security Decision Memorandum 284：U. S. Position on the Mutual and Balanced Force Reductions Talks（MBFR），Vienna，January 30，1975，*DNSA*，PR00229.

　　②　*FRUS*，1969—1976，Vol XXXIX，p. 1060.

　　③　Ibid. ，pp. 1060 – 1062.

　　④　Defence Planning Committee Final Communique，9—10 December 1975，http：//www. nato. int/docu/comm/49 – 95/c751209a. htm.

了发展同苏联及华约关系的决心，这主要通过政治及军事上的缓和来实现，在军事领域，应继续推动裁军谈判取得进展，为此，北约一方面将继续坚持要求改变中欧地区地面武装力量严重失衡的状况，另一方面，北约赞同并批准了福特政府所提出新的谈判方案，并授权近期内在维也纳的谈判中正式提出。①

在取得了政府内部的一致以及北约成员国的同意后，考虑到推动美苏关系及实现欧洲地区军事缓和的需要，1975 年 12 月 16 日，北约代表团在维也纳进行的第七轮会谈中正式提出了削减核力量方案。美国代表团团长斯坦利·里索在发言中表示，这一削减方案是为了打破当前谈判的僵局，推动第一阶段协议的达成，而且方案的前提是苏联方面要接受美国代表团之前已经提出的谈判方案。另外，他还指出，美国主张将中欧地区的地面及空中力量的总额限定为 90 万人。②

二　苏联政府的回应

在等待了一年多的时间之后，苏联政府终于收到了福特政府的正式修改方案。虽然内容苏联方面早已知晓，但由于之前美国政府一直推迟方案的提出日期，导致苏联领导层质疑该方案能否顺利出台，因而并未提前对方案做出详细的研究，这也使得苏联方面并没有马上对新方案做出肯定与否的回应。在第七轮裁军谈判的最后一周，也就是北约提交新方案之后不久，苏联代表团团长赫列斯托夫（Khlestov）在全体会议上代表苏联政府对新方案做出了首次官方回应，当然也只是一个初步的回应。他表示苏联及其他华约成员国将研究该方案的内容，但是，在他看来，该方案只是将美国的核力量纳入削减的范围而并没有包括其他国家，而且该方案的前提是要求华约接受北约先前提出的第一阶段削减方案，而华约对这个方案的反对态度是所有人都清楚的，另外，北约方面提出的是一次性方案，这也意味着不会限制北约在该地区空军及核武器运载工具数量的继续增长，这显然也是令人失望的。③ 同时，他还表示，

① North Atlantic Council Final Communique, 11—12 December 1975, http: //www. nato. int/docu/comm/49 - 95/c751211a. htm.

② *FRUS*, 1969—1976, Vol XXXIX, pp. 1081 - 1082.

③ Ibid. , p. 1082.

由于该方案经过了西方国家长时间的讨论，并受到了西方媒体广泛的宣传，考虑到会谈的机密性，因而，苏联政府很想了解西方国家这样做的最终目的是什么。

在第七轮会谈结束之际，除了苏联政府，捷克斯洛伐克政府的谈判代表拉赫德（Lahoda）也在维也纳举行了记者招待会。在会上，对于新方案的评价，拉赫德主要引述了苏联代表赫列斯托夫的讲话，做出了一个比较低调的评述，同时表示华约会对方案做出进一步的研究。总体上而言，对于美国的新方案，苏联从一开始就并未做出较积极的评价，尤其是对方案的一次性的特点以及对象国仅限于美国这两点，这也预示着该方案的前景并不乐观。

方案提出之后不久，在维也纳的会谈就进入了休会期，苏联领导层也趁此机会就新方案在政府内部进行了讨论。一方面，勃列日涅夫等人希望继续推进与美国在欧洲地区的缓和，尤其是在《赫尔辛基最后文件》已经顺利签署，欧洲地区的政治缓和已经取得重大进展的情况下，如果在裁军问题上再取得重大突破，那么无论对美苏缓和，还是对其本人在国内政治地位的稳固都具有极为现实的意义，另一方面，由于在缓和问题上双方缺少实质性的互信，都以最大限度地维护本国的利益为政策的出发点，对于裁军这种危及自身安全利益的举动更是持消极的态度，从这一点出发，苏联政府认为接受新方案对苏联而言得不偿失，不能因为美国政府削减少量部署在欧洲的核力量就撤出数万名陆军及大量坦克部队。并且，如同削减战略武器谈判问题一样，以军方为代表的苏联强硬派及保守派对中欧裁军谈判持强烈的怀疑态度，以勃列日涅夫为首的领导层面临着来自于他们的强大压力，这也使得苏联政府很难做出有效的妥协与让步。

1976 年 1 月，基辛格最后一次访问苏联，同苏联领导人商讨限制战略武器问题并同时涉及了中欧裁军问题。在 22 日下午的会谈中，勃列日涅夫向基辛格表示，中欧裁军谈判已经进行了两年多时间，在这期间他本人一直很重视这一谈判，也多次表明苏联在这一问题上的立场，即削减方案不应该危及各自的国家安全利益。他表示苏联领导层已经仔细研究过新的谈判提议，认为具有一定的积极意义，认识到了削减中欧地区核武器的必要性，这也是苏联政府从谈判一开始就已经强调的，但是苏联政府不能接受该提议的前提条件，即接受北约的第一阶段削减方案，因而苏联不会接受这一新方案，但是，作为对西方提议的回应，苏联政府也将修改先前提出的方案，做出一定的让步与妥协，具体内容是苏联将三阶段裁减方案修改为两阶段裁减，第一个阶段就是在 1976 年，苏联与美国各自削减同等比例数量的武装力量，其数额为整个中欧地区华约与北约各自军队总量的 2%—3%，在这一阶段，欧洲其他国家的武装力量不进行削减，但是数量也将被"冻结"，第二个阶段再削减中欧国家军队的数量。① 为了使该方案能够付诸实施，勃列日涅夫表示美苏双方应尽快就削减的武装力量的范围问题达成一致，但苏联主张应包括所有类型的武装力量。他认为苏联的新方案是对美国及北约其他国家新提议的积极回应，旨在推动维也纳的会谈，并将促使双方达成对彼此都有利的协议。②

对于勃列日涅夫在会谈中提出的新方案，基辛格并未做出明确的表态，只是表示美国政府会对方案进行研究，不过他预计政府不会在短时间内接受苏联的方案。在第二天与葛罗米柯的会谈中，基辛格表示，虽然还不了解苏联方案的详细内容，但他本人对这一方案并不是太乐观。

1976 年 2 月 17 日，在日内瓦举行的裁军会议上，苏联代表团正式提出了新的谈判方案。这一方案总体上而言是为了对抗美国的新提议而制定的。方案内容包括：美苏两国各自削减部分军队数量，使北约与华约在中欧的总兵力下降 2%—3%，大概数量为美国 20000—30000 人，苏联 23000—35000 人；美苏两国撤出同等数量的武器装备，包括 300 辆坦克，54 架具备核打击能力的战斗机，一定数量的弹道导弹发射架及 36 座防空导弹发射架，同时撤出与之相配套的导弹；在第一阶段削减期间，北约与华约其他国家冻结武装力量，并承诺在 1977—1978 年间参加第二阶段的削减进程。③

对于苏联政府的新方案，美国政府内部经过讨论，认为与之前的方案相比，这一方案有了积极的改进，首先是苏联政府放弃了原来的三阶段削减方案，接受了美国政府的两阶段方案，其次是在削减的范围问题上，苏联不再要求裁减所有的武装力量类型，而是只限制一部分类型的武装力量，另外，苏联还同意在两个阶段削减期间，两大联盟都应冻结武装力

---

① *FRUS*, 1969—1976, Vol XXXIX, p. 1084.

② Ibid. , pp. 1085 - 1086.

③ Ibid. , p. 1089.

量。但是，苏联的方案却回避了最核心的问题，即经过裁军后，双方在中欧地区的军事力量是否应该实现均衡与相等。同时，方案还在几个问题上使美国处于不利的境地，一是苏联提出将削减部署在中欧的核武器，这就抵消了美国新方案所提出的削减核力量的努力。美国方案的目的在于通过核力量上的让步换取苏联在第一阶段的裁军中主动削减规模巨大的地面武装力量及坦克部队，从而实现双方常规军事力量的均衡，苏联的新方案显然将使得这一计划落空。同时，如果按照苏联的方案执行，在第一阶段的削减中，苏联只需要削减一到两个师，而不是美国先前规划的五至六个师。第二，该方案要求美国政府削减部署在中欧地区本已处于低水平的坦克部队，这将导致与苏联在常规武装力量上的差距进一步扩大，从而在事实上有利于华约维持在该地区的军事优势。第三，苏联的方案不止要求对两大集团的总体军事力量做出限制，还要求各个成员国对军备力量做出限制，这将引起西欧盟国，尤其是联邦德国的坚决反对。[①]

由于苏联的新方案具有一定的积极性同时又有很大的局限性，因而美国政府内部对于是否接受该方案存在着不同意见，最终出于推动双方裁军会谈以及中欧和平与稳定取得进展的考量，福特政府并未拒绝苏联的新提议，开始围绕一些具体的技术问题与苏联展开会谈。但是，双方之间的会谈很快又陷入了僵局，主要障碍在于双方对北约与华约各自在中欧的武装力量的总量问题上产生了较大分歧，尤其是华约在中欧的军事力量总额。因为双方任何方案的制定及实施都将以此为依据，数量多的一方将不可避免地需要多裁减，而这对于苏联而言显然是不利的。正如国安会的一位成员在给基辛格的备忘录中所指出的，在先前的谈判中，苏联同意将所有类型的军事人员包括在削减范围之内，如后备军、准军事人员、军中的文职人员以及海军等，但是在近期的会谈中，苏联收回了做出的承诺，只同意将作战人员及直接的相关人员纳入其中，这导致的一个直接结果就是华约提交的数字与我们所计算的数量存在着明显的差额，例如在 1976 年 6 月的谈判中，华约提交的自身武装总量为 987300 人，其中包括 805000 名陆军及 182300 名空军人员，这一数字与北约所提交的自身总额大致相等，但是却与北约所估计的华约总量相差 174700 人。[②]

---

① *FRUS*, 1969—1976, Vol XXXIX, pp. 1089 – 1090.

② Ibid. , pp. 1090 – 1091.

　　为了解决在总量问题上的分歧，美苏在维也纳的谈判代表进行了持续地沟通，力求达成妥协。在政府层面，双方之间的高层官员也在另一条渠道上推动着问题的解决。1976 年 9 月，基辛格与葛罗米柯借联合国大会之机在纽约举行了双边会谈。在会谈中，基辛格指出：在当前的会谈中我们主要面临着两个问题，一个问题就是对于你们武装力量的估计，我们的数字不同于你们提供的数额，另一个问题在于法国拒绝将自身的军事力量纳入北约的总额之中。[①] 对于基辛格所提出的讨论华约在中欧实际力量的要求，苏联政府提出美国政府必须首先解决上述法国问题。对此，基辛格表示美国政府提出的总数将不会包括法国的军事力量，但是将会对苏联方面做出补偿，允许苏联在地面武装及空军方面拥有额外的补充力量。到 1976 年 12 月 15 日，美国在维也纳的代表团提交了最终的力量评估报告，指出到 1976 年 1 月 1 日，西方在中欧地区的武装力量总数为 921000 人，而华约方面大约比北约超出了 150000 人。[②] 对于美国政府提出的数字，苏联的谈判代表赫列斯托夫并不接受，认为双方的标准并不相同，所认定的范围不一样，西方的范围标准存在不合理性。[③] 直到 1977 年卡特任内，双方才最终解决了围绕该问题所产生的分歧。

三　小结

　　到福特总统离任之时，美苏两国政府仍然就裁军的方案条款进行着激烈地讨价还价，双方在裁军的原则、军事力量的对比评估等问题上仍存在着分歧，福特任内最终未能就削减方案达成一致，但是，不可否认的是，裁军谈判在多个方面产生了积极的影响。首先，谈判在推动中欧裁军方面取得了切实的效果。在福特就任之初，围绕中欧裁军，美苏两国在裁军的步骤、种类、原则等问题上都存在着比较大的分歧，经过福特时期的谈判，双方在裁军的步骤问题上达成了共识，同意了两阶段裁军方案，在裁军的种类问题上，双方一致同意了将陆军、空军及战略核武器等力量纳入削减范围，在裁军的对象国问题上，均同意不但包括美苏，而且中欧地区各个当事国也要包括在裁减范围之内，而且一致同意

---

①　*FRUS*，1969—1976，Vol XXXIX，p. 1092.

②　Ibid.，p. 1093.

③　Ibid.，pp. 1092 - 1093.

首先由美苏进行第一阶段的削减，在此过程中其他中欧国家要冻结各自的武装力量，之后其他国家进行第二阶段的削减，另外，在裁军的目标上，虽然对军力评估存在着不同意见，但是双方大致同意将地面部队的人数上限设定在 70 万人。以上这些成果的取得都是福特政府任内双方进行积极谈判的成果，而这些成果为 80 年代欧洲的首个常规军控协议——《欧洲常规武装力量条约》的达成提供了重要保证，起到了关键的承上启下的作用。

其次，福特任内的裁军谈判推动了欧洲缓和以及美苏之间的大缓和。从冷战开始，欧洲地区，尤其是中欧地区就成了"火药桶"，两大集团部署在该地区的强大军事力量使得双方在该地区擦枪走火的可能性大大提高。为了缓和地区紧张局势，两国在政治、军事等多个方面采取了措施。欧洲安全与合作会议的召开为欧洲地区政治上的稳定奠定了坚实的基础，而裁军会谈则是欧洲军事缓和的重要内容，其取得的一系列成果与欧安会议一道，推动了欧洲地区和平与稳定局面的实现。与此同时，中欧地区的缓和也是自尼克松开始的美苏战略大缓和的一个重要组成部分，由于主要的裁军对象是美苏两国，因而谈判进展的取得就使得两国在中欧地区爆发军事冲突的可能性进一步降低。虽然该谈判的地位及意义并不如同时进行的限制战略武器谈判，但是中欧裁军谈判显然成为限制战略武器会谈的一个补充与完善，对于推动两国在军事及其他领域的缓和起到了至关重要的作用。①

总之，虽然成果有限，但不同于这一时期的限制战略武器谈判最终失败的命运，在福特任内，美苏不断地对各自的中欧裁军方案进行修改与加工，并一步步地缩小双方之间的差距。尤其是对福特政府而言，为了推动协议的达成，主动提出了新的妥协方案，虽然最终未被苏联接受，但却促使苏联政府也随之提出相应的让步措施，有力地推动了谈判的进行，在这一过程中，谈判与合作成了双方关系的主流，东西方在谈判桌上共同讨论与切实利益相关的问题，交流看法与主张，成为美苏大缓和时代一个重要体现。可以说，20 世纪 70 年代的裁军谈判维护了美苏两国军事战略的平衡与稳定，推动了政治与军事缓和的进程，在这一过程中，福特政府把谈

---

① Helmut Schmidt, *Men and Powers: A Political Retrospective*, New York: Random House, 1989, p. 170.

判视为同苏联进行政治对话的重要指导因素，希望能够通过谈判同苏联达成中欧裁军协议，以此对两国在中欧地区的军备竞赛形成有效地管控，进而确保自身及盟国安全，最终实现美国的战略目标。中欧裁军谈判既是福特政府降低战争爆发风险、维护国家安全及实现自身军事战略的重要手段，也是对苏缓和战略的重要组成部分。

第三章

福特政府时期缓和外交面临的严峻考验

由于尼克松任职期间缓和外交取得了积极的效果，因而在福特就职之初，缓和政策仍然在美苏两国，尤其是美国国内拥有广泛的支持，于是合作仍在继续。但是，两国之间的根本性分歧并未消除，美国对苏联的遏制心理以及苏联寻求在全球扩张共产主义势力的根本目标也都没有发生变化，这就使得两国在缓和的同时，仍然无法避免相互间的竞争与对抗，并且随着时间的推移，两国间竞争与对抗程度也逐步增强。同时，由于受到越战失败及国内政治斗争等因素的影响，福特政府的整个外交政策基调也开始发生变化，对美国实力的宣示成为外交政策的基轴，福特政府的外交政策日益强硬，对抗性逐步增强。两国限制战略武器谈判与发展贸易关系的最终失败以及在安哥拉的对抗正是这一时期两国对抗与竞争的体现，这对福特任内缓和外交的发展构成了严峻的考验。

第一节 马亚圭斯号事件与福特政府外交政策思想的转变

福特就职后，基本上继承了缓和政策，但是，随着国内外局势的恶化，尤其是 1975 年 4 月 "南越" 的覆灭，对美国政府及民众的心理产生了巨大的震撼，尼克松政府所最引以为豪的 "体面的和平" 及福特政府一直所寻求的 "持久的和平" 最终以失败而告终。[①] 再加上此时中东和平

---

① Richard Nixon, Address to the Nation Announcing Conclusion of an Agreement on Ending the War and Restoring Peace in Vietnam, January 23, 1973, http://www.presidency.ucsb.edu/ws/index.php? pid = 3808 & st = & stl = .

进程谈判的失败以及仍在不断加深的经济危机，福特政府从 1975 年上半年开始便在内政及外交方面遇到了越来越多的挫折。这种情况的出现使得福特政府在外交政策方面受到的来自于保守派的压力逐步增加，同时，福特与基辛格的外交政策思想也开始发生变化，对美国国家利益的强调及对国家实力的宣示日益成为对外政策的主题，发生在这一时期的马亚圭斯号事件就是这一转变的重要体现，而这显然也影响到了同时期的对苏缓和。

1973 年 1 月越南南北双方签署和平条约之后，双方的战争并未停止，越南北方继续向南方发动进攻，最终于 1975 年 4 月 30 日占领西贡，彻底统一了越南。与此同时，柬埔寨与老挝的共产党及革命党也先后赶走了美国扶植的傀儡政权，左派势力红色高棉在柬埔寨掌握了政权。至此，整个印度支那战争以美国的彻底失利而宣告结束。不过，虽然战争已经结束，但这一地区的局势仍不太平，小规模的冲突仍然不时出现，尤其是在越南及柬埔寨的附近海域。

1975 年 5 月 12 日上午，红色高棉的海军炮艇突然在柬埔寨附近海域拦截了美国商船马亚圭斯号，后者正在从香港驶往泰国的航线上，目的是为驻泰国的美军基地提供物资与给养，但并不包括武器。该商船属于美国希兰德海运公司，当时该商船距岸边约 100 英里，而柬埔寨政府在发表的声明中指出商船侵入了 90 海里的领海，并且为中央情报局进行间谍活动。[①]

事实上，柬埔寨新政权建立之后的短时间内，这一海域已经发生了多起劫持与扣押行为，在马亚圭斯号商船被扣留的十天前，红色高棉曾扣押了多艘泰国的捕鱼船，后来又将其释放；八天之前，他们曾向韩国的商船开火，并试图登船，不过最终未能成功；而仅仅五天之前，一艘巴拿马货船也被扣留了 36 个小时。[②] 同时，需要指出的是，马亚圭斯号也并非战后首艘被扣留的美国商船，在 50 年代初，厄瓜多尔曾扣押了二十多艘美国货船，甚至殴打了多名船员，但当时的美国政府并未采取激烈的反制行动，而是支付了赎金将货船及船员赎回。

在被扣留之际，船长立刻发出了求救信号。几个小时之后，直到 12

---

①　*FRUS*, 1969—1976, Vol X, Vietnam, January 1973—July 1975, pp. 974–978.

②　Richard G. Head, F. W. Short, and R. C. Mcfarlane, *Crisis Resolution: Presidential Decision Making in the Mayaguez and Korean Confrontations*, Boulder, CO: Westview Press, 1978, p. 103.

日早上五点多，五角大楼国家军事指挥中心才接收到由美国驻雅加达的办事机构发来的信息，称一艘美国商船被柬埔寨政府扣押，并在炮艇的监视下被押往柬埔寨的西哈努克港，除此之外，并无其他的具体内容。① 基辛格于早上六点被告知此信息，而福特及斯考克罗夫特都是在早上 7 点上班之际得知了此事。如何应对商船被扣事件迅速成为政府的棘手问题。

虽然还不清楚事件的具体细节，但是在基辛格的主导下，国务院还是于 12 日上午 8 时在会议上讨论了应对措施，并清楚地表明了美国政府应持的立场。基辛格表示，虽然并不清楚柬埔寨政府的动机，但美国政府必须要对这种劫持美国商船的行为做出强硬的回应，美国政府决不允许在公海上发生这种侵犯美国利益的行为。他主张美国的战机应拦截商船以防止其驶入柬埔寨本土。② 斯考克罗夫特在早上提交给总统的日常情报简报中向福特报告了此事，基辛格也做了汇报。随后福特在当天中午就马亚圭斯号事件召开了第一次国家安全委员会会议，参加者包括了副总统、国务卿、国防部长、参谋长联席会议主席、中情局长及总统助理等十余人。

5 月 12 日的会议基本上为如何处理危机定下了基调。在会上，中情局长科尔比首先介绍了具体情况，对于柬埔寨政府行为的原因，虽然金边的电台宣称是马亚圭斯号搞间谍活动，但根据截获的情报，他认为是红色高棉为了宣示对该海域的主权，占有这一海域丰富的石油资源。随后，会议讨论应如何做出回应。国防部长施莱辛格认为应该根据具体的情形逐步采取升级行动，如果不能通过谈判解决，就采取包括冻结柬埔寨政府的财产，在其港口布雷以及占领某个小的岛屿等手段，基辛格表示，在该事件中，美国有两个主要的问题，一是如何夺回商船，二是应给外界留下怎样的印象。基辛格认为美国政府必须要采取强硬的手段，不但要发表一个措辞强硬的声明，而且必须要向外界展示出美国的实力，不仅应该在港口布雷，更应该考虑采取在公海海域扣押柬埔寨船只以及占领某个岛屿的措施，对于美国而言，通过谈判使柬埔寨放人放船并不是一个很好的选择，因为这并不能给外界留下一个实力强大、态度强硬的美国的印象。③ 副总统洛克菲勒赞同基辛格的观点，认为这是向外界表明美国实力与决心的机

①　*FRUS*, 1969—1976, Vol X, p. 975.

②　Ibid. , pp. 974 – 976.

③　Ibid. , pp. 978 – 984.

会，美国需要让世界其他国家及民众明白美国政府将迅速及坚决地对侵犯美国利益的行为做出回应，对于该事件，政府应果断地采取武力行动而不必在此之前提出抗议。①

相较于施莱辛格的谨慎立场，福特总统采纳了基辛格及洛克菲勒的意见。马亚圭斯号事件使福特联想起了 1968 年发生的普韦布洛号（Pueblo）事件。当时美国间谍船普韦布洛号在朝鲜附近海域进行监测时被朝鲜海军俘获，进而引起了半岛危机，最终在朝鲜及苏联的压力下，约翰逊政府承认了入侵行为，间谍船及船员也被朝鲜政府扣押了一年多时间。在福特看来，这一事件充分暴露出了约翰逊政府的虚弱与无能，因而，决不允许同样的情况再次发生。福特认为，朝鲜政府此刻将会密切关注美国如何处理马亚圭斯号事件，如果美国政府态度及措施软弱，将会被其视为美国实力在越战后受到严重削弱的例证，进而会促使朝鲜对韩国发动第二次进攻，任何与红色高棉进行谈判的举动都是软弱的表现，对美国而言绝不是好的选择，"在这一问题上没有鸽派"②。考虑到这些因素，福特指令珊瑚海号航母及其他多艘舰艇驶向该海域，并出动侦察机进行侦查，为军事行动做准备，同时，政府也将发表一份态度强硬的公开声明，要求柬埔寨释放商船及船员。③

会议结束之后福特政府便开始从外交及军事两个途径营救人质。虽然认为不会起作用，但福特政府官员仍然请求中国驻美联络处主任黄镇向红色高棉转交政府的抗议照会，但这一请求被黄镇所拒绝。④ 同时美国驻中国联络处主任乔治·布什也奉命向中国的外交部及红色高棉驻北京大使馆递交了同样的照会，但照会都被退回。⑤ 在军事途径方面，国家安全委员会开始研究制定多种军事方案，包括尽快占领商船并袭击人质现在所在地通岛，轰炸柬埔寨海军舰艇以及本土上的其他重要军事目标等。事实上，后几个选项对于营救人质而言并非必要举措，但国安会的大多数成员认为这是展示美国决心与实力的很好机会，政府应把握这一良机。

---

①　*FRUS*, 1969—1976, Vol X, p. 981.

②　Richard E. Neustadt and Ernest R. May, *Thinking in Time: The Uses of History for Decision Makers*, New York: Free Press, 1986, p. 60.

③　*FRUS*, 1969—1976, Vol X, p. 984.

④　Ibid. , pp. 985 – 986.

⑤　Ibid. , p. 987.

12 日晚上，美军的侦察机发现马亚圭斯号商船再次启程，驶向柬埔寨本土的磅逊港。对此，福特等人非常担心，因为人质一旦被押往了本土，营救工作将会变得更加困难，于是，政府决定加快救援的速度。13 日上午，国家安全委员会召开了第二次专门会议，主要讨论了军事救援的具体方案。由于没有准确的情报，因而在会上，没有人清楚人质的具体所在地，但委员们一致认为红色高棉试图将人质带往本土，因而福特下令空军拦截任何驶往及驶出通岛的船只，尤其是驶往柬埔寨本土的船只。同时，尽管遭到了泰国政府的不满与反对，但福特仍决定将泰国的乌塔堡空军基地作为实施攻击行动的主要基地，一千多名海军陆战队士兵被部署到该基地。[①] 在会上，施莱辛格再次强调政府不能孤立地看待这一事件，因为包括苏联在内的众多国家正在注视着美国政府将如何做出回应，他认为美国必须马上做出坚决的回应，如击沉对方的船只。对此，福特总统表示了认可，初步批准了晚上七点以直升机发起攻势，夺回商船的控制权[②]。

13 日下午，美军侦察机发现几艘炮艇从人质扣押地通岛驶向柬埔寨本土，由于福特总统先前已经下令拦截任何出入岛的船舶，因而美军战机对其发动了攻击，并击沉了其中一艘。在随后与斯考克罗夫特的通话中，总统认可了空军的这一拦截行动，指出如果不采取行动，将会显示出政府的虚弱与无能。[③] 值得注意的是，美国政府并不清楚人质是否在这些炮艇之上，但福特等人还是下令将其摧毁，这事实上是冒着很大的风险。直到随后侦察机发现炮艇上有欧洲人之后，福特总统才改变了原来的命令，不再要求击沉而是尽量使炮艇失去动力。

13 日晚上，国家安全委员会召开了第三次专门会议。在这次会议上，基辛格再次表达了他的强硬态度，指出美国政府不应仅仅将眼光放在这一单独的事件上，美国应向外界表明，任何损害美国利益的行为都将受到报复与惩罚，对于商船事件，美国政府要做的除了夺回商船，救回人质之外，还应占领隶属于柬埔寨的通岛以及轰炸其本土，以此不但向柬埔寨，而且向朝鲜、中国及苏联传递强硬信号，即美国将对任何此类危害美国利

---

① *FRUS*, 1969—1976, Vol X, pp. 987 – 988, 1001.

② 由于航母等支援力量未能就位，夺取商船计划被推迟到了 15 号，与人质救援行动一起实施。

③ Robert D. Schulzinger, *Henry Kissinger: Doctor of Diplomacy*, New York: Columbia University Press, 1989, p. 219.

益的行为做出强有力的反击。总统顾问哈特曼（Robert Hartmann）也提醒福特，如同古巴导弹危机一样，马亚圭斯号事件同样是检验总统领导能力的重大考验。不同于基辛格的观点，国防部长施莱辛格及副部长比尔·克莱门茨（William P. Clements）认为印支半岛的局势非常脆弱，美国不应该采取激烈的回应措施，尤其不应动用 B - 52 轰炸机轰炸柬埔寨本土。经过激烈讨论，福特总统最终还是站在了基辛格一边，指示国安会马上制定军事行动方案，包括进攻人质所在地通岛，夺回商船以及轰炸柬埔寨本土等。①

到 14 日下午，包括航母、驱逐舰、空军战机及海军陆战队在内的全部作战力量抵达预定位置，其中主要的营救力量是 175 名海军陆战队士兵，国安会也在下午就马亚圭斯号事件召开了最后一次会议，会上审核了最终的军事行动方案，所有成员都表示了认可。但是在是否轰炸柬埔寨本土问题上，仍然存在着争议，基辛格与洛克菲勒主张采取这一措施，而施莱辛格仍然表示反对。到最后，福特总统站在了基辛格一边，决定对红色高棉采取惩罚性的措施。② 下午 4 时 45 分，总统批准了行动方案。与此同时，在外交途径方面，美国政府又通过联合国秘书长瓦尔德海姆向红色高棉传达了照会，但直到冲突结束，对方也未给予回应。③

15 日凌晨，美军发动了突袭行动，主要包括四个方面：重新夺回商船；占领通岛，解救人质；通过 B - 52 轰炸柬埔寨港口及本土；击沉该海域内的所有对方船舶。由于情报失误，政府并不清楚所有的人质都已被转移到本土，因而登陆通岛的士兵未能解救到人质，但是由于柬埔寨在通岛上部署了重兵，因而美军在岛上陷入了苦战，夺回商船的行动则比较顺利，另外，轰炸柬埔寨港口的行动也按预定计划顺利进行。当上述战斗正在激烈进行之时，柬埔寨释放了被扣押的船员。在收到船员获释消息之后，福特随即下令撤出仍在通岛上奋战的士兵，终止一切军事行动，至此，马亚圭斯号事件获得彻底解决。

单纯从军事角度看，马亚圭斯号事件的结局并不能说是取得了圆满的成功。虽然 39 名船员均被获释且没有任何伤亡，但是营救他们的美军却

---

① *FRUS*, 1969—1976, Vol X, pp. 1004 - 1019.
② Ibid., pp. 1029 - 1035.
③ Ibid., pp. 1020 - 1021.

有数十人伤亡，并且还损失了十余架直升机，福特政府可谓代价高昂，但是在政治上却收获颇丰。面对侵害美国国家利益的行为，福特政府采取的坚决的军事行动获得了国内民众及保守派等政治势力的广泛赞许，极大地改变了水门事件，尤其是越战彻底失利后总统及政府在民众心目中软弱无力的形象，一定程度上恢复了民众的信心。事件结束之后举行的民意测验也显示福特的支持率较事件之前获得了较大的增长，幅度超过十个百分点。① 与此同时，福特还借助于该事件部分扭转了在处理与国会关系时的被动局面。从约翰逊政府通过《战争权力法》开始，经过水门事件，到福特政府时期国会的权力，尤其是在外交事务领域的权力大大增强，总统在与国会的权力斗争中明显处于下风。但通过马亚圭斯号商船事件，福特趁机从国会手中夺回了部分国家安全事务的决策权及执行权，无论是解救方案的制定还是最后空袭的实施，总统都牢牢地把握着主动权，可以说，这是福特在政治上的巨大成功。

商船事件除了对美国国内政治产生了影响之外，还对福特政府之后的外交事务产生了深远的影响，概括而言，它使得强硬与对抗逐步发展成为外交政策思想的主流，"让我们看起来更强硬一些"这一口号切实体现在了随后福特政府处理对外关系，尤其是对苏关系之中。②

从事件的整个处理过程可以看出，在得知商船及船员被扣押之后，福特政府立即就开始研究救援方案，反应非常迅速，但需要指出的是，在制定方案的过程中，包括福特、基辛格在内的众多官员均明确拒绝了与红色高棉进行谈判的方案，并没有将其列入选项之中，政府首先考虑的是军事手段，通过武力进行救援，同时还伴随着诸如轰炸本土的军事打击措施，整体上看来，这更像是一项军事惩罚行动而不是人质救援行动。尤其是福特与基辛格所强烈赞同的动用 B - 52 轰炸柬埔寨本土的举动，当时福特已经接到了来自于空军的侦察报告，显示人质有可能已转移到本土，因而轰炸行动很可能造成人质的伤亡，然而总统最后仍然批准了轰炸方案。而在金边的电台发表声明表示愿意释放人质以及空军发现了被释放的船员的情况下，福特与基辛格仍然指示继续进行对本土的轰炸行动，并且持续了

　　① 　Gerald R. Ford, *A Time to Heal*: *The Autobiography of Gerald R. Ford*, New York: Harper and Row, 1979, p. 284.

　　② 　*FRUS*, 1969—1976, Vol X, p. 1031.

很长时间。① 因而，可以看出，福特政府救援行动的目的并不仅仅在于解救人质，更在于宣示美国的实力。

同时，在讨论解救人质方案的几次国安会会议上，福特、基辛格、洛克菲勒等成员一再表明的态度就是不能将商船事件视为孤立的事件，必须将其放在美国整个的外交环境之中，政府的反应不能仅仅将眼光放在当前，更要考虑到以后，如果美国政府不对这种侵犯美国利益的行为做出坚决有力的反击，那么还将遇到类似的挑战。正如基辛格所言，"我们做出的回应必须要给苏联、中国及朝鲜深刻的印象，让他们认识到美国政府绝不允许自身的正当利益受到损害。"②

马亚圭斯号商船事件发生之际，正值福特政府的外交因越战的彻底失败而陷入困境之时。整个印度支那地区的丢失使得国内众多民众及保守派强烈质疑福特—基辛格外交路线的正确性及有效性，而福特与基辛格本人也很忧虑国内的这种挫败感会被对手苏联利用。来自于外界的压力以及自身外交观念的转变促使福特等人此时寻找一切机会向国内外政府及民众表明美国政府在外交领域的强硬态度及决心，而商船事件则刚好提供了这样一个机会，福特政府也很好地把握住了这一良机，向外界证明了美国政府及总统本人仍然足够强硬，并且将继续强硬下去。

值得注意的是，在讨论方案的过程中，基辛格与国防部长施莱辛格曾多次发生争论，焦点就在于要不要扩大对红色高棉的报复力度，尤其是对柬埔寨本土进行轰炸，而福特最终还是采纳了基辛格的意见，这也将两人的强硬外交政策思想暴露无遗。作为外交政策的主要决策者，两人的这种强硬立场与做法显然也将延伸到其他外交事务的决策之中，尤其是在处理与最大竞争对手苏联的关系问题上。从会议上的讨论来看，虽然商船事件与苏联没有任何关系，但是在发言中，无论是福特、洛克菲勒还是基辛格，都一再表明的态度便是美国政府的回应措施将对苏联的外交政策行为产生重要的影响，如果措施不够强硬，那么将会鼓励苏联从事更多挑战美国国家利益的行为与举动，福特政府自始至终都将该事件视为向苏联展示美国决心与实力的机会与舞台。

---

① 由于对空袭行动存在着异议，国防部长施莱辛格并没有彻底地执行福特与基辛格所制定的轰炸方案，这也是日后福特解雇施莱辛格的原因之一。

② *FRUS*, 1969—1976, Vol X, pp. 1014, 1030 - 1031.

总之，马亚圭斯号事件发生在福特政府的外交政策陷入被动与困境之际，而福特政府力图通过对该事件的处理，清楚地向外界，尤其是苏联表明，美国政府绝不会容忍自身的国家利益受到侵犯，如果这样的事情发生，那么将会遭到美国强有力的报复与回击。与之前在越战问题上的立场相比，福特与基辛格的外交政策思想有了显著的变化。需要指出的是，虽然这种改变并不是根本性的转变，在相当程度上这也是福特政府所展示的一种外交姿态，但这同样影响到了这一时期的美苏缓和，如正在进行中的限制战略武器谈判，同时也是加剧美苏在安哥拉对抗的重要因素，可以说，马亚圭斯号商船事件是导致这一时期福特政府对苏缓和外交立场复杂化及强硬化的重要原因之一。

第二节　限制战略武器谈判的失败

一　海参崴协议后的形势与赫尔辛基首脑会谈

（一）海参崴会谈后的形势

海参崴首脑会谈后，美苏预计协议中的少量剩余问题将于短期内全部解决。双方共同起草了一份备忘录以记录协议中的具体条款，但是直到12月10日，备忘录的具体内容仍不能达成一致，双方主要在两个重要问题上存在分歧，分别是空中发射巡航导弹问题以及"逆火"式轰炸机问题。

空中发射巡航导弹问题是海参崴会谈后双方在起草备忘录过程中提出的。苏联认为射程超过600公里的空对地导弹都应计入2400的总量之中，而美国希望只限于弹道导弹，认为空对地导弹不包括空对地巡航导弹，只包括弹道导弹。苏联则坚称应包括所有类型的导弹。苏联采取这种立场的原因在于认识到了巡航导弹的特点及威力。第二个主要的问题是被北约称为"逆火"（Backfire）的苏联新型轰炸机究竟该作为中程轰炸机还是洲际战略轰炸机，前者将不被纳入战略武器总额之中。在此问题上，勃列日涅夫清楚地表明了苏联的立场，即逆火式轰炸机并不是洲际轰炸机，美国方面则在该问题上存在着分歧，基辛格同意可以不将其纳入限额之中，但国防部与参谋长联席会议坚决认为应纳入总量之中。①

---

① Michael Mandelbaum, *The Other Side of the Table: The Soviet Approach to Arms Control*, New York: Council on Foreign Relations Press, 1990, p. 53.

由于首脑会谈之后美国政府需要向参议院通报会议情况，为了尽快就备忘录内容达成共识，美国方面最终于 1974 年 12 月 10 日同意在巡航导弹问题上做出让步，在备忘录中去掉了"弹道"一词，虽然基辛格在给葛罗米柯的外交照会中表明美国并不会放弃原来的立场，但是苏联方面仍认为他们获得了胜利，因为去掉限定语"弹道"一词的"巡航导弹"无疑对苏联有利并且可能促使苏联方面认为美国接受了他们的立场，但值得注意的是美国国防部及参谋长联席会议坚决反对政府的这一让步做法。对于逆火式轰炸机问题，最后的备忘录中只是简单涉及了重型轰炸机的问题，没有尝试限定或列举出具体类型的飞行器，这事实上认可了基辛格的意见，即无视五角大楼的要求，坚持将逆火式轰炸机排除在武器限额之外，而福特总统对于该问题并没有给予过多的关注，这成为签署第二阶段限制战略武器协议的障碍之一。

对海参崴协议，美国国内的保守派是强烈反对的，他们认为在与苏联的战略武器竞争中，苏联正在赢，美国正在输，战略均势已经取代了美国在核时代占有的优势，[①] 而海参崴协议进一步加剧了这一趋势，他们认为在第一阶段战略武器协议中苏联已经欺骗了美国，因而要避免这种情况再次发生。参议员杰克逊批评该协议并在国会煽动其他议员，指责条约在陆基导弹方面将美国置于劣势。[②] 政府内部，新任的国防部长唐纳德·拉姆斯菲尔德（Donald Rumsfeld）对于新条约也并不热心，认为协议没有对苏联的武器系统做出更多的限制，尤其是对苏联数量众多的洲际弹道导弹的投掷重量及多弹头化做出限制。众多军备控制与裁军的推动者则批评协议仍使得美苏保留了高水平的军备能力。对于苏联的逆火式轰炸机问题，除了军方的反对，包括杰克逊在内的众多国会议员也坚持要求任何条约都要包括该型轰炸机，认为这是远程而不是苏联宣称的中程轰炸机，因为它可以不进行空中加油便能攻击美国。

在苏联政府内部，军方对海参崴协议存在着不满情绪。军队领导人认为苏联所做的同意战略武器力量处于同一水平的让步是不合理的，因为这

---

① ［美］雷蒙德·加特霍夫：《冷战史：遏制与共存备忘录》，伍牛、王薇译，新华出版社 2003 年版，第 335 页。

② John Robert Greene, *The Presidency of Greald R. Ford*, Lawrence, KS: Kansas University Press, 1995, p. 126.

并没有考虑到美国的前沿武器系统，由于地缘政治条件因而使得苏联并不能获得同等的安全，虽然为了实现更广泛的政治目标，军方勉强接受了这一决定。即使是在政府内部，也存在这样的共识，即海参崴协议是对美国做出的一个必要的让步以达成最终的协议。实际上，在海参崴谈判中，为了减少阻力，苏方谈判代表中就排除了军方人员。[①] 但是在巡航导弹问题上，来自于军方的压力仍使得苏联政府的选择极为有限，多勃雷宁回忆道"在巡航导弹问题上莫斯科并不能退让，因为苏联领导人受到了来自于军方的强大压力，军方试图限制美国的巡航导弹。"[②]

由此看来，海参崴协议仅仅是一项阶段性的成果，在许多重大问题上双方仍没有达成一致，即使是已达成的总量与多弹头导弹数量水平也并没有形成正式的协定，随着外部形势逐步发生变化以及谈判的进一步深入，这些争论迅速成为严峻的问题。

（二）赫尔辛基首脑会谈之前的努力

尽管困难重重，但在双方看来，限制战略武器仍是缓和的中心问题并且对两国的安全都具有重要的意义，尤其是在两国贸易谈判前景黯淡以及其他外交合作面临困境的情况下，因而海参崴会谈之后，两国在限制核武器问题上继续努力进行谈判以解决遗留问题并达成最终协议。这一时期的会谈仍然是以双轨模式进行，但主要是通过在日内瓦的两国代表团，后来由于进展缓慢，两国高层间的会谈再度活跃起来。

海参崴会谈之后，根据达成的协议，双方在日内瓦的谈判小组开始在协议的基础上进行谈判。在 1975 年 1 月 31 日的正式会谈开始之前，美国国家安全委员会于 25 日发布了国家安全决定备忘录第 283 号文件，用以指导在日内瓦的常设协商委员会（SCC）的会谈。备忘录指出：常设委员会中的美方代表团应向苏联提出以下几个美方关注的苏联违反已签署的协议的举动，包括苏联正在新建数量众多的大型发射井，它们能够被用来发射洲际弹道导弹；隐瞒多个正在进行中的战略武器项目，这妨碍了对协议实施情况的核查；苏联的重型导弹问题等。除此之外，美方代表团在谈判中应保持沉默，等待来自于政府的进一步

---

① 基辛格在 1974 年 12 月 3 日的媒体吹风会上所透露。

② ［俄］阿纳托利·多勃雷宁：《信赖——多勃雷宁回忆录》，肖敏、王为等译，世界知识出版社 1997 年版，第 402 页。

指令。① 这一备忘录表明了美国政府在武器核查等诸多问题上对苏联的不满，美国国内此时出现了大量指责苏联违反第一阶段协议的指控，数个保守派的参议员也写信给总统，向政府施加压力，因此基辛格在 SCC 第 5 次会议（1975.1.28—1975.2.13）及接下来的数次会议期间提出了许多关于遵守协议的问题，而苏联的做法同样如此，指责美国多次违反协议。虽然通过在 SCC 的谈判澄清了不少问题，减少了双方之间的众多疑虑，但是苏联对协议的遵守问题在美国国内仍是一个敏感的政治问题。

1 月 29 日，美国国家安全委员会就限制核武器问题召开了一次专门会议，探讨在新一轮日内瓦会谈中美方的政策与立场。会上，福特总统首先表明了他对海参崴协议的肯定态度，中情局长科尔比（William Colby）介绍了美苏会谈的现状。他首先指出美苏 1972 年贸易协定的废弃以及勃列日涅夫日益糟糕的健康状况影响了苏联采取的缓和外交政策以及苏联对于谈判的态度，并且，苏联仍然在继续开发及部署新的战略武器，包括重型洲际导弹，新型逆火式轰炸机及巡航导弹等，同时还不断对洲际导弹进行多弹头化，苏联的行动表明，海参崴会谈之后，苏联限制了与美国的军备竞赛规模，关注的重点转向了提高核武器的质量，包括机动性、对抗能力及生存能力等。针对这一状况，基辛格指出了美国当前应该采取的立场，他认为在当前的会谈中，美国应该逐步表明立场而不是急切的采取强硬措施。在多弹头导弹问题上，应坚持反对苏联将 SS - 18 导弹多弹头化，并关注苏联潜射弹道导弹的多弹头化，在巡航导弹问题上，美苏两国仍然存在着分歧，美国可以将射程超过 3000 公里的空射巡航导弹计入总量之中，同意将任何携带巡航导弹的飞行器计入总量之中，但在此问题上美国可以利用备忘录的漏洞采取有利于自己的措施，在逆火式轰炸机问题上，考虑到有效航程、载弹量等因素，应该将其计入总量之中，美方应坚持自己的立场，即使要做出退让，也要让苏联在其他方面做出让步。② 通过这次会议，美国政府对于巡航导弹问题及逆火式轰炸机问题形成了初步的解

①　National Security Decision Memorandum 283: Instructions for U. S. Commissioner, SALT Standing Consultative Commission (SCC), for SCC Session on Compliance Issues, January 25, 1975, *DNSA*, Presidential Directives on National Security, Part II, PR00228.

②　National Security Council, Minutes of the 1/75 National Security Council meeting regarding a review of the major issues at the SALT in anticipation of the Geneva conference, Jan 29, 1975, *DDRS*, CK3100151792.

决方案，另外在武器核查问题上也确定了美方的态度，总体上而言，美国政府认识到美苏之间存在诸多难题，但对日内瓦会谈仍持积极乐观的态度，认为新一轮的会谈能够解决面临的障碍。

在 1 月 29 日会议的基础上，国安会于 2 月 6 日发布了国家安全决定备忘录第 285 号文件，用以指导在日内瓦的会谈。备忘录要求在巡航导弹问题上，代表团要向苏联表明，美方认为对射程超过 600 公里的空对地导弹的限制只应限于弹道导弹，而不应包括空对地巡航导弹，但同意对巡航导弹做出进一步的限制，包括将射程超过 3000 公里的巡航导弹以及任何能够发射巡航导弹的飞行器都计入总量之中，在逆火式轰炸机问题上，美方认为当前的重型轰炸机应包括 B－52、B－1 以及熊式、野牛式还有逆火式轰炸机，如果苏联不同意将逆火式列为重型轰炸机，代表团应向苏联指明该型轰炸机的技术性能及改进能力以与其论争，另外备忘录还讨论了对多弹头的核查以及重型洲际弹道导弹的定义等问题，认为在这些问题上苏联与美国存在不同的立场，应使苏联接受美方的立场，并且美方认为在新协议签署之后，应尽快开始进一步限制并减少关于战略武器的谈判。[①]从国安会的这份指令可以看出，在巡航导弹及逆火式轰炸机问题上，美国政府内部军方与强硬派的立场占据了上风，福特总统最终还是采纳了他们的意见，这也使得接下来与苏联的会谈困难重重。

由于在众多问题上立场的不同，日内瓦的会谈进展并不顺利。在多弹头核查问题上，苏联认为现有的技术手段已经足够，没有必要制定专门的核查措施，而美国则提出要采用新的技术手段来核查，同时双方在巡航导弹上的分歧仍在持续，没有任何解决的迹象。另外，在对第一阶段及海参崴协议的遵守问题上，美苏双方也是互有指责，认为对方不断试图利用条约漏洞以获取更为不平衡的利益。参议员约翰逊则利用主持关于苏联是否违反协议的听证会的机会，不断向福特与基辛格施加压力，以此干扰这一时期美苏间的协商，阻止协议的进一步达成。[②] 所有这些问题都导致了这一时期的日内瓦会谈缺少进展，在此背景下，双方再次将重心转到高层间

---

① National Security Decision Memorandum 285: Instructions for the SALT Talks in Geneva, Jan 31, 1975, *DNSA*, Presidential Directives on National Security, Part II, PR00230.

② National Security Council, Minutes of the 3/5/75 National Security Council meeting regarding U. S. and Soviet compliance with provisions of the SALT, Mar 5, 1975, *DDRS*, CK3100155720.

的会谈。

（三）赫尔辛基首脑会谈与限制战略武器谈判的继续

如上文所述，在 1975 年，由于日内瓦会谈进展缓慢，这使得白宫开始重新致力于与苏联高层间的小范围秘密会谈，主要是福特、基辛格与勃列日涅夫、葛罗米柯之间的一系列会谈，包括 7 月 10—11 日基辛格与葛罗米柯在日内瓦、9 月 18 日在华盛顿以及 9 月 21—22 日在纽约的会谈，福特与勃列日涅夫 7 月底 8 月初在赫尔辛基的首脑会谈等，与日内瓦会谈相比，这些会谈对于解决美苏之间在战略武器谈判中的分歧起了更为重要的推动作用，尤其是福特与勃列日涅夫的首脑会谈，是继海参崴会谈之后，事关战略武器谈判最重要的一次会谈。在会谈中双方都做出了让步，本来双方有可能于 7、8 月份达成协议，但是由于在一些问题上的严重分歧以及国内外形势的改变，协议未能达成。

在赫尔辛基首脑会谈之前，基辛格与葛罗米柯 1975 年 7 月 10 日及 11 日在日内瓦举行了会谈，探讨了包括限制战略武器谈判问题在内的诸多双边关系问题。此次会谈中，双方在核查问题上取得了一定的进展，苏联接受了美国的立场，同意将多种类型的导弹计入多弹头运载工具，但是在巡航导弹问题及逆火式轰炸机问题上没有取得任何进展，苏联仍坚持将射程超过 500 公里的空射巡航导弹计入总量之中，并反对在其他平台上部署射程超过 600 公里的巡航导弹，同时苏联坚决反对考虑将逆火式轰炸机归为战略轰炸机。① 基辛格在会后给福特的备忘录中指出，在巡航导弹等诸多存在分歧的问题上，苏联领导层的态度仍然比较谨慎，美国仍需要与苏联进行进一步的沟通，尤其是高层间的会谈尤为重要。②

为了更好地协调并统一美国在即将到来的首脑会谈中的立场，7 月 25 日，国家安全委员会召开了一次关于限制战略武器谈判的专门会议。会议认为，考虑到苏联的国内政治局势，勃列日涅夫仍将努力寻求与美国的缓和，因而以他为首的苏联领导层为保证协议的达成将会做出一定的妥协，但是这并不意味着苏联将在全部有分歧的问题上改变立场来满足美国的要求，葛罗米柯最近在日内瓦的表态也证实了苏联的这一立场。经过讨论，国安会形成了比较一致的立场，包括在巡航导弹问题上，接受苏联提出的

---

① *FRUS*, 1969—1976, Vol XVI, pp. 625 – 638.

② Ibid., p. 640.

禁止部署射程超过 5500 公里洲际巡航导弹的建议，但是在空射巡航导弹及潜射巡航导弹方面坚持先前的立场，在逆火式轰炸机问题上，坚持计入总量之中，在重型导弹定义问题上，将投掷总量限定在 7000 磅等。[①] 从这次会议做出的决议可以看出，虽然福特政府非常期望与苏联达成最终协议，但是来自于政府内部的反对力量以及当时的国内外局势的压力，使得政府在一些关键问题上并不能做出重大的让步与妥协。

1975 年 7 月 30 日至 8 月 1 日，欧安会首脑会议在赫尔辛基召开，福特与勃列日涅夫举行了多次会谈，双方深入讨论了限制战略武器谈判的问题。在 7 月 30 日上午举行的首次会谈中，两人都重申了缓和是不可逆转的立场，应该通过会谈推动谈判取得最终的成功。[②] 但是双方的这种期望在会谈中并没有实现。

8 月 2 日，两人又进行了第二次会谈，由于涉及了具体的争端与分歧，因而这次会谈充满了火药味，双方领导人不断地对对方的立场及言论提出质疑，并一度发生争吵。勃列日涅夫在会谈中一再强调苏联在谈判中已经做出了大量的妥协与让步，这尤其体现在核查等问题上，而美国方面不仅不在 B-1 轰炸机问题上做出相应的回应，却试图利用苏联的妥协获取更多的利益。在巡航导弹问题上，勃列日涅夫及葛罗米柯指责美国的立场前后不一，不断寻求利用海参崴协议的漏洞获取有利于美方的利益，并认为美方在海基巡航导弹问题上的解释过于荒谬，基辛格则强调这是美方根据现状做出的选择，并无不合理之处。在逆火式轰炸机问题上，双方谈判人员更是大声地相互指责，认为对方谈判人员在这一问题上欺骗对方。[③] 这些争吵与互相指责表明双方的分歧还是相当严重，互不信任。

当然，经过此次会谈，双方弥合了一些分歧，达成了部分协议，包括：（1）禁止在水面舰只上部署射程超过 600 公里的弹道导弹；（2）禁止在海床，包括领海内部署弹道导弹以及巡航导弹；（3）禁止将核武器送入太空轨道；（4）禁止在除轰炸机之外的飞行器上研发、测试及部署

---

①　National Security Council, Minutes of the National Security Council Meeting, July 25, 1975, *DDRS*, CK3100151969.

②　*FRUS*, 1969—1976, Vol XVI, pp. 691 – 692.

③　［美］约翰·纽豪斯：《核时代的战争与和平》，军事科学出版社 1989 年版，第 470 页。

射程超过 600 公里的巡航导弹；（5）禁止发展陆基洲际弹道导弹等。① 但是与会前双方的期望相比，在巡航导弹及逆火式轰炸机这两个关键问题上的分歧却并没有取得大的进展。美国政府仍坚持在轰炸机上部署射程不超过 2500—3000 公里的巡航导弹并反对计入总量之中，苏联坚持将轰炸机上射程超过 600 公里的巡航导弹计入总量之中，并且禁止在其他飞行器上部署射程超过 600 公里的空射巡航导弹，对潜射巡航导弹的射程限制仍坚持 1200—1500 公里，而苏联坚持要求不超过 600 公里，同时美国方面从逆火式轰炸机的航程及其他性能出发，坚持认定应将其纳入总量之中，却遭到了苏联方面的强烈反对。②

首脑会谈结束之后，美苏两国政府都认为会谈没有取得重大进展。在 8 月 4 日与福特总统的一次谈话中，基辛格认为谈判没有取得进展，苏联以及美国都不知如何处理仍然存在的分歧，苏联没有提出任何打破僵局的建议，海参崴协议是苏联所做的最后努力，福特总统则要求基辛格指出问题所在。③ 在苏联国内，以军方为首的强硬派越来越质疑政府对美国做出的妥协，并且这种妥协并没有换回相应的补偿，勃列日涅夫在政治上受到越来越多的批评。

二　美方的最后努力及会谈的最终失败

（一）九月提议与一月会谈

出于各自国内政治局势以及国际政治环境的考虑，美苏双方谁都不想放弃第二阶段谈判，因而，围绕着巡航导弹以及逆火式轰炸机两个分歧问题，双方仍寻求着解决方案，美国方面提出了很多建议，但最终都被苏联拒绝。

会谈结束后不久，福特与基辛格就根据会谈的情况制定并批准了国家安全决策备忘录第 303 号文件。但是在这份备忘录中，只是重申了首脑会谈所达成的一致立场，包括对陆基洲际弹道导弹的限制，另外还涉及美国对巡航导弹概念的定义等，对于美苏存在关键分歧的两大问题并

---

① *FRUS*, 1969—1976, Vol XVI, p. 714.

② Department of State, Summary of a meeting between President Gerald Ford, Soviet General Secetary Leonid Brezhnev and U. S. and Soviet officials relating to issues slated for SALT, Aug 2, 1975, *DDRS*, CK3100492477.

③ *FRUS*, 1969—1976, Vol XVI, pp. 718 – 720.

没有提出最新的建议。① 这是由于美国政府对如何取得突破仍没有新的方案，因而此时只能对日内瓦的会谈做出宏观上的指导而不是提出具体的意见方案。

1975 年 9 月 17 日，国家安全委员会召开专门会议，试图提出新的建议与方案，为即将与葛罗米柯举行的会谈做准备。经过讨论，国安会提出了以下几项新的提议以减少美苏存在的分歧：（1）在逆火式轰炸机问题上，如果苏联同意将逆火式轰炸机部署在苏联南部，或是以其他飞行器来代替，或者承诺不提供空中加油，那么美国可以同意将其排除在总量之外；另外一个方案就是可以考虑在协议之外，给予逆火式轰炸机及 FB - 111 轰炸机限定一个 100 架的限额（施莱辛格提出的数额是 200—250 架），超过这个限额的部分将计入总量之中；（2）在巡航导弹问题上，允许双方各自拥有不超过 100 枚射程在 300—1500 公里之间的潜射核巡航导弹，对于重型轰炸机及空射巡航导弹，则允许双方各自拥有 300 架可以装载射程在 2500—3000 公里之间的空射巡航导弹的轰炸机。②

9 月 21 日，基辛格与来访的葛罗米柯举行了会谈，在会谈中，基辛格向葛罗米柯提出了最新研究制定出的方案，并在几个问题上做出修正，包括接受潜射巡航导弹的射程不超过 600 公里，同意不将逆火式轰炸机计入总量之中，但是有附带条件，即美方可部署 100 架 FB - 111 轰炸机以及 200 枚射程在 600—2000 公里的舰载巡航导弹，且均不计入总量之中。③与美方之前的立场相比，这一最新立场在以下几个方面向苏联做出了让步，如减少搭载空射巡航导弹的轰炸机数量并降低空射巡航导弹的射程，按照苏联的要求降低潜射巡航导弹的射程，以及考虑同意将逆火式轰炸机排除在总量之外。美国这样做的原因主要是由于基辛格认为在过去长达两年的谈判中，苏联做出了大多数的妥协与让步，包括同意战略武器总量均等，放弃因美国的前沿武器系统而要求的补偿，接受美国提出的核查规则等，但是美国方面却并没有做出大的让步以推动协议的达成。在 10 月 12 日接受采访时，基辛格强调了这一点，他指出："客观地说，我认为在过

①　National Security Decision Memorandum 303： Instructions for the SALT Talks in Geneva, August 20, 1975, *DNSA*, Presidential directives on National Security, Part II, PR00247.

②　National Security Council, Draft of the minutes of the 9/75 National Security Council meeting, Sep 17, 1975, *DDRS*, CK3100151821.

③　*FRUS*, 1969—1976, Vol XVI, p. 802.

去 18 个月的谈判中，大多数的让步都是由苏联做出的。"①

　　一个月之后，10 月 27 日，勃列日涅夫对美国的最新方案做出了回应，明确拒绝了美方的九月提议。他认为美方关于巡航导弹及逆火式轰炸机问题上的新方案很不合理，关于巡航导弹的新提议事实上开启了新的军备竞赛，美方提出的对重型轰炸机以及空射巡航导弹射程的自我限制并没有改变开启新的军备竞赛的实质，而针对逆火式轰炸机提出的补偿方案则更是没有根据，因为苏联方面根本不认可其为战略轰炸机，总体上而言，勃列日涅夫认为这些提议只会导致美苏在达成新协议的道路上越行越远，他希望美国政府能够更清楚地认识到两国之间存在的分歧，并认真考虑苏联的态度，进而为协议的达成创造更好的条件。②

　　虽然收到了苏联方面对于九月提议的明确拒绝，但是基辛格在一个记者会上还是宣布新的协议已基本完成。在给福特总统的备忘录中，基辛格指出 1976 年 2 月苏联将召开苏共二十五大，而美国也将面临总统初选，这将给会谈带来很大的不确定性，因而美国此时必须采取更多的努力以寻求在勃列日涅夫任内达成协议。福特在收到苏联回应后又写信给勃列日涅夫，表示美方认为双方应继续谈判以走出目前的困境，这对双方而言都极具重要性，福特总统在信中还同意了勃列日涅夫提出的双方代表在近期举行另一次会谈的建议。③ 经过协商，最终确定基辛格 1976 年 1 月访问莫斯科，与苏联进行新一轮谈判。

　　在基辛格访苏之前，国家安全委员会先后召开了几次会议，制定新的方案。经过多次讨论，最终在 1976 年 1 月 8 日的国安会会议上就解决巡航导弹及逆火式轰炸机问题提出了五套新的方案，分别是：方案一，将巡航导弹及逆火式轰炸机问题推迟到以后再加以解决，先就已达成的共识签署协议，另外可以制定临时的协定来限制两者的发展；方案二，如果苏联不接受任何对于逆火式轰炸机的数量限制，那么将以一个适中方案代替，即对逆火式附加限制条件，同时与方案三、四相比，减少对巡航导弹的限制；方案三，同意将逆火式轰炸机排除在总量之外，但是加以数量以及性能上的限制，数量为 300—400 架，同时限制轰炸机的部署地点，对巡航

　　①　U. S. Department of State, *Department of State Bulletin*, Vol. 73, November 10, 1975, p. 658.

　　②　*FRUS*, 1969—1976, Vol XVI, pp. 844 – 845.

　　③　Ibid. , pp. 847 – 848.

导弹也加以限制，包括将装备空射巡航导弹的轰炸机计入总量之中，禁止在潜艇上部署潜射巡航导弹等；方案四，将逆火式轰炸机计入总量之中，但要对巡航导弹做出严格限制，包括将装备远程巡航导弹的轰炸机计入1320 个多弹头分导导弹总量之中，只允许战略巡航导弹装载到重型轰炸机及水面舰只上。方案五，由美国国防部提出，将逆火式轰炸机排除在总量之外，对巡航导弹的限制与方案四相同，而苏联需要冻结当前的重型洲际弹道导弹数量。① 在临行前的 1 月 13 号的国安会会议上，福特就最终的谈判策略做出了决定，先与苏联就修改后的第四套方案进行协商，② 如果不能达成一致，再实施第三套方案，最后再提出第一套方案。③

从这些方案制定的过程以及数量可以看出，福特政府为了能够与苏联达成最后的协议，付出了巨大的努力。并且值得注意的是，这一时期美苏因安哥拉内战以及双边贸易谈判受挫等问题，关系已受到严重的影响，另外也面临着来自于国内强硬派的指责与攻击，因而此时的福特总统与基辛格面临着来自于国内外的种种压力，制约着这些方案的制定与实施。苏联方面，在许多人看来，与美国的缓和并没有带来多少回报，两国的经贸关系因犹太人移民问题而恶化，政治军事方面，美国仍寻求在第三世界遏制苏联，在核武器谈判中也不断地寻求获取额外利益，向苏联步步紧逼，因而勃列日涅夫在国内也受到了来自于保守派越来越多的指责，最为明显的是，苏联国防部长格列奇科（Grechko）元帅在 1975 年 5月的讲话中就警告说美国国内仍存在反对缓和的"反动及挑衅力量"，并且他们"并没有放弃通过武力来解决资本主义与社会主义之间分歧的计划"。④ 仅仅两个星期之后，勃列日涅夫却宣称当前世界舞台上各大国之间是相互联系的，因而"资本主义国家领导人不会热衷于通过武力解决

① White House, Proposed schedule for the NSC meeting of 9/17/75 to review the U. S. SALT position in preparation for discussions with Gromyko, Sep 12, 1975, *DDRS*, CK3100148689.

② 福特总统对该方案做出了部分修改，包括从当前直到 1977 年 10 月 3 日过渡期之间，苏联所生产的逆火式轰炸机不计入总量之中，之后生产的开始计入总量之中，搭载射程超过 600 公里的潜射巡航导弹的水面舰只以及搭载空射巡航导弹的重型轰炸机都将计入多弹头分导导弹总量之中。

③ National Security Council, Minutes of a NSC meeting, part II of II, 1/13/76 on SALT, Jan 13, 1976, *DDRS*, CK3100039905.

④ Raymond L. Garthoff, *Detente and Confrontation: American-Soviet Relations from Nixon to Reagan*, Washington D. C.: Brookings Institution, 1994, p. 519.

资本主义与社会主义的分歧。"① 两位苏联高层之间的分歧在这里是显而易见的，这也表明当美国国内反对缓和的力量开始壮大时，同样的情况也出现在苏联。

正是在上述背景下，基辛格于 1976 年 1 月再次来到莫斯科，进行了他国务卿任内的最后一次访苏行程，与勃列日涅夫就限制核武器问题进行协商。1 月 21 日至 23 日，两人共举行了三次会谈。在 21 日中午的首次会谈中，勃列日涅夫表示苏联愿意在巡航导弹问题上做出让步，同意将携带射程超过 600 公里空射巡航导弹的轰炸机计入 1320 个多弹头分导导弹总量之中。② 经过 21 日晚的第二次会谈，双方又达成以下共识：（1）禁止在轰炸机上部署射程超过 2500 公里的空射巡航导弹；（2）装备空射巡航导弹的轰炸机将计入 1320 个多弹头分导导弹之中；（3）禁止部署射程超过 600 公里的潜射巡航导弹等，但是在陆基巡航导弹、水面舰只巡航导弹以及逆火式轰炸机问题上仍存在分歧，于是基辛格向勃列日涅夫提出了他与福特之前协商出的方案，为逆火式轰炸机及水面舰只巡航导弹设置一个单独的协议（有效期从 1977 年至 1982 年，逆火的数量控制为 275 架，可发射巡航导弹的水面舰只数量为 25 艘，每艘携带 10—15 枚），勃列日涅夫没有马上做出答复。③ 在 22 日的会谈中，勃列日涅夫明确表明了反对态度，指出完全不能接受该方案，因为逆火式并不是战略武器，同时也会在新的领域开启军备发展，但是苏联保证不会将逆火式转化为战略武器，对其作战半径也会进行限制，同时他再次强调了苏联在其他问题上的立场，即禁止在水面舰只部署射程超过 600 公里的巡航导弹，陆基巡航导弹的射程也不应超过 600 公里，作为补偿，苏联同意将战略武器总量降为 2300 个。对于勃列日涅夫的这些提议，基辛格表示回去后会提交给总统进行协商，之后再作出答复。④

会谈结束后，双方都表示谈判取得了进展，基辛格认为双方在某些重要的问题上进行了积极的讨论，苏方提出了一些新的建议并达成了部分共识。⑤

---

① 上海人民出版社编译室：《勃列日涅夫言论第十一集（1975 年）》，上海人民出版社 1977 年版，第 109—110 页。

② *FRUS*, 1969—1976, Vol XVI, p.928.

③ Ibid., pp.942 – 943.

④ Ibid., pp.955 – 958.

⑤ Ibid., pp.970 – 971.

勃列日涅夫则表示找到了"实现妥协的机会"。[①] 虽然仍没有弥合所有的分歧，但是双方都做出了让步。不过这种乐观氛围马上就被之后的会谈所驱散，福特与基辛格很快就遇到了麻烦。

（二）会谈的最终失败

虽然基辛格对于一月会谈的结果表示满意，但是国防部以及参谋长联席会议却对会谈持保留态度，他们提出了众多高度专业化的反对意见。事实上，当基辛格还在莫斯科进行谈判之时，在华盛顿就召开了一次由五角大楼主导的国家安全委员会会议，总统也出席了这次会议，在会上，国防部长、参谋长联席会议主席等众多军方人士都对正在进行的会谈表示了怀疑与担忧，这次会议提出的一些观点也与基辛格的谈判方案背道而驰，例如要求部署射程超过方案规定的的潜射巡航导弹等。[②] 自从第二阶段谈判进行以来，美国军方对于苏联的战略意图越来越表示怀疑，到1976年，这种怀疑更因缓和的不断衰退而加剧，不少知名的战略家如保罗·尼兹等人在1976年也公开发表见解，认为苏联不断试图寻求战略核优势，这对美国造成了巨大威胁。[③] 这也是当时美国军方的一种普遍见解，表明基辛格在谈判中做出的任何重大妥协此时将难以获得军方的认可。

与此同时，1976年大选也日益临近，福特在党内受到了来自于里根的巨大挑战，为了寻求连任的成功，在核武器问题上不得不采取更为强硬的立场。虽然基辛格在一月会谈中提出的方案得到了他的认同，但是并没有得到军方的赞同。因而，当以军方为首的强硬派坚决反对基辛格的谈判方案与策略时，福特所处的困境使他从原来的立场上退却了，这在具体谈判方案中表现在美方在一些分歧问题上重新采取了强硬立场，包括逆火式轰炸机问题及巡航导弹问题，而对基辛格的建议则置之不理。

一月会谈之后不久，总统国家安全事务副助理威廉·海兰德（William Hyland）提交给基辛格一份备忘录，列举了核查小组为答复苏联而提出的几种最新方案：方案一：继续寻求对逆火式轰炸机做数量上的限制，将其计入总量之中，在此基础上，一是回到美方原先的立场，即经过调整

① William Burr, *The Kissinger Transcripts: The Top Secret Talks with Beijing and Moscow*, New York: New Press, c1999, p. 451.

② Ibid., p. 488.

③ Mike Bowker and Phil Williams, *Superpower Detente: A Reappraisal*, London: The Royal Institute of International Affairs, SAGE Publications, 1988, p. 216.

后的方案四，二是可以允许苏联到 1980 年拥有 250 架逆火式，但美方可在 25 艘水面舰只及潜艇上部署射程超过 2500 公里的潜射巡航导弹，这两种选择事实上都强调了福特与基辛格原来的过渡方案；方案二：将逆火式排除在总量之外，但是要求苏联对轰炸机的性能升级等问题做出保证，限制其成为战略武器，同时苏联要在其他方面让步，包括停止部署 SS - 18，减少部分老式重型导弹，如 SS - 19，降低战略武器总量至 2150 等；方案三："延期方案"，即推迟解决逆火式与巡航导弹问题，只是将已达成的限制写入协议之中，在过渡期内，禁止苏联对逆火式进行升级改造，也不能加快部署速度，美方将停止测试射程超过 2500 公里的潜射及陆基巡航导弹，也不会在 1980 年前部署射程超过 600 公里的此类型导弹，同时美苏双方都要承诺削减战略武器总量。①

在 2 月 11 日召开的国家安全委员会会议上，与会者对上述三种方案进行了讨论，确定选择哪种方案作为对苏联的答复。国务卿基辛格认为，根据先前与苏联的谈判经验可以确定苏联绝不会接受方案一，该方案只会导致僵局的出现，方案三是苏联早已明确拒绝的方案，显然是一个退步，而方案二则会使美苏双方在谈判的轨道上继续进行。但是，基辛格的观点并没有得到其他人的认同，包括国防部长、军备控制与裁军署署长、参谋长联席会议主席等人都主张选择方案三，原因在于他们无一例外的认为应将逆火式轰炸机计入总量之中，但是又意识到这会导致苏联的强烈反对而使得协议无法达成，因而推迟解决这一问题，使之不妨碍其他方面取得的进展。② 福特在此次会议上并没有确定采取哪种方案，但是在 16 日与基辛格及斯考克罗夫特的谈话中，他最终表明了态度，支持国防部的观点，选择方案三作为对苏联的回应，他指出他本人非常同意基辛格的观点，但是由于军方的强烈反对，他不得不做出这一选择。③

2 月 16 日，福特在给勃列日涅夫及苏联领导层的信件中对苏联的提议做出了正式回应，内容主要包括：（1）延期解决逆火式轰炸机及部分

① The White House, William Hyland provides Henry Kissinger with talking points for a NSC meeting regarding SALT with the Soviets concerning missile guidelines, Feb 10, 1976, *DDRS*, CK3100156347.

② National Security Council, NSC members discuss possible counter offers concerning flight conditions for guided missiles that Secretary of State Kissinger could propose at the SALT with the Soviet Union, Feb 11, 1976, *DDRS*, CK3100151923.

③ *FRUS*, 1969—1976, Vol XVI, pp. 1000 - 1001.

与巡航导弹相关的问题，先将已达成的协议写入第二阶段条约之中，包括除重型轰炸机外，禁止在其他飞行器上部署射程超过 600 公里的巡航导弹，与此同时，部署巡航导弹的轰炸机计入 2400 的总量之中；禁止测试及生产射程超过 2500 公里的空射巡航导弹；部署射程在 600—2500 公里巡航导弹的重型轰炸机计入多弹头分导导弹总量之中；（2）作为解决逆火式轰炸机与陆海基巡航导弹问题方案的一部分，双方应承诺减少海参崴协定所规定的数量为 2400 的战略武器总量；（3）针对逆火式轰炸机及巡航导弹问题制定一个过渡协议，有效期至 1979 年 1 月。在此期间，苏联要保证不对逆火式轰炸机进行升级改造，也不能加快生产速度，限制其作战半径，作为补偿，美方将不会测试射程超过 2500 公里的海基或陆基巡航导弹，也不会在水面舰只、潜舰或陆上部署射程超过 600 公里的海基或陆基巡航导弹；（4）临时协议到期后，双方承诺将通过谈判达成更全面的协议。[1]

对于美国政府的最终回应，苏联政府经过研究之后，于 3 月 17 日做出了答复，在回信中，勃列日涅夫指出"与一月会谈时基辛格的方案相比，美方 2 月 16 日的答复没有任何进步之处，甚至在某些问题上的立场有所倒退。"[2] 勃列日涅夫在回信中强调了苏联寻求与美国达成协议以进一步改善美苏关系的强烈愿望，但美方在逆火式轰炸机及巡航导弹问题上的建议使得苏联怀疑美国的真正动机是要阻碍协议的达成，他希望福特总统能够重新考虑立场。[3] 勃列日涅夫的这一表态表明了苏联政府的不满，两国政府此时的选择余地已经越来越少。

得到苏联的回复之后，虽然基辛格主张调整方案从而与苏联继续进行谈判，但是福特总统已经失去了信心，迟迟不对苏联的最新回应作出答复，"虽然感到很失望，但我认为最后协议已经难以达成"，福特后来回忆道。[4] 此时的国内形势也让福特分身法术，大选进入了最为关键的时刻，选情一直落后的他此时已将全部精力放在大选之上，无力顾及核武器谈判，并且也担心该问题会引起国内的争论，因而放弃了达成协议的努

①　*FRUS*, 1969—1976, Vol XVI, pp. 1003 – 1004.

②　Ibid., p. 1023.

③　Ibid., pp. 1022 – 1024.

④　Gerald R. Ford, *A Time to Heal: The Autobiography of Gerald R. Ford*, New York: Harper and Row, 1979, p. 358.

力，苏联方面也认为在美国大选落幕之前已不可能达成协议，因而也想等
到大选尘埃落定之后再继续进行会谈，所以从这时开始，双方基本上停止
了围绕该问题的高层会谈，至此，福特政府时期的限制战略武器谈判最后
以失败而告终。

三　小结

福特政府的限制战略武器会谈最终未能达成协议，其原因是多方面
的，主要包括以下几个方面：

首先，美苏双方对第二阶段谈判的根本性认识存在着不同。理解苏联
立场的关键在于要认识到苏联不断进行的保障自身国家安全的努力。由于
自 20 世纪 20 年代开始，苏联长期与西方资本主义国家处于敌视、对抗的
状态，冷战开始后，这种对抗愈加强烈，因而苏联长期存在不安全感。尼
克松与福特政府提出缓和策略的根本原因在苏联看来是越战，以及西方的
经济危机对美国造成的打击，再加上苏联国力，尤其是核力量的增长，实
际上美国对苏联的敌视态度并没有改变。① 由于对确保自身安全的疑虑，
使得苏联对谈判的态度并不明确，一方面想减轻与美国的军备竞赛，另一
方面，国家安全的考量又使得苏联领导层犹豫不决，并且后者时常占据上
风。在美国政府方面，美国与苏联进行核谈判的根本目的与其缓和战略的
动机是一致的，即遏制苏联。缓和是为了遏制对方军事力量的发展，关键
又在于核力量。② 并且对美国而言，重要的一点在于希望通过缓和发出信
号，给超级大国关系带来一个改变，从分歧对抗转变为通过谈判解决问
题，他们最关心的经常是和解的事实而不是协议的细则。③ 这些都决定了
美国在谈判中很少做出实质性的削减，而往往将维持自身优势并限制苏联
力量作为根本目的，在逆火式轰炸机及巡航导弹问题上美国立场的不断转
变以及最终的不妥协是最明显的体现。

其次，谈判失败的直接原因在于双方难以在巡航导弹及逆火式轰炸机

① Vladimir Petrov, *U. S. -Soviet Detente*: *Past and Future*, Washington D. C. : American Enter-
prise Institute for Public Policy Research, 1975, pp. 10 – 11.

② Coral Bell, *The Diplomacy of Detente*: *The Kissinger Era*, London: Martin Robertson Press,
1977, p. 54.

③ ［美］孔华润（沃沦·I. 科恩）主编：《剑桥美国对外关系史》（下），新华出版社 2004
年版，第 413 页。

问题上达成一致，主要原因则在于双方动机与计划的不透明导致彼此在诸多关键问题上互不信任。施莱辛格曾在 1975 年的国防部年度报告中指责苏联未能清楚地表明核武器发展计划及动机，"这使得美国常常面临着不确定性"，"苏联国防部长应向美国公开现在以及以前有关核武器决策的信息"。① 苏联领导层，包括勃列日涅夫及葛罗米柯在内也都曾抱怨美国的谈判动机，认为核谈判只是所谓"联系"战略中的一环，美国试图通过谈判来逼迫苏联在其他重大问题上做出让步，比如越南问题。这种不信任感使得双方在谈判中都过于谨慎，以至于只肯接受一点点军备控制的限制，更多的时候两国都是在进行武器竞赛。随着国际局势及各自国内形势的发展变化，当缓和的成果在美苏两国似乎已经不复存在时，两国在核谈判领域合作的余地也越来越小，到 20 世纪 70 年代中后期，美国的政治气候已不允许接受更多的限制。② 而在苏共二十四大至二十五大期间，苏联领导层也日益坚信，在同美国的竞争中，只有拥有压倒对方的威慑力量，才能使美国由于害怕战争而缩手。因此，在实践中，苏联继续寻求在 1972 年就已提出的对美国的"单边优势"，利用协议的漏洞增强自身的核实力。③

纵观整个谈判过程，与前几任总统时期的谈判相比，福特政府时期的谈判还呈现出了以下两个特点，表明了缓和逆转的趋势：

第一，美苏各自政府内部的分歧始终伴随着整个谈判过程，并对谈判结果产生了重大影响。在美国政府内部，主要是以福特、基辛格为代表的缓和派与以国防部长施莱辛格为代表的军方强硬派之间的争论。强硬派认为第二阶段的谈判并没有实现战略武器总量的实质性削减，美苏双方仍保持着数量巨大的核武库，另一方面，美国在谈判中对苏联做出了过多的让步，使得苏联获得了更多的优势，如在重型导弹的多弹头化问题上，苏联得到了潜在的巨大优势。另外在后期的逆火式轰炸机及巡航导弹问题上，军方也认为基辛格所提出并得到总统认可的方案超越了以前一致同意的立

①　Vladimir Petrov, *U. S. -Soviet Detente*: *Past and Future*, Washington D. C.: American Enterprise Institute for Public Policy Research, 1975, p. 12.

②　［美］雷蒙德·加特霍夫：《冷战史：遏制与共存备忘录》，伍牛、王薇译，新华出版社 2003 年版，第 343 页。

③　Adam B. Ulam, *Dangerous Relations*: *The Soviet Union in World Politics*, 1970—1982, New York: Oxford University Press, 1983, p. 140.

场。缓和派则认为限制战略武器以及关于这种限制的谈判代表双方重新努力为共同利益服务。在基辛格看来，减少核战争的风险是缓和的基本目标，[①] 并且在谈判中，美国维持了自己在多弹头运载工具及巡航导弹等领域的优势，同时还限制了苏联在重型导弹等领域的优势地位。虽然争论的结果是施莱辛格被解除了国防部长职务，但其继任者拉姆斯菲尔德很快也转向对苏强硬政策，与基辛格立场相对立。而苏联政府内部同样是由不同的派别所组成，面对美国实力下降的现状，以勃列日涅夫及葛罗米柯为首的缓和派主张利用核谈判，避免同美国进行一场旷日持久、耗资巨大的核军备竞赛，尤其是可以为苏联缩小与美国的差距赢得时间，降低发生核战争的可能性，以维护苏联的安全与全球利益，同时还能在一定程度上削弱美国同西欧盟国的关系，使后者对美国核保护伞的实际价值产生怀疑，给苏联以可乘之机。[②] 而以军方为主的强硬派则认为在谈判中苏联所同意的战略力量与美国处于同一水平的让步是不合理的，为了实现政治目标，苏联在军事上做出了过多的让步。苏联观察家认为在限制战略武器谈判中的立场涉及了重要的政治决定"。[③] 双方内部的这些分歧使得谈判异常艰难，而当遇到巡航导弹及逆火式轰炸机这种更为棘手的问题时，谈判最终难以为继。

第二，与第一阶段谈判相比，福特政府时期双方的谈判政策更具保守性，彼此态度更为谨慎。第一阶段协议签订之后，两国的核武器竞争从数量转向了质量，战略武器竞赛仍在进行并远远超出了相互威慑的实际需要。福特上台之际，美国正深陷内外交困之中，这使得基辛格深感不安，认为苏联人会尽其所能在核谈判中寻求对美国的优势，也坚信美国任何的让步迹象会被莫斯科视为软弱与妥协，因而将尽可能限制苏联的核力量发展作为谈判的指导思想，这体现在前沿武器系统、重型导弹、多弹头运载工具及对武器总量等诸多问题的谈判中。而苏联方面，到 70 年代中期，综合国力与美国的差距逐步缩小，勃列日涅夫改变了赫鲁晓夫谋求的同美国平起平坐的目标，转而寻求对美国的战略优势，争夺对美军事优势被置

---

① U. S. Department of State, *Department of State Bulletin*, Vol. 69, December 10, 1973, p. 716.

② 周尚文、叶书宗、王斯德：《苏联兴亡史》，上海人民出版社 2002 年版，第 791 页。

③ A. Arbatov, *Security in the Nuclear Age and the Policy of Washington*, Moscow: Politizdat, 1980, p. 222.

于苏联外交政策的最优先地位，这导致在核武器谈判中立场比前一阶段更为强硬，尤其体现在谈判最后阶段仍拒不接受美国在逆火式轰炸机及巡航导弹问题上的立场，成为谈判破裂的重要因素。

虽然与先前的谈判相比，总体上而言，这一时期的谈判无论是谈判策略还是提出的方案都更具成熟性，美苏之间也构建了更为稳定、长效且理性的谈判机制，但由于国内外形势的变化以及双方在谈判中的囚徒困境思想，谈判并没有取得重大进展，与尼克松政府相比，福特政府的谈判没有达成正式协议，这对美苏缓和造成了极为沉重的打击，是缓和出现逆转的明显体现。

第三节　美苏经贸关系的恶化

尼克松政府将美苏经贸关系的改善视为缓和的重要内容，虽然当时美国国内在改善与苏联的经贸关系问题上存在着明显分歧，但是最终双方还是于 1972 年 10 月签订了美苏贸易协定，其中包括美国将向苏联提供最惠国待遇（MFN）以及贸易信贷等。福特就任总统后，在美苏贸易关系问题上继承了前任的政策，继续推动美苏贸易协定的落实。但事实证明，福特政府继承的是一个命运已经注定的协议，该协议最终成为美国国内政治斗争的牺牲品。

一　美国政府、国会及苏联政府之间的三角谈判

在福特继任总统之际，美苏贸易协定已经在国会遭到了多重的限制。1973 年 12 月，众议院通过了针对贸易协定的杰克逊—瓦尼克修正案，1974 年 6 月，参议员史蒂文森在杰克逊等多名参议员的支持下，就对苏贷款问题也提出了一揽子的修正案。在最为关键的赋予苏联最惠国地位问题上，以参议员杰克逊为首的国会反对力量将其与苏联境内的犹太人移民问题联系在一起，要求苏联必须放松对境内犹太人移民的限制。而此时随着尼克松的离职，行政部门与国会之间争夺外交政策主导权的斗争进一步发展，在美苏贸易关系问题上，国会的地位日益强势，这些因素都迫使福特寻求改善与国会的关系，谋求与杰克逊等主要反对派之间的合作，以解决美苏经贸关系问题。

在 1974 年 8 月 12 日对国会的演说中，对于行政机构与国会的关系问

题，福特总统定下了总的基调，即交流、沟通、协商与合作。① 苏联政府此时也迫切想改善与美国的经济关系，从而能够利用美国的资金与技术发展自身的经济。在此背景下，围绕美苏贸易关系问题，福特政府、苏联政府及美国国会三者之间展开了谈判。三方协商的内容是杰克逊—瓦尼克修正案的具体要求，方式则是由苏联方面做出保证，使得美国国会接受，商谈的重点主要集中在以下几个问题：一是苏联犹太人移民的数额问题；二是苏联政府做出的有关犹太移民的保证如何传达给美国政府与国会；三是对苏联设定的考察期限以及考察期过后美方如何继续履行美苏贸易协议；四是美国进出口银行对苏联的贷款额度问题。福特与基辛格希望能够履行美苏贸易协定的承诺，赋予苏联最惠国地位以及数额不受限制的对苏贷款，反对在犹太人移民问题上公开向苏联施加过多的压力，反对国会过多的干涉美苏贸易问题，而以杰克逊参议员为首的反对派则要求苏联必须放松对犹太人移民的限制，并规定了具体的移民数额作为监督苏联行为的标准，同时还严格限制对苏贷款的额度，主张国会应在美苏贸易问题上发挥重要的作用。苏联政府则希望新上任的福特政府能够尽快履行贸易协定的承诺，但是同时也反对美国政府及国会对苏联内政问题的干涉。

　　1974 年 8 月 9 日，基辛格向福特总统介绍了贸易改革法案及杰克逊修正案，指出修正案的提出使得在现阶段根本无法赋予苏联最惠国地位，也使得美国进出口银行无法向苏联提供贷款，因为法案要求总统必须向国会证明苏联没有阻止国内犹太人的自由移民。在这种情况下，为了推动法案的通过，行政部门必须加强与国会的协商以及与苏联政府的沟通与交流。② 随后，贸易关系问题成为 8 月 14 日福特总统与多勃雷宁会谈的重要内容之一。在会谈中，多勃雷宁反对美国国会对苏联的贸易歧视的立法行为，并暗示苏联高层已经就犹太人移民做出口头上的保证，承诺每年将允许 5 万名犹太人离开苏联，但是这种口头保证不会转化成官方的书面保证，以防止被杰克逊为首的反对派所利用。福特则表示他对美苏经贸关系的改善仍持积极乐观的态度，期望双方之间的谈判能够按计划顺利进行。

---

① Gerald R. Ford, *Address to a Joint Session of the Congress.* August 12, 1974, http：//www. presidency. ucsb. edu/ws/index. php? pid = 4694 & st = & st1 =.

② *FRUS*, 1969—1976, Vol XVI, pp. 8 – 11.

对于苏联的提议，他表示将与国会进行进一步的商讨。[①]

8 月 15 日，福特总统邀请杰克逊等几位参议员举行早餐会，就苏联的犹太人移民问题举行会谈。在会谈开始，总统强调贸易改革法案不仅对美国自身，而且对全世界都极为有益，因而必须尽快推动法案的通过。福特还将苏联的最新立场秘密传达给了几位参议员，强调苏联已经对此做出保证，将严格履行自身的承诺，同时他本人也将对苏联的行为做出监督。杰克逊等人对苏联的让步表示了认可，但是仍然提出了几项要求，包括行政部门必须给他们写一封解释苏联立场的信件，苏联每年的犹太人移民数额应达到 6 万人以及国会有权对苏联的最惠国地位做出年度审核等。[②] 这次会谈暴露出双方在国会应发挥何种作用这一问题上存在明显的分歧，另外在移民配额数目上也存在不同意见。

8 月 22 日，杰克逊就国会的作用问题向国务院顾问索南费尔特进一步申明了他的观点，即国会要对苏联的最惠国地位进行年度审查，苏联要想继续获得该地位，除了要获得总统的同意，还必须获得国会参众两院的一致批准。而福特跟基辛格则坚持认为除非国会参众两院都通过决议否决给予苏联 MFN 地位，否则只要总统同意，苏联便将继续获得 MFN 地位。[③] 在两人看来，外交政策是总统的权力范围，国会不应该干涉，并且这种需要国会每年进行审议的最惠国地位对苏联而言将是一种歧视，很难获得苏联的接受。[④] 显然，杰克逊参议员企图进一步扩大国会在外交政策方面的权限，而先前战争权力法的通过以及尼克松的下台已经使国会权力得到了恢复与扩展。在该问题上，勃列日涅夫及葛罗米柯则多次声明绝不接受这种带有歧视性条款的最惠国地位。[⑤]

另外一个重要问题是苏联的保证如何传达给美国政府，后者再如何传达给国会。在谈判过程中，杰克逊同意了基辛格提出的建议，即先由苏联政府向美国政府做出保证，之后美国政府以信件的形式向杰克逊阐明苏联的各项保证，杰克逊再通过给政府的回信声明接受苏联的保证，即所谓的两封信协议。但是，在信件的具体内容以及是否公开问题上，双方存在着

①　*FRUS*，1969—1976，Vol XVI，p. 28.

②　Ibid.，pp. 39 - 44.

③　Ibid.，p. 68.

④　Ibid.，p. 89.

⑤　Ibid.，pp. 113，120，129.

不同意见。杰克逊希望信件中包括具体的移民数额，在 9 月份，他要求数字达到 6 万人，后来希望达到 75000 人，但其他参议员阻止了他，但这一数字仍高于苏联方面的承诺。在此基础上，参议员希望进一步公开三方之间的所有交易内容。而福特一方面坚决反对在信件中包含具体的移民数额，另一方面更不允许将交易内容公开化，以保存苏联政府的脸面，使其避免受到公开的羞辱。苏联政府也一再向基辛格强调信中不能提及关于移民数字的任何官方保证，尽管苏联政府准备接受 5 万人的数额。①

为了解决上述分歧，除了国务院官员索南费尔特不断地与杰克逊等参议员进行沟通外，福特及基辛格也多次与几位参议员进行会谈或通话。9 月18 日，基辛格与杰克逊等三位参议员举行了会谈，重点是犹太人移民问题，主要涉及苏联对移民的数量限制。基辛格指出苏联方面已经承诺将批准越来越多的犹太人离境，但是如果美方提出具体的离境数字，苏联方面并不一定会接受，因而只要苏联不再向离境的犹太人设置障碍，具体的移民数量将不再是大问题。但是三位参议员仍然坚持应设定具体的移民数额，以此对苏联的行为作出判断。② 9 月 20 日，福特、基辛格再次与杰克逊举行了会谈。在会谈中，福特在国会的权力问题上做出了让步，不再排斥国会在苏联的最惠国地位问题上发挥作用，同意如果国会两院中的任何一院投票反对，那么苏联将无法获得该地位。

在对苏联的贷款问题上，9 月 19 日，参议院通过了史蒂文森修正案，规定对苏联的贷款两年之内不得超过 3 亿美元，同时禁止为产自苏联的能源产品的生产及销售提供贷款。虽然该修正案的条件依然苛刻，但其实是6 月份进出口银行法案的翻版，而且经过政府与国会的多次讨价还价，新的修正案取消了国会在对苏贷款上的禁令。助理国务卿林伍德·霍尔顿（Linwood Holton）在给基辛格的备忘录中指出这已经是政府所争取来的最好结果。③

9 月 20 日下午及 21 日，福特、基辛格与来访的多勃雷宁举行了会谈，对于美苏贸易法案，福特向多勃雷宁指出政府正与杰克逊等参议员进行讨价还价，双方在一些问题上仍存在着分歧。基辛格则进一步解释了政府将

---

① *FRUS*, 1969—1976, Vol XVI, p. 120.
② Ibid., pp. 90 - 91.
③ Ibid., pp. 92 - 94.

要与杰克逊达成的协议的方式与内容，即两封信协议，并且基辛格向多勃雷宁强调，对于杰克逊将要在信中所提到的具体的移民数字，在美国政府给杰克逊的信中绝不会提及，也不会承认。多勃雷宁则向基辛格保证，苏联政府不会对境内的犹太人向外移民设置障碍（除了出于国家安全的原因），但是具体的移民数额苏联不会做出保证。①

到 10 月 8 日，基辛格与杰克逊在会谈中终于就苏联的犹太人移民数量问题达成了妥协，双方一致认为苏联做出的保证将会确保移民数量的显著增长，政府也将保证苏联方面不会滥用国家安全原因而任意阻止境内犹太人的移民。② 虽然杰克逊仍将在信中提出具体的数字，但不再是强制的要求。至于国会的角色与作用问题，直到 10 月 17 日，双方才通过各自的让步达成了一致意见，即在 18 个月的考察期过后，必须重新审查苏联的最惠国地位资格，方式是总统在截止期限之前 30 天向国会提出继续赋予苏联这一资格的申请，如果国会在 30 天之内未能做出回应，那么总统可以将苏联的资格延长 60 天，如果 60 天之内国会两院中的任意一院都没有反对意见，苏联将继续获得下一年的最惠国地位。以后每一年期满之前，如果没有来自参议院或是众议院的反对意见，在总统的批准之下，苏联将保持这一地位。③

经过几个月的复杂协商，美国政府与国会终于达成了协议。10 月 18 日，参议员杰克逊、贾维茨（Jacob Javits）以及瓦尼克与福特及基辛格在白宫举行了会面，就犹太人移民问题达成了一项两封信的协议，规定苏联是否允许境内的犹太人自由移民将影响美苏双边关系的发展，苏联的最惠国地位以及能否获得美国进出口银行的贷款将取决于苏联是否扩大其境内犹太人向外移民的数额。基辛格在给杰克逊的信中指出苏联政府承诺不会惩罚那些寻求离开苏联的犹太人，也不会设置各种不合理的及非法的障碍阻止他们的离开，所谓的"离境税"也将不再征收，至于离境的数额，随着申请者数量的增加，离境犹太人的数量将在 1973 年的基础上不断增加。杰克逊在回信中则表示国会认为苏联将停止一切干扰及阻止犹太人移民的行为及措施，在此基础上，国会认为每年移民的数额将超过 6 万人，

---

① *FRUS*, 1969—1976, Vol XVI, pp. 113 – 120.

② Ibid., p. 149.

③ Ibid., p. 162.

并且美国政府也将这一数字视为基准数目。① 由于在之前福特与多勃雷宁以及基辛格与葛罗米柯的交流中，苏联方面已经接受了两封信协议的整体解决方案，至此，除了在对苏贷款问题上尚未达成一致外，犹太人移民与美苏经贸关系正常化问题似乎已获得最终解决。

二　美苏贸易关系的最终恶化

就在两国政府及大多数媒体认为贸易协定即将顺利生效之际，事件的发展却出现了迅速的逆转。在 18 日与总统会面之后，杰克逊随即就在白宫召开了记者会。在记者会上，杰克逊向新闻界宣称他与政府所达成的协议暗示苏联政府已经接受了 6 万人这个数字，并且随着申请者数量的增加，这一数字还会继续增长。② 他宣称该协议是"人权领域里的重大进展"，并且暗示苏联已经屈从于他所发起的运动，在该问题上他已经取得了显著的成就。③

杰克逊的这种做法显然是出于国内的政治目的，此时的他正在寻求1976 年民主党总统候选人提名，因而极为需要国内犹太团体的支持。由于苏联从 1972 年开始对向外移民的犹太人征收出境税，以补偿苏联花费在这些人身上的教育费用，这导致出境的移民数量大幅降低，从 34000 人降到了 20000 人左右。④ 美国境内的犹太人团体正寻求各种手段迫使苏联改变政策，杰克逊的行为无疑将得到他们的认可与赞许。同时作为一名长期坚定的对苏强硬派，这种对苏联的公开羞辱行为也是他一直所寻求和盼望的。况且与这种公开羞辱行为带来的外交后果相比，杰克逊更在意的显然是 1976 年的总统野心。另外，苏联的犹太人问题还反映了 20 世纪 70年代美国对人权问题的考虑，因为这体现了美国的道德力量，这也是吸引杰克逊等众多国会议员干预其中的重要因素。

杰克逊召开记者会之日，正是美苏贸易协定签订两周年之际，此时的苏联正在分期支付第二次世界大战期间美国通过租借法案给予苏联的贷

① *FRUS*，1969—1976，Vol XVI，pp. 166 – 169.

② Ibid. , p. 165.

③ Paula Stern, *Water's Edge*：*Domestic Politics and the Making of American Foreign Policy*，Westport，CT：Greenwood Press，1979，pp. 155 – 165.

④ Stephen E. Ambrose, *Rise to Globalism*：*American Foreign Policy since 1938*，New York：Penguin Books，1988，p. 280.

款，这是与美国赋予苏联最惠国地位相联系的。先前包括勃列日涅夫、葛罗米柯及多勃雷宁等人也已多次清楚地表明苏联在该问题上的立场。并且这一时期苏联国内对于美苏之间建立贸易关系的努力已经有质疑，政府内的保守派在意识形态及政治上都反对与美国发展贸易关系。尤其是苏联方面在这一问题上已经做出了相当的让步，移民人数从 1970 年的 400 人增长到了 1973 年的近 4 万人，苏联方面已经尽了最大努力推动问题的解决。对于美国政府而言，协议的达成一方面履行了对苏联的承诺，另一方面，美国政府仍可利用对最惠国地位进行年度审查的机会给苏联施加压力，使其在其他重大问题上做出让步与妥协，因而，福特政府也不愿看到协议被破坏。由此，福特政府及苏联政府对杰克逊的行为进行了异口同声地谴责。

在 18 日杰克逊举行记者会之后，白宫随即于 21 日就杰克逊的公开声明做出了澄清。白宫发言人内森（Ron Nessen）表示，对于杰克逊参议员所宣称的苏联政府已承诺将移民人数增加到 6 万人的说法，福特总统并没有表示认可。一方面，福特在给参议员的信中并没有就移民数额做出具体的数字上的保证，苏联方面也没有在此问题上向美国政府做出过保证，另一方面，虽然杰克逊在给基辛格的信中提到了 6 万人这个数字，但是政府的立场仅仅是表示将对此加以考虑，而并非表示了认可。[1] 对于政府的这一澄清举动，杰克逊在同日又发表了一项声明，指出 6 万人这一数字是苏联必须达到的最低标准。他还强调苏联已经接受了他的请求，承诺将放松对犹太人向外移民的限制。[2] 对于杰克逊的举动，基辛格在私下里生气地评价"行为像猪一样蠢"。[3] 在苏联方面，对于美国国会将犹太人移民问题与最惠国待遇相挂钩的政策，苏联政府一直以来就有怨言，认为美国人干涉内政，尤其是不满美国国会对美苏达成的贸易协定增加新的限制条款的做法。基辛格指出"苏联发现自己处于被羞辱的地位，因为它是世界上唯一一个最惠国地位有附加条件的国家"，对苏联而言，杰克逊修正案是对其外交与经济上的敲诈。[4] 早在杰克逊举行记者会宣布胜利的前几

---

① *FRUS*, 1969—1976, Vol XVI, p. 174.

② Ibid., p. 175.

③ Henry Kissinger, *Years of Renewal*, New York: Simon and Schuster, 1999, p. 131.

④ Gerald R. Ford, *A Time to Heal: The Autobiography of Gerald R. Ford*, New York: Harper and Row, 1979, p. 225.

天，勃列日涅夫认为有必要在即将到来的信件交换之前再次向国内及国外的民众重申苏联将不会完全地转变在犹太人移民问题上的立场以迎合美国的需求。苏联警告美国这种将两者联系起来的做法是难以接受的，不但毫无益处，还将损害两国关系。杰克逊举行记者会后，苏联的其他官员再次批评这种做法是典型的冷战思维。

在这样一种氛围之下，基辛格于 10 月 24 日前往莫斯科，与苏联领导人商讨限制战略武器以及召开首脑会谈的问题。在会谈中，勃列日涅夫就美苏经贸关系表达了苏联的不满，认为美国政府并未履行已经做出的承诺，苏联政府绝不会接受这种带有歧视性条款的"礼物"，苏联政府并非是在向美国乞求最惠国地位。勃列日涅夫还批评杰克逊的这种对苏联的妥协让步进行欢呼以及曲解基辛格所做出的保证的行为。① 基辛格向勃列日涅夫解释说他与福特总统完全没有预料到杰克逊的这种行为，这是杰克逊的计谋，这一做法不仅羞辱了苏联，而且同样羞辱了福特政府。政府的立场是一贯且鲜明的，将继续推动问题获得合理的解决。② 在对苏贷款问题上，基辛格向苏联表明美国政府在实际操作中将不会受限于国会的规定。但是苏联方面显然决定做出更具体的回应。10 月 27 日，当基辛格准备离开莫斯科之际，葛罗米柯递交给他一封信件。在这封信件中，葛罗米柯指出苏联认为极有必要清楚地表明苏联在犹太人移民问题上的立场，这是根本的原则性问题。在具体的移民数字问题上，苏联政府并未做出承诺，并且坚决反对杰克逊所公开宣称的被曲解的内容。③

在收到葛罗米柯的信件后，基辛格等国务院高层官员并没有马上对外公布，而是进行了内部协商。索南费尔特在给基辛格的备忘录中指出，美国政府当前有两种选择，一是向外界指出苏联政府已经放弃了在犹太人移民问题上与美国政府达成的交易，两封信的协议已经破产；二是忽略葛罗米柯的信件，不做出回复，也不向外界公布，而是静观其变，避免局势彻底恶化。索南费尔特建议政府应该采取第二种选择，为事件的进一步协商奠定基础。④ 基辛格也认同这一做法，在给福特的备忘录中，基辛格指出

---

① *FRUS*, 1969—1976, Vol XVI, pp. 179 – 182.

② Ibid., pp. 190 – 192.

③ Ibid., p. 274.

④ Ibid., p. 275.

苏联的反应正是这段时间以来他一直所担心的，但是他建议政府应该继续维持先前所达成的两封信的协议，不应向外界表明协议已流产。由于直到11 月份国会才进行审议，苏联方面应该也不会在此之前向外界公开信件的内容，政府应尽快与杰克逊等参议员进行会谈，商讨下一步的应对举措。① 总之，基辛格不希望苏联对杰克逊立场的反对意见被华盛顿的人士所知晓，他希望通过即将到来的海参崴首脑会谈以及限制核武器协议的达成缓和苏联在犹太人移民问题上的愤怒，进而接受既成事实。最终福特总统也认可了这一做法。

基于这些考虑，在出席 12 月 3 日参议院就贸易法案问题举行的听证会上，基辛格在美苏关于犹太人移民谈判的结果问题上保持了模糊的立场，他向议员们表示苏联方面并没有明确的态度。② 于是，华盛顿的人士普遍认为苏联已经接受了杰克逊—瓦尼克修正案，苏联的最惠国地位问题以及与之相关的犹太人移民问题已经获得解决。参议员杰克逊及美国国内的主要犹太人团体在获得两封信协议所做的保证的基础上都表示支持贸易改革法案。但事实上，除了葛罗米柯的表明苏联明确态度的信件外，在11 月 24 日的海参崴首脑会谈中，勃列日涅夫曾向福特表明了对 6 万人数字的反对及对杰克逊做法的质疑。③

最终，在杰克逊等参议员的带领下，参议院于 12 月 13 日通过了杰克逊—瓦尼克修正案，18 日及 19 日，众参两院先后通过了附带该修正案的贸易改革法案。在苏联保证将于 18 个月内放松对境内犹太人向外移民的基础上，法案授权总统赋予苏联最惠国地位，否则苏联将失去这一待遇。同时，国会还通过了史蒂文森与杰克逊提出的修正案，规定对苏联的贷款4 年内不得超过 3 亿美元，禁止美国进出口银行为产自苏联的能源产品的生产、运输及销售提供贷款。该修正案的通过使得莫斯科获取美国贷款从而发展自身经济的愿望落空，给予苏联沉重的一击，更加坚定了苏联做出消极回应的决心。

在国会通过贸易法案的当天，作为回应，苏联方面随即通过塔斯社公

---

① *FRUS*，1969—1976，Vol XVI，p. 278.

② Paula Stern，*Water's Edge: Domestic Politics and the Making of American Foreign Policy*，Westport，CT：Greenwood Press，1979，pp. 173 - 174.

③ *FRUS*，1969—1976，Vol XVI，pp. 368 - 369.

布了 10 月 26 日葛罗米柯交给基辛格的秘密信件，这是非常少见的苏联公布外交信件的行为。与此同时，塔斯社还发表了一份官方的声明，强调苏联坚决反对任何企图干涉国内事务以及对苏联歧视的行为，这公开表明了苏联对贸易法案的拒绝态度。① 苏联这样做既是对杰克逊公开羞辱苏联行为的进一步回应，也是为了避免因沉默而承担责任，同时也是进行最后一次努力以影响美国国会的决策，因为美国政府没能成功地向国会阐明情况。苏联高层内部也对来自美国的压力与羞辱感到不满，这也促使了信件的公布。② 12 月 25 日，勃列日涅夫在给福特的信中就美苏贸易关系表示，苏联政府对美国国会通过的新法案非常失望，该法案严重侵犯了双边关系的基础，即互不干涉内政的原则，在经贸关系上美方并没能认真地履行平等与非歧视的原则，这显然严重损害了双边经贸关系，无助于两国在其他领域关系的发展，苏联方面对法案不会无动于衷。③

1975 年 1 月 3 日，考虑到法案中的世界贸易与关税条款，从贸易改革的全局出发，福特总统批准了包含美苏贸易协定的贸易改革法案。在签署之际，福特强调虽然政府将遵守法案中的规定，但是他对法案中的某些条款持保留态度，因为在其他主权国家看来，这些条款具有歧视性，是他们坚决反对的。④ 后来在接受采访时他还指出，"有太多的国内政治压力，否决之后再被推翻将成为虚弱的信号。"⑤ 在 1 月 9 日给勃列日涅夫的信中，福特再次表明了他本人及其政府对美苏贸易关系遇到的干扰与障碍的不满与遗憾。⑥

在经过与美国政府的协商后，苏联政府于 1975 年 1 月 10 日正式表明了对贸易改革法案的官方立场。在给福特总统的正式回复中，苏联领导层指出由于法案不仅违反了美苏双方于 1972 年达成的协议中所规定的非歧视原则，同时还干涉了苏联的内政，因而苏联重申拒绝接受该法案中有关

---

① *FRUS*, 1969—1976, Vol XVI, p. 386.

② Ibid., pp. 386 - 387.

③ Ibid., pp. 405 - 407.

④ Gerald Ford, *Remarks Upon Signing the Trade Act of 1974*, January 3, 1975, http：//www. presidency. ucsb. edu/ws/index. php? pid = 4849 & st = & st1 = .

⑤ Yanek Mieczkowski, *Gerald Ford and the Challenges of the 1970s*, Lexington, KY：Kentucky University Press, 2005, p. 279.

⑥ *FRUS*, 1969—1976, Vol XVI, p. 435.

美苏贸易关系的条款，苏联决定废止 1972 年美苏双方签订的《美苏贸易协定》。[1] 1 月 14 日，基辛格在国务院举行的记者会上宣布，由于苏联政府已正式决定不接受法案中关于美苏贸易问题的条款，福特总统也不准备采取措施使美苏贸易协定生效，因而"目前看来《美苏贸易协定》将不能生效。"[2] 至此，美苏双方在经贸关系方面的缓和结束了。

三　小结

虽然两国政府进行了大量的努力，但贸易关系的正常化最终未能实现，它的消极影响也随之而来。最直接的后果就是苏联政府批准的向外移民的犹太人数量出现了明显的下降，从 1973 年的 35000 人降到了 1974 年的 21000 人，到 1975 年更是降到了 13000 人，而原因就在于苏联政府收紧了移民的数额。而这反过来刺激了美国国内那些对缓和表示质疑与反对的力量，许多参议员认为他们被苏联以及基辛格欺骗了。另外一个直接的影响就是苏联停止了支付租借法案欠款的行动。作为对美国承诺赋予最惠国待遇的回报，苏联方面从 1972 年开始偿还第二次世界大战期间美国通过租借法案给予苏联的贷款，1975 年 7 月，苏联方面在支付了第三笔款项之后，就再没有支付剩余的 7 亿美元的欠款，除非美国给予苏联最惠国待遇。勃列日涅夫在给福特的信中公开声明了苏联的这一态度，声称法案的通过免除了苏联方面因一系列的贸易和信贷协议而承担的义务，包括偿还租借法案债务的义务。在直接的经济利益问题上，据美国学者的估计，如果提供最惠国待遇，苏联对美国的出口每年将至少可以增加 8%—9%，[3] 美国方面也失去了扩大向苏联出口商品的机会。与此同时，苏联开始转向英法等欧洲国家，向他们寻求资金与技术。1975 年 1 月 30 日，苏联宣布与英国达成一项为期 5 年的价值 20 亿美元的协议，用英国提供的贷款购买技术。短短几个月内，苏联就从西方获得了 100 亿美元的贷款，而由于苏联与西方其他国家之间贸易的不断发展，美国在这方面大大落后于西方伙伴。

除了上述影响，在基辛格等人看来，通过阻挠赋予苏联最惠国地位，

---

① *FRUS*，1969—1976，Vol XVI，p. 438.

② Ibid.，pp. 442 - 444.

③ 刘金质：《冷战史》，世界知识出版社 2003 年版，第 918 页。

国会阻止了美国的商品及思想涌入苏联，这不利于推动苏联经济的多样性及瓦解共产主义之间的联系纽带。他认为杰克逊—瓦尼克修正案很可能推动了苏联进一步加大对"北越"的援助，并强化了对安哥拉境内共产主义力量的支持。[①] 多勃雷宁认为在犹太人移民问题上的争论对缓和所造成的损害比其他问题都更为严重，尤其是损害了在政治及经贸关系上的互信。苏联政府认为，面对国会的干扰与阻碍，福特政府并没有采取有力的回应措施，在发展美苏经贸关系方面的立场并不坚定。直到最后时刻，勃列日涅夫还期望福特总统能够否决国会的法案。[②] 苏联政府认为福特政府在反对国会的这些举措时采取了令人费解的软弱行动，似乎并没有意识到政府部门的重要性。苏联政府有充足的理由认为他们是美国政府表里不一的态度的受害者。由于交易的最终失败，苏联政府先前试图通过秘密外交从而满足美国国内政治需要的行为也被公之于众，这使苏联在政治上极为尴尬，同时对勃列日涅夫本人也造成了损害，受到了政府内部保守派人士的批评与指责。1974 年 12 月的中央全会召开前几天，政治局委员波德戈尔内公开指出苏联的内政问题绝不能用来在政治上进行讨价还价，而 12 月 18 日勃列日涅夫公布信件的行为，显然也是受到国内政治形势的施压，因此苏联政府公开表达了他们的不满。1974 年 12 月 16 日，多勃雷宁被召回莫斯科进行磋商，这是外交关系冷淡的一个征兆。1975 年 1 月 30 日，苏联公开取消了部分购买美国粮食的计划。

美苏贸易关系正常化与解决犹太人移民问题的最终失败，导致除了杰克逊之外，其他所有人都遭到了失败。杰克逊及其所代表的保守派从这一结果中获得了利益，他不仅表明了对国内犹太人团体的支持以及对人权的提倡，更给予美苏缓和沉重的打击，这是他所代表的保守派势力整个政治规划中的一个中心目标。美国政府遇到了重大挫折，不仅是因为在处理该问题上的无能，还由于政府没能成功的履行与苏联签订的承诺，也失去了吸引苏联推行缓和政策的诱饵。福特本人遇到了令人尴尬的挫折，进一步向外界强化了"弱势总统"的印象。但事件对基辛格的消极影响更大，他不再被视为特级的外交家，尤其是他处理葛罗米柯信件的做法，在许多部门引起了强烈的质疑，政府内部及众多国会议员纷纷指责他这种欺骗行

---

① Walter Isaacson, *Kissinger: A Biography*, New York: Simon and Schuster, 1992, p. 620.
② *FRUS*, 1969—1976, Vol XVI, p. 450.

为。另外，这一事件进一步凸显并加剧了政府与国会之间的分歧，福特认为国会对外交政策进行了不适宜的干预，这显然是对总统权力的侵蚀。国会既不能迅速达成一致，也不能有效应对外交危机，并且它会散播敏感信息。犹太人移民问题的失败，使得一些国会议员对其机构的行为也感到不安，例如纽约州民主党众议员塞缪尔·斯特拉顿（Samuel Stratton）认为国会显然不能在外交政策领域提供领导作用。

虽然美苏都宣称将坚定不移地推进两国贸易关系的发展，无论是这一时期勃列日涅夫与福特互致的信件，还是两国高层官员的会谈，都在极力强调合作仍是两国贸易及总体关系的主流，① 但是贸易关系恶化产生的阴影却长时间萦绕在两国政府内部，尤其值得注意的是，杰克逊—瓦尼克修正案及其他限制对苏贷款的条款存在的时间比苏联本身存在的时间还要长，可以说，它的消极影响是持久且深远的。

第四节　美苏在欧洲的争夺

自冷战开始以来，美苏在全世界范围内展开了竞争与对抗，但是欧洲地区依然是双方争斗的"中心"战场。也正因为欧洲地区的敏感性及重要性，两国对该地区都倾注了大量的精力。正如在前文中所述，为了防止欧洲局势的失控，避免该地区成为美苏战术核武器的试验场，两大集团围绕着欧洲的政治安全及军事安全展开了一系列的谈判及合作，并取得了积极的进展。但是，这种合作只是双方为了防止冷战过热进而发展到全世界空前的核灾难而进行的心照不宣的且有限的合作，促使双方在欧洲地区继续对抗的众多因素仍然存在，美苏对这一地区的争夺并未停止。具体而言，双方的竞争主要体现在两个方面：一是在西欧的争夺，这一时期葡萄牙、意大利及西班牙在内的众多欧洲国家内部形势出现了动荡与不稳，共产主义力量获得了极大的发展，因而两国分别向这些国家内部的民主派及共产主义政党提供或明或暗的支持及援助，尤其是福特政府倾注了大量精力及财力，以遏制共产主义的势力及影响；另一方面则是双方在东欧的竞争，美国为首的西方谋求扩大对东欧的影响，福特政府通过与东欧国家关系的正常化，图谋鼓励东欧国家逐渐演变，福特政府采取了"区别对待"

---

① *FRUS*，1969—1976，Vol XVI，pp. 448 – 453.

的政策，既鼓励内部自由化，也鼓励对莫斯科争取更大的独立性，奖励比较自由的国家（例如波兰）或比较独立的国家（如罗马尼亚）。① 对此，苏联政府也采取了一系列的回应措施，以强化对东欧的控制。

一　美苏在西欧的竞争

20 世纪 70 年代中后期，西欧多国遇到了政治及经济等多方面的困难，尤其是在葡萄牙、意大利及西班牙等国，国内的经济形势比较严峻，导致政局也出现了不稳，而希腊与土耳其因塞浦路斯问题发生的冲突更是导致北约内部出现了裂痕，加剧了西欧局势的不稳。与此同时，美国与西欧国家之间在尼克松政府时期积累的政治、经济及外交方面的矛盾到此时并未得到全部的消化与解决，例如尼克松所采取的新经济政策对西欧的影响以及双方在第四次中东战争中立场上的分歧，都对联盟产生了重大的冲击，② 而美苏之间签订的防止核战争协定更被法国政府称为"回到雅尔塔"③，基辛格主导的"欧洲年"计划后来也被证明成了一个可望而不可即的目标。面对这一局面，福特与基辛格非常担心会被苏联所利用，此时的苏联政府的确也意识到了在西欧地区扩大影响的时机，于是，发生激烈政治动荡的葡萄牙就成为两国交锋的主战场。

（一）康乃馨革命的爆发

1910 年 10 月，位于欧洲西南部的国家葡萄牙爆发了资产阶级革命，建立了以特奥菲洛·布拉加（Teófilo Braga）为首的临时政府，持续了八个世纪的君主制垮台，葡萄牙确立了共和制④。但是，在第一共和国时期，由于内忧外患严重，共和政体未能实现稳定的运行，期间一共选举了八位总统，仅仅是在 1920 年就换了九届内阁，葡萄牙的货币不断贬值，国债数量增加，政治经济形势极其严峻。⑤ 在此背景下，1928 年 4 月，安

①　［美］雷蒙德·加特霍夫：《冷战史：遏制与共存备忘录》，伍牛、王薇译，新华出版社 2003 年版，第 212 页。

②　Mooney Peter and Colin Bown, *Truman to Carter*: *A Post-War History of the United States of America*, London: Edward Arnold Publishers Ltd, p. 210.

③　［法］艾尔弗雷德·格罗塞：《战后欧美关系》，刘其中等译，上海译文出版社 1986 年版，第 273 页。

④　［美］查·爱·诺埃尔：《葡萄牙史》，南京师范学院教育系翻译组译，江苏人民出版社 1974 年版，第 357 页。

⑤　李靖堃：《列国志·葡萄牙》，社会科学文献出版社 2006 年版，第 79—80 页。

东尼奥·萨拉查（António de Oliveira Salaza）登上了历史舞台，并由此开始了他长达40余年的独裁统治。

在萨拉查的主导下，葡萄牙建立起了具有法西斯性质的"新国家"体制①，限制并剥夺了国民的选举权，取缔了除国民同盟以外的所有其他政党，强化暴力镇压机关，进一步加强了对本国民众及殖民地的控制，这种威权统治一直持续到20世纪70年代。此时，独裁体制已经难以为继。经济上，伴随着石油危机而来的经济危机严重冲击了早已停滞的国内经济，开始于1974年的世界经济衰退给依赖于旅游业及海外殖民贸易的葡萄牙以沉重打击。政治上，来自于底层以及中产阶级的反抗日益强烈，包括共产党在内的多个政党虽然受到严密监控，但还是积极地组织并领导民主运动。外交领域，第二次世界大战结束之后，随着第三世界民族解放运动的风起云涌以及众多殖民地宗主国自身国内问题的增多，西方国家纷纷放弃或是被迫放弃了所控制的殖民地，以减轻自身面临的政治、经济、军事及外交方面的负担及压力。然而，此时葡萄牙的萨拉查右派政府却逆历史潮流而动，拒不给予所统治的众多殖民地以独立自主权。同时，为了维持对庞大殖民地的控制，葡萄牙发动了连绵十多年的殖民战争，为此耗费了庞大的物力、财力及人力的开支。到70年代，随着西方经济危机的不断加深，葡萄牙所面临的国内外局势也愈发严峻，在此背景下，政府进行的长年累月的战争越来越受到军队及民众的反对，最终导致了革命的爆发。因此，1974年葡萄牙爆发革命的原因并非是来自于苏联外部的干涉，也不是因为美国或是西欧盟国的因素，而是内部自身的原因。

于是，1974年4月25日，军队中的部分中下层军官发动了军事政变，他们深受曾负责非洲殖民战争且担任葡萄牙副总参谋长安东尼奥·斯皮诺拉（António de Spínola）观点的影响，认为非洲问题不可能军事解决，只能政治解决。斯皮诺拉在1974年所著的《葡萄牙及其未来》一书为政治解决殖民地问题提供了理论指导。仅仅用了几个小时的时间，政变军人组成的"武装部队运动"组织就接管了国家政权，推翻了萨拉查建立的独裁体制，而众多的平民也置禁令于不顾，自发地加入到起义之中，他们将康乃馨插到军人的枪中，整个过程几乎没有发生流血事件，因而这次政变又

① "新国家"是1933—1974年间由萨拉查所建立的法西斯专制制度，也被称为葡历史上的"第二共和国"时期（Estado Novo）。

被称为"康乃馨革命"。① 革命之后，权力转移到了以斯皮诺拉为首的、由 7 名军官组成的救国委员会手中，该委员会随后就颁布了摧毁法西斯体制、释放政治犯及重新制定殖民地政策等一系列新的政策纲领，葡萄牙由此开始了民主化进程。

虽然从革命爆发的原因及过程来看，期间并无美苏两大集团势力的影响及介入，但是革命发生之后葡萄牙国内局势的发展却使得美苏两国无法再置身事外，因为通过政变上台的是一个左翼政府，革命之后葡萄牙政局的走向受到了这一时期国际格局的深刻影响，作为北约成员国的葡萄牙成为缓和时代双方斗争的战场之一。

（二）苏联政府的回应

虽然苏联政府并没有直接卷入四月革命，但实际上很早就介入到葡萄牙国内事务之中。早在 1921 年葡萄牙共产党就已宣告成立，并于次年加入共产国际，此时的苏联已经"期待世界革命的胜利"②，因而对于在世界各国，尤其是资本主义国家出现的无产阶级政党采取了支持与援助的政策。在萨拉查独裁时期，政党被视为"最大的威胁，必须禁止"③。在这种严酷的政治环境之下，其他政党与社团纷纷失去了影响力，而得到苏联与民众支持的葡共则顽强的生存了下来，并先后召开了第三、四、五、六次全国代表大会，尤其是在第六次代表大会上，制定了为实现民族民主革命胜利的八项行动纲领。在此过程中，虽然曾被开除出共产国际，但来于苏联政策方针上的指导以及有限的物质援助还是对于葡共起到了重要的作用，而葡共在许多重大问题上也保持着对苏共的支持。

到了七十年代革命爆发之际，美苏两国的冷战正进行的如火如荼。此时美国与西欧盟国之间的关系出现了裂隙，新经济政策的推行以及围绕第四次中东战争的争论都冲击了双边关系的稳定。④ 在二十四大所确定的"和平纲领"指导下，同一时期的苏联却大力发展与西欧国家的友好关

---

① David Birmingham, *A Concise History of Portugal*, Baltimore：Johns Hopkins University Press, 1996, p. 184.

② 沈志华主编：《苏联历史档案选编》第 5 卷，社会科学文献出版社 2002 年版，第 643 页。

③ ［苏］格·尼·科洛米耶茨：《葡萄牙现代史纲要》，南京师范学院外语系翻译组译，江苏人民出版社 1973 年版，第 33 页。

④ Henry Kissinger, *White House Years*, Boston：Little, Brown and Company Ltd, 1979, pp. 380 – 382, 962.

系，在政治、经济及外交等领域展开合作，使苏联同英法德等主要资本主义大国的关系取得较大进展。在此情况下，四月革命的发生在苏联看来就成为进一步削弱美欧同盟，扩大在西欧影响力的一个时机。革命发生之后不久，苏联政府就从口头上及实际行动上表明了对于革命的支持态度。勃列日涅夫在 1974 年 6 月的一次讲话中指出，"在葡萄牙发生的事件表明了社会发展的普遍道路"，"进步与民主的力量最终将取得胜利"。[①] 对于苏葡关系，勃列日涅夫表示将以"和平纲领"为指导，加强同新政府的互利合作关系，为实现全欧的合作做出贡献。后来当葡萄牙国内局势发生逆转之际，勃列日涅夫还公开指责西方国家的做法，强调"对于共产党的人为打压违背了社会发展的潮流，损害了美苏间的缓和，不利于欧洲和平与安全"。[②]

在实际行动层面，革命爆发之后，苏联政府在之前援助的基础上，适度地加大了支持的力度。据在里斯本的西方记者估计，每个月大概有 400 万美元的资金被秘密提供给了阿尔瓦罗·库尼亚尔（Alvaro Cunhal）及其所领导的共产党。[③] 此时担任葡共总书记的库尼亚尔为躲避萨拉查政府的迫害，曾经在苏联流亡十余年，与苏联有着密切的关系。除了资金上的支持，苏联还加强了对葡共在政策上的指导，因为后者缺少执政的经验。例如革命爆发之初，苏联政府建议葡共要保持谨慎的立场，以免出现政策上的失误。而苏联与葡萄牙新政府之间的交流也有所增加，政府内以葡共为代表的左翼势力更是交往的重点，以此来影响葡萄牙政府的内外政策。

为了支持共产党及左翼政府，苏联在安哥拉问题上也采取了相应措施。政变之初，斯皮诺拉打压与苏联及葡共关系密切的安哥拉人民解放运动，重点支持安哥拉民族解放阵线，在 1974 年 9 月份召开的佛得角萨尔岛会议上与美国政府共同确定了排除安人运的安哥拉联合政府方案。斯皮诺拉辞职后上台的左翼政府，在安哥拉问题上的立场倾向于共产党。10 月份苏联恢复向"安人运"提供武器，此前由于"安人运"内部权力斗

---

① 上海人民出版社编译室：《勃列日涅夫言论第十集（1974 年）》，上海人民出版社 1976 年版，第 173—174 页。

② 上海译文出版社编译室：《勃列日涅夫言论第十二集（1976 年）》，上海译文出版社 1979 年版，第 220—222 页。

③ Coral Bell, *The Diplomacy of Detente：The Kissinger Era*, London：Martin Robertson Press, 1977, p. 163.

争，苏联停止了援助。① 到 1976 年初，苏联总共提供了 3 亿美元的援助，与政变之前形成了鲜明对比。虽然葡萄牙政变并非苏联调整安哥拉政策的唯一因素，但其举措回击了葡萄牙右翼势力与美国的图谋，支持了斯皮诺拉辞职后成立的左翼政府的安哥拉政策。

虽然与政变之前相比，苏联对于葡萄牙国内事务的干涉力度有所增加，但是从整体上来讲，苏联政府还是有意识地克制了自己的行为。这既体现在官方的表态中，在具体政策上也是如此。苏联驻葡大使在政变之后与美国驻葡大使的会谈中，强调"苏联并不打算接管葡萄牙"，并且告诉时任总理瓦斯科·贡萨尔维斯（Vasco Gonçalves），"苏联不会寻求在葡萄牙问题上与美国进行冷战"②。在海参崴以及赫尔辛基的首脑会晤中，勃列日涅夫也在该问题上采取了低调的态度，为了寻求在核武器削减以及欧安会议上居于优势地位的美国的合作，苏联在会谈中完全未提及葡萄牙问题，虽然此时美国政府已经公开支持民主派，打压葡萄牙共产党并寻求颠覆"左"倾政权。在具体介入方式及力度上，苏联主要是向葡共提供小规模经济援助以及政策指导，以此来影响革命的进程，方式比较单一，力度小于同时期苏联在非洲、亚洲的地区冲突中所扮演的角色。这种"低姿态"很大程度上是由于葡萄牙长期以来并非苏联的势力范围，勃列日涅夫对美缓和的主要目的是换取美国对苏联固有势力范围以及国际地位的认可，而不是挑战美国的核心势力范围。

（三）美国政府的对策

由于同为北约成员国，因而在革命爆发之前的很长一段时间内，美国与葡萄牙之间基本维持了稳定的盟友关系，再加上在亚速尔群岛基地问题上需要葡萄牙的合作，因而正如尼克松在向国会所做的外交政策年度报告中所指出的，"我们要与欧洲盟友构造更为紧密的伙伴关系，减少双方之间的分歧"。③ 在这一原则指导下，虽然在南部非洲问题上有政策上的差异，但美国政府并未对葡萄牙政府施加压力。第四次中东战争爆发之后，来自于阿拉伯国家的压力使得北约盟国禁止美国使用国内的军事基地，而

---

① 沈志华主编：《苏联历史档案选编》第 33 卷，社会科学文献出版社 2002 年版，第 7—8 页。

② Szulc, "Lisbon and Washington: Behind the Portuguese Revolution", *Foreign Policy*, No. 21 (Winter 1975—76), pp. 9, 44.

③ Richard Nixon, Radio Address About the Fourth Annual Foreign Policy Report to the Congress, May 3, 1973, http://www.presidency.ucsb.edu/ws/index.php? pid = 3829 & st = & st1 = .

只有葡萄牙采取了放行的态度，这更深化了双方之间的信任与合作关系。

但是随着革命的爆发以及事态的发展，美国政府对于葡萄牙的态度开始发生转变。原因一方面在于葡萄牙自身所具有的战略意义，另一方面则是美国对于革命性质的理解。葡萄牙战略位置极为重要，对于北约控制大西洋航道意义重大，境内的拉日什军事基地更是从二战起就在美国军事行动中发挥着重要作用，对于这一时期美国在中东的作战部署起着不可替代的作用，这在1973年的十月战争中有着充分的体现。同时作为北约以及北约核计划小组的成员国，葡萄牙政府决策者有机会接触到联盟内部的最核心机密。在对革命性质的判断上，美国政府也逐步发生了改变。

在革命爆发之初，美国政府采取了中立甚至是与政变政府合作的立场，这主要是由于尼克松政府认为政变的领导者只是纯粹的军人，与共产主义并无关联。革命发生一周后，基辛格在提交给总统的备忘录中，指出"这场不流血政变的起因在于葡萄牙的非洲政策，""政变的领导者几乎都是军队的中层军官，他们得到了里斯本公众的广泛支持……政变领导人斯皮诺拉主张制定新宪法以保障公民的自由，他的上台近期来看不会威胁到美国的利益，反而在短期内将会有利于美国"。① 到了六月份，尼克松甚至在亚速尔群岛亲自会见了政变领导人斯皮诺拉。在双方的会谈中，斯皮诺拉强烈的呼吁美国迅速提供大规模援助，他指出，"美国的援助将帮助政府对抗来自于受到苏联支持的葡萄牙共产党政治上的攻势，防止在伊比利亚半岛出现另一个古巴，进而威胁到西方世界的安全"，对此，尼克松表示将"在国会的合作之下，尽可能地满足葡方的要求"。②

从革命爆发直到1974年9月斯皮诺拉因政见分歧辞职这段时间，由于美国政府认为革命领导者斯皮诺拉反对共产主义势力在葡萄牙的扩张，因而在公开以及隐蔽的层面上给予了一定的支持，除了政治层面的，在经济层面协调国会通过援助方案，鼓励私有银行向其提供贷款，在外交领域则寻求逐步取消因安哥拉问题施加的制裁措施等。虽然许多措施因为尼克松下台以及斯皮诺拉的辞职而未能得到实施，但这至少表明了美国政府在这一时期对于葡萄牙革命还是秉持一种肯定的态度。

---

① *FRUS*, 1969—1976, Vol E—15, Part 2, Documents On Western Europe, 1973—1976, pp. 461 – 462.

② *FRUS*, 1969—1976, Vol E—15, Part 2, pp. 463 – 464.

　　事情的转折点是斯皮诺拉的辞职。由于执政的军人集团内部在指导理念以及具体政策上的分歧，斯皮诺拉失去了来自于军方的支持，"救国军事委员会"二号人物弗朗西斯科·戈麦斯（Cisco Gomez）取而代之，此前总理职务已由贡萨尔维斯担任。新政府上台后，随即任命了多名共产党员担任内阁成员，而贡萨尔维斯本人也是军队中激进派的代表，与共产党有着密切的关系。1974 年 10 月召开的葡共七大确立了与新政府采取合作的方针，全面支持新政府所推行的包括公有化在内的改革措施，并且占据了包括电台、报纸在内的宣传部门，掌握了工会组织。① 国内政局的发展引起了右翼势力的不满，1975 年 3 月他们主导了一场政变，但被左翼势力所镇压，此后葡萄牙出现了由共产党一党组阁的政府。

　　葡萄牙政局的演变引起了福特政府的极大忧虑。在基辛格看来，斯皮诺拉的辞职表明了左翼势力的重大胜利，共产党与新政府之间有着密切的合作关系。这种认识直接导致美国对葡萄牙的政策发生了重大的变化，由之前的合作转向遏制与对抗，这削弱了此时的缓和进程。

　　福特政府采取了三管齐下的措施来打压左翼政府。一是把矛头指向了苏联，福特与基辛格利用国际会议以及公开讲话的机会指责苏联在葡萄牙扩张共产主义。在 1974 年 11 月以及 1975 年 8 月的首脑会晤中，虽然承认政变并非苏联挑动，但两人还是批评苏联的行为削弱了西欧联盟，影响了欧安会议的召开以及西方民众对苏联的认识。② 在美国看来，葡萄牙国内存在着多元化的民主，但苏联的介入阻碍了它的有序发展。同时，福特政府还将苏联的行为与此时的美苏缓和联系在一起，强调葡萄牙局势的发展破坏了缓和的进程。福特总统在 1975 年 8 月 19 日的公开演说中指出，"葡萄牙的国内局势是显而易见的，政权被激进派所颠覆，这体现了苏联对缓和所持的令人担忧的态度，因此我们非常担心葡萄牙民众未来的自由。"③ 基辛格则一方面表明缓和不能用来解决所有双边问题，另一方面又强调苏联的行为与缓和的精神以及赫尔辛基协议精神完全不一致④。

　　第二个措施是联合西欧盟友施压。葡萄牙国内左翼势力的发展并不仅

---

①　杨荫滋：《"四·二五"政变以来的葡萄牙共产党》，《政治研究》1986 年第 1 期。

②　*FRUS*, 1969—1976, Vol XVI, pp. 687 – 689.

③　Gerald Ford, Address in Minneapolis Before the Annual Convention of the American Legion, http：//www. presidency. ucsb. edu/ws/index. php? pid =5174 & st = & st1 =.

④　U. S. Department of State, *Department of State Bulletin*, Vol. 73, September 1, 1975, p. 316.

仅威胁到美国的利益，它的西欧邻国受到的影响更为直接。此时西班牙、意大利及法国国内的共产主义运动也在蓬勃发展，西欧政局极不平静。基辛格认为共产主义的扩张乃至掌权将导致北约的解体，威胁西方世界的安全。为了抑制这一扩张，美国政府开始主导北约统一应对这一状况。在1974年12月的北约部长级会议上，与会国一致表示了对于地中海地区局势的担忧，授权一个专门委员会继续就该问题进行磋商。① 1975年5月份部长会议的最后公报中更是明确指出"各成员国极为关注近期地中海地区政治、经济及军事各领域的状况，以及苏联在该地区的行动"②，"各成员国将通过消除内部的不稳定因素来加强联盟的稳固以及各成员国的安全与持久和平"③。福特与基辛格甚至要求北约停止葡萄牙的成员国资格，只是由于部分成员国的反对而未执行，但是葡萄牙在1974年底被开除出北约核计划小组，直到1976年初才被重新接纳。作为一项应急计划，基辛格甚至准备接触葡萄牙分离主义者，一旦共产党彻底执政，将鼓动他们宣布亚速尔群岛独立，以确保军事基地的安全。

直接支持葡萄牙境内的民主派是美国政府的第三项举措。随着左翼力量的掌权，包括社会党、人民民主党以及政变集团内的温和派为代表的反对力量成为美国倚重的核心力量。通过秘密机构"40委员会"以及中央情报局，美国政府实施了针对葡共的隐蔽行动。1974年9月以及1975年3月的两份关于隐蔽行动的备忘录详细列举出了具体的操作措施，例如向反对党提供财政援助，这些资金除了来自于美国政府，还有部分来自于西欧国家的政党，中情局长科尔比指出，社会党获得了来自于后者的655000美元还有部分物质援助。④ 值得注意的是，为了尽可能在选举中削弱葡共，极左势力也成为援助考虑的对象，这一策略在1976年的议会及总统选举中也得到了很好的运用。另外，在提供经济援助问题上，虽然考虑到亚速尔群岛基地问题，美国政府承诺将向政变后的新政府提供两笔

---

① North Atlantic Council Final Communique, 12 Dec. 1974—13 Dec. 1974, http: //www. nato. int/cps/en/natohq/official_ texts_ 26898. htm? selectedLocale = en.

② North Atlantic Council Final Communique, 23 May. 1975, http: //www. nato. int/cps/en/natohq/official_ texts_ 26925. htm? selectedLocale = en.

③ North Atlantic Council Final Communique, 29 May. 1975, http: //www. nato. int/cps/en/natohq/official_ texts_ 26923. htm? selectedLocale = en.

④ *FRUS*, 1969—1976, Vol E—15, Part 2, pp. 471 –473, 494 –495.

财政援助，但实际上，这些援助资金一直到 1976 年左翼政府倒台后才到位。

（四）康乃馨革命与美苏缓和

由于改革带来的国内矛盾的激化以及国外势力的介入，政变后的葡萄牙政局一直处于动荡之中。右翼势力在 1975 年先后发动了两次政变，在葡共支持下，左翼政府先后将其镇压，随后上台的葡共一党执政政府在巨大压力下仅仅维持了一个月便宣布辞职。由于 9 月份组建的阿泽维多政府排斥左翼势力，因而在葡共主导下，发动了又一场政变，但以失败而告终，由此，葡共被彻底排挤出政府，与此同时，与政府机构相关的各组织机构以及军队中的共产党势力也被清除殆尽。1976 年中旬，葡萄牙举行了总统以及议会选举，亲西方政府最终上台，此前左翼政府的众多改革措施先后被废止。对于 1976 年选举上台的新政府，美国很快通过实际行动表明了支持态度。葡萄牙的北约核计划小组成员国身份被恢复，福特总统批准其为美国普惠制待遇受益国。① 全面经援葡萄牙的 PL480 法案以及额外援助法案被迅速通过，美国政府还制定了一项三阶段的经济援助计划帮助其脱离困境，军事上，葡萄牙获得了 3000 万美元援助以购买 3 架 C-130 运输机，而进一步的军援将视亚速尔群岛军事基地的谈判进度而定。② 与此同时，苏联与新政府之间的关系则进一步恶化，对后者允许外国在其境内建立军事基地等做法提出了指责。

发生于 20 世纪 70 年代的这场革命最终以亲西方力量的胜利而告终，美苏等外部势力的介入使得革命具有了国际性意义，因而与这一时期的国际关系大格局紧密联系在一起。革命发生之际，美苏之间的缓和已经开始走下坡路，随后事态的发展更是进一步冲击了缓和。苏联方面，虽然苏共二十五大的决议中继续确认了二十四大确定的改善美苏关系的基本方针，但同时也强调缓和不应该成为干涉其他国家国内事务的借口，也不代表苏联对于现状的承认。③ 这一表态与勃列日涅夫批评西方国家干涉葡萄牙及意大利等国内政的态度是一致的。在苏联看来，发生在葡萄牙的革命表明

---

①　*FRUS*, 1969—1976, Vol E—15, Part 2, pp. 574 – 576.

②　Ibid., pp. 577 – 581.

③　辛华编译：《苏联共产党第二十五次代表大会主要文件汇编》，生活·读书·新知三联书店 1977 年版，第 58 页。

了社会主义制度的吸引力与优越性，在没有苏联的强力干涉下，葡萄牙自主选择了社会主义道路，成为另一个"智利"，这说明了共产党可以通过和平民主的方式在西欧夺取政权。葡萄牙革命表明了西方民众对资本主义制度的不信任，而这种状况也出现在了同一时期的西班牙以及其他中南欧国家。

苏联政府认为葡萄牙革命最终失败的主要原因在于美国的介入，如同美国推翻智利经过合法选举上台的阿连德政府一样。这一方面说明美国并未停止对苏联的遏制，仍在寻求阻止苏联影响力的扩张，另一方面，体现了美国在缓和问题上的双重标准。苏联政治局内弥漫着这样一种观点，即美国在世界各地干涉他国的内部事务，颠覆民选政府，但同时却指责苏联的做法是破坏缓和。① 缓和的主要推动者勃列日涅夫受到了更多的压力，虽然通过将主要对手谢列平赶出政治局的做法巩固了威信，但是他不得不对缓和外交做出一定调整。② 这强化了苏联对于缓和的基本认识，即缓和意味着双边关系的改善，但并非是对抗的结束，苏联只有不断地增强自身的实力，尤其是军事实力，才能真正维护自身的利益。

对于美国政府而言，虽然最终结果是令人满意的，但发生在北约内部的这场革命的冲击是显而易见的。由于欧洲是冷战的中心地区，葡萄牙更是传统上的西方势力范围，革命的发生标志着共产主义的影响力已经成功地渗透到西方世界的核心地带，因而，美国国内的保守势力指责这是政府缓和外交失败的又一例证。在他们看来，对苏缓和只是进一步纵容了苏联对实力的运用，葡萄牙政坛的左转表明苏联并未放弃削弱民主制度的努力。如同正在东南亚、非洲所发生的事件一样，葡萄牙革命说明当美国对外军事干涉的意愿降低时，苏联的兴趣却在上升。③ 在保守派的压力下，福特与基辛格不得不升级了反击的举措，加大了对苏联的批判力度以及对民主派的援助规模。

美国政府对葡萄牙革命所做出的反应也表明了长期以来他们对缓和的

---

① ［俄］阿纳托利·多勃雷宁：《信赖——多勃雷宁回忆录》，肖敏、王为等译，世界知识出版社 1997 年版，第 414 页。

② Mike Bowker and Phil Williams, *Superpower Detente：A Reappraisal*, London：The Royal Institute of International Affairs, SAGE Publications, 1988, p. 198.

③ Warren I. Cohen, *The Cambridge History of American Foreign Relations (IV)：America in the Age of Soviet Power*, 1945—1991, New York：Cambridge University Press, 1993, p. 205.

理解。越战导致的美国国力的衰落以及同一时期苏联实力的增强使得尼克松政府不得不重新思考遏制苏联的新方法，最终出台了缓和战略，随后的福特政府基本上加以全盘继承。这一战略从一开始就是一种新的冷战策略，"它不代表美苏关系的根本转变，也不代表美国对外扩张的结束，而只是对抗程度的降低"①。美国试图通过承认苏联的国际地位以此换取后者在众多国际重大问题上的合作以及对自身扩张行为的主动约束，实现冷战的最终目标。② 因而，当共产党掌权的趋势愈加明显时，福特政府便毫不犹豫地采取了干涉措施加以阻止，并大力扶植民主派政权。

这一时期，共产主义除了在葡萄牙获得重大进展外，在西欧的多个国家，包括法国、意大利及西班牙等国也都取得了长足的发展。意大利共产党在 1975 年的选举中获得了超过 30% 的选票，在 1976 年的全国性选举中又保持住了这一极高的得票率。在法国及西班牙等国，情况同样如此，共产党的得票率在 70 年代中后期一直保持在较高的水平，最直接的后果就是共产党先后出现在了这几个国家的内阁之中，有些甚至担任了诸如国防部长等重要的职务。如同葡萄牙共产党的状况一样，这些国家的共产党长期以来也一直接受着苏联共产党的领导，经常遵照苏共的指示采取行动，苏联每年还向他们提供着数目不菲的各种援助。尤其是在 70 年代中后期政局动荡，共产主义势力获得迅速发展之际，苏联提供的援助数额大大超过了之前的阶段。

如同对葡萄牙事件的态度一样，福特政府对西欧政局的发展忧心忡忡，担心如果共产党在西欧夺取了政权，那么北约联盟将不复存在，作为大西洋安全的基础也将被侵蚀。福特政府认为北约成员国内的共产党都在不同程度上受到了来自于莫斯科的影响，对他们的妥协将不可避免地与美国政府所奉行的政策方针发生严重的矛盾。为了避免上述情况的发生，福特政府采取了多种措施。1976 年 1 月，意大利国内媒体爆料中央情报局为了支持反对共产主义的候选人当选总理，花费了六百多万美元，这一消息是执政的莫罗政府在倒台之前发布的。4 月，基辛格在接受采访时公开警告说，美国坚决反对意大利共产党参与到联合政府之中。福特政府还严

---

① *FRUS*, 1969—1976, Vol XVI, p. 612.

② Jeremi Suri, *Power and Protest：Global Revolution and the Rise of Detente*, Cambridge, MA：Harvard University Press, 2003, p. 258.

格限制并约束美国驻意大利的大使与共产党团体之间的接触及交往，同时要求西欧盟国强化对这些共产党政党的孤立。① 在福特政府的倡导下，美国、联邦德国、法国及英国达成了协议，一旦意大利共产党代表进入该国政府，它们就要对意大利施加经济压力。同样的情况也发生在了西班牙及法国，福特政府寻求一切措施阻止共产党在这些国家的合法化。

对于福特政府的举动，苏联政府表示了强烈的不满。1976 年 7 月，勃列日涅夫在接受《真理报》的采访时指责美国、英国及联邦德国等西方国家通过经济、政治及外交等手段向意大利施压的做法，强调这种通过外部干涉阻止共产党进入联合政府的做法不但违背了民众的意愿，也反映了对社会进步潮流的害怕，与赫尔辛基最后文件的精神形成了鲜明的对比，同时也将不利于东西方关系的发展。② 苏联政府认为西方国家，尤其是福特政府的做法显然将损害美苏两国关系的发展。另一方面，苏共在这一时期也加强了对西欧各国共产党的政策指导及其他方面的支持与援助，虽然在数额上远不及美国，从而帮助西欧各国共产党在选举中保持并扩大得票率。

总体上而言，为了阻止共产主义势力在西欧的蔓延，削弱苏联对西欧国家的影响与控制，福特政府采取了种种手段与措施打压西欧各国的共产党。面对福特政府的举动，苏联方面也做出了回应，既包括口头的抗议，也包括实际的行动支持，但是，与美国的行动力度相比，苏联政府的举措显然逊色了不少。在勃列日涅夫看来，西欧发生了一系列政局变动表明了共产主义的生机与活力，表明了苏联路线的正确性，作为共产主义世界的领导者，苏联政府有责任支持并巩固国际关系中取得的这些积极进展，参与解决这些国家的共产主义运动所面临的严峻挑战，但是另一方面，苏联政府又认识到过于积极地介入西欧事务又会危及与美国政府的缓和，而这又是勃列日涅夫当前优先的外交政策方向，苏联领导层认为，只要继续维持并深化与美国之间的缓和，西欧地区会出现越来越多的"葡萄牙"。当然，经济实力上的差距也是苏联援助力度明显小于美国的原因之一。在这

---

① U. S. Department of State, *Department of State Bulletin*, Vol. 74, May 3, 1976, pp. 567 – 569.

② 上海译文出版社编译室：《勃列日涅夫言论第十二集（1976 年）》，上海译文出版社 1979 年版，第 220—222 页。

一问题上，苏联面对的不只是美国，还包括几乎整个西欧地区的发达国家，对苏联而言，也是一场耗不起的"金元竞赛"。

二　美苏在东欧的竞争

美苏两国在西欧争夺影响范围的同时，在东欧地区也进行着竞争。不过与在西欧的竞争相比，积极主动的一方此时换成了苏联，因为自第二次世界大战结束之后，东欧就已是苏联的势力范围。到 20 世纪六七十年代，欧洲地区的国际局势发生了显著变化，在西欧地区主要表现为共产主义势力的膨胀，在东欧地区则是各国独立意识的增强。面对东欧地区出现的新局势，福特政府在不触犯苏联根本利益的基础上，采取了主动介入的政策，鼓励东欧国家的这种独立倾向，而苏联则采取了更为积极主动的政策回应福特政府的举措。

福特政府时期，对苏联政府而言，控制下的东欧地区出现了一系列不稳定的因素，最主要的表现就是多个国家独立意识的增强，这主要是两个方面的原因引起的：一是欧洲共产主义的不断发展与壮大，二是这一时期的美苏缓和，这两个因素共同推动了东欧地区独立意识的发展。

欧洲共产主义运动起源于 20 世纪 40 年代，以西欧地区的一些共产党为代表，包括前文提及的法国及意大利等国共产党。冷战开始之后，欧洲共产主义得到迅速发展，他们坚持的核心理念就是强调自身的独立，这显然是相对于受苏联控制的东欧各国共产党而言，另外西欧的共产主义还体现出了民主化与多元化的特点，对于 60 年代末苏联对捷克斯洛伐克"布拉格之春"的干涉，法国、意大利等国的共产党普遍采取了谴责的态度。到 20 世纪 70 年代，以西欧多国共产党为代表的欧洲共产主义势力在政治上的独立地位有了进一步的提升，它们逐步拉开了与苏联之间的距离，对苏联外交政策的批评日益增多，甚至还指出对苏联内部事务的不满。[①] 而对于欧洲共产主义的部分思想主张，苏联政府非常不满，勃列日涅夫在苏共二十四大的报告中曾警告说"反对右的和'左的'修正主义、反对民族主义的斗争仍然是现实的，资产阶级正唆使共产党内的机会主义分子去进行某种意识形态的交易……这些人走的是一条反对本国共产党的道路，

---

①　Roger E. Kanet, ed., *Soviet Foreign Policy in the 1980s*, New York: Praeger Publishers, 1982, pp. 175 – 183.

其典型的代表就是法国的加罗迪、奥地利的费舍尔、意大利的'宣言'派集团头目等。"①

　　虽然苏联政府对欧洲共产主义的这一发展势头在多个场合以不同的方式给予了提醒与警告，但并未收到明显的成效，而对苏联政府而言更为忧虑的是，这种西欧共产主义思想对东欧共产主义的影响不断加大，因为东欧与西欧共产党之间在很多方面保持着密切关系，双方以多种方式进行着互动。由于地理位置的关系，东西欧之间本来在地缘关系上就存在密切的联系，再加上东欧共产党与西欧共产党之间还存在着频繁的党际交往，因而前者无形中就很容易受到来自后者的意识形态及政治实践方面的影响，而且这种影响并非仅仅局限在上述方面，在70年代中后期，西欧共产主义政党对东欧国家内部事务的评论逐步增加，甚至涉及了国内的人权等问题。

　　除了受到西欧共产主义运动的影响，这一时期东欧诸国还受到了来自于美苏缓和的影响。随着缓和的进行，东欧国家与美国等西方阵营间的关系也得到了明显改善，在这一大环境下，双方之间在各个领域的交往有了大幅度的增加，这体现在了政治、经济、外交及文化等多个方面。于是；美国及其他西方国家政府便借助于这一机会对东欧国家施以拉拢与打压相结合，"胡萝卜"与"大棒"并举的外交政策，并且主要是以经济上的拉拢与引诱为主，促使东欧国家增强自主性。另一方面，缓和的进行不但使得苏联在人权问题上受到越来越大的压力，而且东欧各国也承受到了相同的压力，尤其是《赫尔辛基最后文件》签署之后，最典型的表现就是东欧各国国内的持不同政见者运动获得了新的动力，有了很大程度的发展。

　　对于东欧地区出现的这种不稳定迹象，美国政府有着详细的认识与了解。在福特刚刚就任总统之际，1974年8月13日，中央情报局在给总统的一份备忘录中全面论述了东欧当前的现状，备忘录指出：有迹象显示，苏联与西方国家之间的缓和导致东欧地区的几乎所有国家都出现了不稳定的迹象，并且以罗马尼亚、匈牙利及南斯拉夫的问题最为严重，波兰与捷克斯洛伐克的问题次之，可以预料到的是，华约及经互会内部也将会受到

① 辛华编译：《苏联共产党第二十四次代表大会主要文件汇编》，生活·读书·新知三联书店1976年版，第37页。

影响。在罗马尼亚，执政者近些年来一直反对苏联对东欧的霸权控制，并寻求在华约内部增加自身的行动自由。在匈牙利，虽然遭遇到了巨大的阻力，但国内还是缓慢推行着一场自由主义的改革，主要涉及经济与文化领域。在南斯拉夫，铁托虽然改善了与苏联之间的关系，但是仍坚持自身的独立，反对外来干涉与大国主义，试图建立南斯拉夫与保加利亚之间的联盟，并在两个集团间保持中立立场。而在华约及经互会内部，东欧国家为了自身的国家利益，也在抵制着苏联的霸权。总之，东欧国家在苏联与西方之间寻求着平衡，并且随着时间的推移，东欧的离心倾向可能会进一步增强。①

在上述认识的基础上，福特政府制定了对东欧地区的总体外交方针，这反映在了 1975 年 1 月的一份总统备忘录中。备忘录指出美国的战略应包括以下几点：（1）政府的长期目标在于鼓励并推动东欧国家相对于苏联的独立性。尽管双方在贸易问题上遇到了障碍，但彼此关系的改善对东欧国家而言仍具有很大的吸引力；（2）美国政府在采取鼓励东欧独立倾向的行动时，必须要坚持谨慎、低调的态度与原则，以免误导并刺激苏联，认为美国有意威胁其核心的国家安全利益。虽然在推行缓和，但信奉勃列日涅夫主义的苏联政府仍可采取强硬的手段来加强对东欧的控制，即使是违反了缓和精神。因而，我们应该推动东欧国家主动进行立场的转变，以降低与苏联对抗的风险；（3）为了加快东欧地区独立自主意识的发展，我们应采取一切正当合理的手段来扩大与东欧之间的往来，这些手段包括欧洲安全与合作会议、经济与文化方面的往来、新闻广播（VOA）以及旅游等；（4）政府应鼓励并支持美国企业与东欧国家之间的贸易往来，即使这些国家还未获得最惠国地位。此举一方面将使美国获得经济上的利益，另一方面也将强化双方之间的经贸关系，从而增强这些国家在经济上的独立地位，减轻在经贸问题上来自于苏联的压力与影响；（5）美国在推动东欧国家独立自主问题上取得的任何一点进步都将削弱华约集团在军事领域团结与协作的力度，降低他们对莫斯科的忠诚度。②

① *FRUS*, 1969—1976, Vol E—15, Part 1, http：//history. state. gov/historicaldocuments/frus 1969—76 ve15p1/d14.

② *FRUS*, 1969—1976, Vol E—15, Part 1, http：//history. state. gov/historicaldocuments/frus 1969—76 ve15p1/d12.

　　在上述政策思想的指导下，福特政府步其前任的后尘，于 1975 年 8 月先后访问了东欧地区独立意识较强的两个国家——罗马尼亚与南斯拉夫，与两国领导人进行了密切的交谈。福特是继尼克松之后访问东欧——"铁幕"之后国家的第二位美国总统，这一访问推动了缓和背景下美国与东欧地区国家关系的发展。除了加强政治上的双边往来，福特政府还采取了其他措施改善双边关系，包括于 1974 年 9 月在政治上承认了民主德国，加强与东欧多国在经济、文化等领域的交流合作，如先后赋予罗马尼亚、匈牙利等多个国家最惠国地位等。为了统筹对东欧的经济政策，福特总统还签发了国家安全研究备忘录第 247 号文件，要求政府各部门制定出指导东西方经贸关系的新政策。① 在福特总统离开白宫的前一天，跨部门工作小组最终制定出了国家安全决策备忘录第 247 号文件，用以指导东西方之间的经贸关系，其中包括了与东欧之间的关系。在这份文件中，肯定了福特任内在经贸问题上对东欧国家的基本原则，即美国及其他西方国家应加强与东欧国家之间的经贸往来，从而强化后者与西方国家之间的经贸关系，最终削弱苏联在该地区的影响。②

　　福特政府任内，美国政府对东欧的外交政策还体现在另一个具有广泛知名度的政策理论，即"索南费尔特主义"。索南费尔特是福特政府任内的一名国务院顾问，1975 年年末，在伦敦举行的美国驻欧洲使节会议上，就政府对东欧的政策，他做了一番引起强烈争议的讲话，在讲话中，他首先指出苏联已经逐步成为一个超级大国，西方国家无法阻挡这一趋势，但是如同西方国家一样，苏联内部同样存在着各种严峻问题与压力，同时，在如何建构国家关系问题上，苏联政府毫无经验，这反映在它与东欧国家关系上就是双方之间并没有形成一种更可行的、有机的关系局面，苏联仅仅依靠军事力量维持着局面，除了保加利亚，苏联在东欧并没有真正的朋友。③ 他认为苏联与东欧之间的这种不正常关系虽然不会马上导致第三次世界大战，但是对世界的和平而言仍是巨大的威胁，因而美国政府应该采取努力推动苏联与东欧关系的正常化，在此过程

---

　　① National Security Study Memorandum 247: U. S. Policy Toward East-West Economic Relations, October 18, 1976, *DNSA*, Presidential directives on National Security, PD01501.

　　② *FRUS*, 1969—1976, Vol E—15, Part 1, http://history. state. gov/historicaldocuments/frus 1969—76 ve15p1/d24.

　　③ Ibid.

中，美国政府尽量保持中立的立场，不要企图染指东欧事务，否则将导致相反的效果，政府应该做的就是帮助东欧国家在苏联的控制下实现更大程度的自治。[①]

由于这篇讲话在关键问题上的阐述比较模糊，主要是"有机的关系"如何界定，因而在美国国内引起了争议，甚至成为 1976 年总统大选的话题之一。不过，从事后当事人及主要政府官员的解释以及这一时期政府奉行的政策来看，福特政府对东欧的政策包括了两个层面：一方面，政府绝不公开承认东欧地区属于苏联的势力范围，并且政府将采取一切可行的措施，帮助东欧国家摆脱苏联的控制与影响，这也是政府的根本目标。福特政府的措施除了上述的经贸等手段，还包括一些隐蔽的手段，如对苏联的广播，为此，总统还专门签发了国家安全研究备忘录第 245 号文件，研究对苏联的广播问题[②]；另一方面，考虑到当前的现状，福特政府又不得不接受东欧被苏联实际控制的现实，这在索南费尔特的讲话中也有着明确的体现。福特任内，美国政府并未因缓和就放弃与苏联在东欧地区的争夺，但是考虑到两国关系的全局，因而政府的行动也控制在一定的限度之内，以避免引起局势的全面恶化。

对于福特政府在东欧采取的这一系列举动，苏联政府并非无动于衷，而是极为紧张地采取了众多针锋相对的回应措施，以巩固在东欧的控制地位。苏联寻求通过加强与东欧共产主义国家在经济、政治、军事及文化等领域的关系以使双方形成索南费尔特所宣称的"有机的"整体，从而抵消来自西方的影响。[③] 在经济领域，从 70 年代初开始，苏联便主导在经互会内部新设立了投资银行，并且通过了进一步加强经互会经济一体化的政策方针，到 1975 年，又通过了新的经互会多边一体化草案。在政治层面，勃列日涅夫每年都会与东欧各国的领导人举行一次首脑会谈，而在华约层面上，各国的外长每年举行的协商会议数量也有

---

① *FRUS*, 1969—1976, Vol E—15, Part 1, http：//history. state. gov/historicaldocuments/frus 1969—76 ve15p1/d24.

② National Security Study Memorandum 245：President's Report to Congress Concerning International Broadcast Facilities, August 3, 1976, *DNSA*, Presidential directives on National Security, PD01494.

③ Andrzej Korbonski, "Detente, East-West Trade, and the Future of Economic Integration in Eastern Europe", *World Politics*, Vol. 28 (July 1976), pp. 568 – 589.

所增加，并且领导人之间的多边首脑会谈召开的也更为频繁，而在军事领域，华约改进了成员国的军事合作机制，形成了新的国防部长例行协商与合作会议。

为了进一步加强苏联与东欧国家在经济上的联系，使双方形成更为正常的经贸关系，苏联还采取了部分措施推动双方之间的经贸关系与国际市场接轨，使其更为国际化，以适应外来的冲击。例如苏联在 1975 年调整了向华约成员国所提供能源的价格，大幅度降低了优惠额度，更为接近国际市场上的价格。当然，这并不意味着苏联取消了在经济领域给予东欧的各种补贴，据统计，福特任内，苏联向东欧提供了几百亿美元的经济补贴，而在整个 70 年代，这一规模更为巨大。

20 世纪 70 年代中后期，"勃列日涅夫主义"仍旧在东欧大行其道，苏联政府通过在东欧的大量驻军以及对华约的主导权，从而在军事上牢牢控制着东欧，并且通过这一时期对国防部长委员会及联合武装部队司令部等华约部分组织机构的改革进一步强化了在军事层面对东欧的控制，同时，为了应对来自西方的渗透，苏联还开始在东欧推行"一体化"的战略构想，这种"一体化"很快推广到政治、经济、军事、文化及意识形态等各个领域，以此来统一各国的内政及外交政策，防止独立意识的增强，可以说，福特政府时期，苏联对东欧的控制并未放松，反而有了进一步的加强。

第五节　美苏在安哥拉的对抗

缓和时期美苏在一定程度上克制了在第三世界的竞争与争夺，以配合双方关系的改善，但是这并不意味着美苏在第三世界没有了冲突，70 年代中期爆发的安哥拉内战就是典型代表。美苏于 1975—1976 年分别支持内战中相互对抗的双方，寻求扩大各自在安哥拉及整个南部非洲的影响并削弱对方的地区控制力，维护自身的国家利益。由于涉及双方利益的冲突，更重要的是这一事件暴露了双方对缓和的不同见解，因而安哥拉成为该时期检验美苏缓和政策的一个试验场，而"试验"的结果则是将缓和具有的内在缺陷暴露无遗，虽然最终并未破坏缓和的大局，但还是严重影响了缓和的推进。由于苏联的行为，美国国内对于缓和的质疑不断增加，美苏关系中的一些分歧迅速恶化。"如果说有任何地区冲突的争执使美国人对缓和失望的话，那就是安哥拉"，① 多勃雷宁多年后在回忆录中清楚地表明了安哥拉事件的消极影响。

一　安哥拉内战的进程

引起安哥拉危机的事件是 1974 年 4 月爆发的葡萄牙革命。这一国内政变推翻了旧政权，新政府成立后承诺允许包括安哥拉在内的殖民地获取独立。由于独立不再是问题，因而此时在安哥拉最迫切的问题就是国内相互竞争的派别哪个将接管国家的权力。这一时期安哥拉境内的抵抗团体主要分为三个派别：分别是安哥拉人民解放运动（MPLA，简称安人运）、安哥拉民族解放阵线（FNLA，简称安解阵）以及争权安哥拉彻底独立全国联盟（UNITA，简称安盟）。每一个派别都有国内部落基础以及自身的意识形态倾向性，并且每一派别都有来自外部势力的支持。部族与意识形态的差异使安哥拉形成了不同派系间的对立。

由阿格斯蒂纽·内图（Agostinho Neto）所领导的安人运信奉欧洲的意识形态（主要是马克思列宁主义）。从 60 年代开始苏联便向其提供援助，但由于内部的权力斗争，近年来它失去了来自苏联的有限支持，古巴从 70 年代开始成为主要支持者，另外还受到部分西欧国家社会主义政党，包括葡萄牙共产党的支持。由奥尔登·罗伯托（Holden Roberto）所领导的安解阵是安哥拉独立之初军事力量最为强大的团体，它的基地位于扎伊尔，主要援助也来自于扎伊尔政府，另外还收到中国、罗马尼亚、摩洛哥及阿尔及利亚等国的援助，其领导人是一个反共产主义者。第三个派别是由乔纳斯·萨文比（Jonas Savimbi）领导的安盟，是 60 年代初从 FNLA 中分裂而来，力量主要集中在南部，该派别与外部联系较少，接受的援助主要来自于中国及南非。②

新的葡萄牙政府在 1974 年 5 月停止了针对安哥拉抵抗力量的军事行动，并且于 6 月份及 9 月份先后与安盟、安人运及安解阵签署了停火协议，所有三个派别于 11 月份在首都罗安达开设了办事机构。与此同时，他们也开始了夺取政权的努力，纷纷扩军备战，安解阵与安盟分别从扎伊

---

① ［俄］阿纳托利·多勃雷宁：《信赖——多勃雷宁回忆录》，肖敏、王为等译，世界知识出版社 1997 年版，第 412 页。

② *FRUS*, 1969—1976, Vol XXVIII, South Africa, p. 254.

尔及刚果派出部队，而安解阵更是试图在罗安达夺取政权。这一时期安哥拉境内的混乱局面引起了非洲各国的关注，最终在非洲统一组织（OAU）的主导下，三个武装派别于 1974 年 7 月在扎伊尔的布卡武举行了会谈，达成了"布卡武协议"，同意组成统一阵线与葡萄牙政府进行谈判。1975年 1 月初，三派又在肯尼亚的蒙巴萨举行了协商会议，在会后的联合宣言中表示各自将"不再进行损害三者合作的行动"。[①] 之后在葡萄牙阿尔加维省的阿沃尔，在非洲统一组织的调停下，安人运、安解阵及安盟与葡萄牙政府同意共同组成过渡政府，管理一切行政事务，另外还将整编各派的军队，葡萄牙将于 11 月份向临时政府移交权力，新的政府将于 1975 年11 月 11 日宣告成立。阿沃尔协定是为实现权力的和平过渡而进行的最重要努力。

虽然达成了最终协议，成立了过渡政府，但是安哥拉国内的局势并未稳定，因为协议并未从根本上解决三个派别之间的斗争问题，相反，由于葡萄牙政府实质上放弃了管控，造成了巨大的权力真空，安哥拉境内的政府管理职能不复存在，再加上外部势力此时的大举介入，安哥拉国内的政局开始迅速恶化，各派之间开始了新一轮的争夺。[②]

1975 年 1 月阿沃尔协定签署之时，三派的军事力量大致为安解阵10000—20000 人，安人运 6000—8000 人，安盟 2000—3000 人，可以看出此时的安解阵占据军事上的优势。由于安人运在罗安达及周边地区获得了广泛的支持，控制着首都大多数地区，并且苏联也在源源不断的提供援助，安解阵对此极为不安，因而在美国的支持下，首先向安人运发起了进攻。1975 年 2、3 月间，安解阵从扎伊尔向安哥拉派出部队并展开了针对安人运的军事行动，他们攻击了安人运在罗安达的总部。到 4 月份，安解阵进一步扩大了对安人运的进攻。面对这一情况，在苏联的支持下，安人运也做出了反击，尤其是在 4 月份，应安人运的要求，古巴派遣了一支大约 230 人的军事顾问团。[③] 另外一支数量为 3000—6000 人的加丹加游击队也加入了安人运，安人运的实力迅速增强，双方展开了激烈的战斗，造成

①　吴秉真、高晋元：《非洲民族独立简史》，世界知识出版社 1993 年版，第 405 页。

②　Fernando Andresen Guimardes, *The Origins of the Angola Civil War*: *Foreign Intervention and Domestic Political Conflict*, New York: ST. Martins Press, 1998, p. 97.

③　David E. Albright, *Communism in Africa*, Bloomington: Indiana University Press, 1980, pp. 100 – 101.

了数千人的伤亡。6月份，安人运袭击了安盟在罗安达的办事机构，这促成了安盟与安解阵的联合。在1975年上半年的这段动荡期内，在罗安达的过渡政府仍然继续存在，但是事实上已经名存实亡，安哥拉内战实际上已经进入了半公开状态。虽然在一些非洲国家领导人的推动下，安人运与安盟再次举行会谈并达成了纳库鲁协议（Nakuru Accord），并且过渡政府于6月末提出了宪法草案，但是内战还是于7月全面爆发。

7月9日，大规模的内战爆发并迅速扩散，安人运向安盟及安解阵发动了全面进攻，到7月中旬便将他们驱逐出了罗安达，进而又向其他城市及地区展开了进攻。此时包括美国、苏联、扎伊尔、古巴等众多外部势力也全面介入之中。虽然在扎伊尔军队的支持下安解阵也获得了一些胜利，但是安人运进展顺利，很快将安解阵赶到北方，将安盟限制在南方。到7月底安人运成功地控制了安哥拉16个省份中的12个，军事力量的平衡迅速地从安解阵转向了安人运。

到9月份，安国内的作战形势再次发生转变。安盟事实上与安解阵结成了同盟，与此同时，南非也于8月开始增加了进入安哥拉南部的军队的数量。扎伊尔的蒙博托政权也增加了干涉力度。最终，一支包括扎伊尔军队、安解阵等在内的武装力量开始从北部向罗安达推进。到10月份，南非加大了军事干涉的力度，几千名南非政府军直接参战，在其他力量的配合下，到11月中旬进展到首都附近。安人运被压缩到只控制罗安达及16个省份中的3个。①

鉴于安人运在战争中的受挫，11月份，古巴开始扩大军事援助，大量的古巴军队开始介入，苏联的援助也进一步升级，开始为古巴空运军队。古巴军队的介入帮助安人运击退了安盟及安解阵的进攻，扭转了战争的形势。在11月11日独立当天，安人运击败了来自于首都北面的对手的进攻。此时敌对双方分别宣布安哥拉的独立，成立了各自的政府。与此同时，美国参议院及众议院先后通过了国防拨款法案修正案，禁止政府再向安哥拉国内派别提供秘密援助。1976年2月末，安人运击败了对手并控制了所有重要的地区。到3月份，安哥拉内战基本结束，安人运取得了彻底的胜利，南非军队随之撤出了安哥拉，安人运政

---

① John Stockwell, *In Search of Enemies: A CIA Story*, New York: W. W. Norton & Company, 1978, p. 163.

权获得了世界上大多数国家的承认，包括美国，并在 1976 年 12 月 1 日加入了联合国。

二　美苏对安哥拉内战的介入

虽然美国与苏联早在 20 世纪 60 年代就已介入安哥拉的民族解放运动之中，但由于历史及现实的原因，非洲地区，尤其是南部非洲地区并非是美苏的重要战略利益所在，这一地区并不在他们的外交视野之中，再加上安哥拉的宗主国——葡萄牙二战后成为北约成员国，出于各自的考量，美国及苏联在葡萄牙政变之前并没有大规模卷入安哥拉内部的民族解放运动，只是给予了相应民族解放团体以有限的支持。

从肯尼迪政府开始，美国一方面与葡萄牙保持着盟友关系，另一方面也开始向安哥拉民族解放运动提供物质及道义上的有限支持，约翰逊政府基本继承了这一政策，到尼克松政府之时，美国政府出台了针对南部非洲政策的研究报告（NSSM39），确定了南部非洲政策，即美国既要扩大与白人政权的联系，也要与黑人政权建立广泛联系，在与葡萄牙政府保持关系的同时，也要对民族解放运动提供适当支持，以此保持美国在该地区的影响力。① 在 1974 年葡萄牙政变之前，战后历任美国政府对安哥拉的政策本质上是一致的，既保持与葡萄牙的盟友关系，同时也顺应第三世界民族解放运动的潮流及非殖民化的趋势，采取更为开明的政策，以服务于美国的国家利益，正如肯尼迪总统在与芬兰总统的会谈中所指出的，"世界上最强大的力量就是要求民族独立的愿望……这就是我们为什么支持民族主义运动的原因，即使这样会损害与欧洲朋友的关系……民族主义的力量可以克服尚在开始阶段的对于共产主义的信奉。"② 对苏联而言，很早就意识到可以通过支持第三世界的民族解放运动进而扩大自身的影响，向第三世界输出革命成为冷战后苏联的重要外交政策。赫鲁晓夫在苏共二十大上提出苏联坚决支持第三世界国家争取民族解放的运动，这些国家只有走非资本主义道路才能取得真正的自由。③ 而对安哥拉民族解放运动的支持

---

①　*FRUS*，1969—1976，Vol XXVIII，pp. 29 – 54.

②　[美] 阿瑟·M. 施莱辛格：《一千天——约翰·菲·肯尼迪在白宫》，仲宜译，生活·读书·新知三联书店 1981 年版，第 438 页。

③　人民出版社编译室：《苏联共产党第二十二次代表大会主要文件》，人民出版社 1961 年版，第 5 页。

就是从这时开始的，除了政治上的支持，苏联还通过葡萄牙共产党向安人运提供资金及武器，因为安人运的领导人信奉马克思主义。截止 1973 年，苏联总共提供了价值 5000 多万美元的援助。整体上而言，这一时期，美苏在安哥拉并没有直接的利益冲突，双方之间也没有发生直接的对抗。

葡萄牙政变的发生，使得安哥拉国内局势发生巨大变化，为了最大程度上维护并扩大自身的利益，美苏双方很快改变了之前的政策，对安哥拉国内各派别的援助逐步增加，安哥拉成为美苏等国为实现战略目标的角斗场，虽然双方并未发生直接的武装对抗，但安哥拉危机还是逐步演变为两国之间最严重的地区性冲突之一。

在 1975 年 4 月里斯本政变之前，苏联刚刚中断了对安人运的援助，主要原因在于安人运领导层内部陷入激烈的争权夺利之中，苏联领导人认为这大大削弱了民族解放力量，破坏了非洲葡萄牙殖民地所有民族解放力量反对殖民主义斗争的统一战线，因而希望通过中止援助以施压促成团结。① 政变之后苏联重新恢复了援助，原因主要包括：

一是对中国政府行为做出的反应。20 世纪 70 年代，中苏关系已经降到冰点，在边境地区发生了武装冲突。在政变之前，中国政府已开始援助各抵抗组织，在中部及南部非洲有着深厚的影响力，中国这一时期向非洲国家提供的援助总额超过了苏联，1974 年达到 2.37 亿美元，超过苏联提供的 1700 万美元，并且在过去 20 年中，中国援助的总额也大大超过苏联，尤其是在南部非洲地区。② 苏联认为中国在安哥拉以及莫桑比克等非洲国家获取利益，而这些利益的获取是以损害苏联的利益为代价，中国政府将利用在安哥拉等国的主导地位对整个南部非洲国家施加影响。苏联领导人担心与中国政府的行为比较起来，苏联政府缺少援助民族解放运动的能力与意愿，因而要通过自身的行动表明态度与立场。

二是与美国争夺全球控制力与影响力。在安哥拉内战之前，几乎没有多少美国人及俄国人听说过这个遥远的非洲国家，但是，战后美苏冷战对抗的国际环境使得安哥拉成为两国竞争的一个焦点。两国都担心失去安哥拉将严重损害自身的国家利益，危及世界战略均势。自第三世界民族解放

---

① 沈志华主编：《苏联历史档案选编》第 33 卷，社会科学文献出版社 2002 年版，第 7—8 页。

② ［美］罗伯特·唐纳森：《苏联在第三世界的得失》，任泉、刘芝田译，世界知识出版社 1985 年版，第 120 页。

运动开始，苏联就一直期望能够扩大自己在殖民主义崩溃后的整个第三世界的影响力，此时美国却在中东地区的竞争中获得了胜利，使埃及变成了美国的反苏盟友，并在十月战争后将苏联排除在了中东和平进程之外，在南美国家推翻智利的阿连德政府等，因而苏联想通过在安哥拉的行动表明，它决心使这种损害苏联国家利益的趋势发生逆转。

另外一个刺激苏联的因素是中美两国在安哥拉及其他重大问题上采取的合作态度。在对安哥拉的援助上，中美两国采取的行动是一致的，共同支持人运的对手。对自 1971 年以来的中美两国关系的发展，苏联一直持怀疑态度，认为中美两国都支持安解阵及安盟的举动并不是偶然，虽然基辛格在 1975 年 12 月对这一问题做出了澄清，指出美国的决定与行动并没有与中国政府进行协商。[①] 从 1975 年 8 月开始，苏联政府就开始表达对于中美两国在安哥拉秘密援助问题上的合作态度的担忧。对于纽约时报 1975 年 9 月份的一篇报道，即美中两国在援助安解阵及安盟问题上的合作，苏联媒体给予了广泛报道。因而，苏联政府的这种担心导致其无论如何也要与两国进行竞争。

从决定开始重新援助到 1976 年 3 月内战基本结束，苏联大致向安人运提供了约 3 亿美元的武器与资金援助，另外还有数百名军事顾问，而苏联在过去 15 年内总共才提供了约 6000 万美元的援助。[②] 为了避免与美国发生直接对抗以及来自于外界的舆论压力，苏联这种援助通常是以秘密的方式进行。[③] 除了直接援助，苏联还参与了古巴的军事干涉行动。最初古巴是通过本国的飞机及船舶将军队运送到安哥拉，在美国施加压力迫使巴巴多斯等国禁止古巴飞机转机后，苏联于 1975 年 11 月份开始向古巴提供远程运输机，并于 1976 年 1 月开始直接空运古巴军队，到 3 月底，人数达到 14000 人。

政变之后，美国政府的态度大体上经历了两个阶段，从 1974 年 8 月至 1975 年 11 月间，虽然政府加大了对安解阵的援助力度，但对安哥拉事务并未给予过多的关注，也并未向苏联公开提出外部的干涉问题。从

---

① U. S. Department of State, *Department of State Bulletin*, Vol. 73, December 29, 1975, p. 928.

② 梁根成：《美国与非洲》，北京大学出版社 1991 年版，第 206 页。

③ 沈志华主编：《苏联历史档案选编》第 33 卷，社会科学出版社 2002 年版，第 9 页。

1975 年 11 月开始，此时受到苏联支持的古巴开始进行大规模军事干涉，美国政府正式提出了苏联的行动与缓和不一致的问题，日益卷入安哥拉内战之中。

美国政府在第一阶段之所以保持低调的立场，首要原因是在安哥拉的利益较少，并没有直接的经济及战略利益。正如基辛格在 1975 年 11 月所指出的，"美国在安哥拉没有国家利益。"① 美国此时更为关心的是共产主义在葡萄牙及整个南欧的进展，因而美国并没有专门的反对安人运，基辛格表示美国不会使自身卷入一场纯粹的安哥拉内战之中。在 1975 年 12 月份的听证会上，中情局局长科尔比指出安哥拉各派别并无多少不同之处，美国之所以卷入，原因在于苏联支持安人运。

美国缺少关注的第二个原因在于，从 1974 年直到 1975 年下半年这段时间内，美国政府一直认为他的"代理人"安解阵将会在内战中获胜。由于安解阵在内战之初一直拥有明显的优势，美国认为苏联支持的左派很快就会失败。再加上这一时期美国政府也在通过各种渠道进行着同样性质的秘密武器援助及军事训练，也一直在援助扎伊尔进行的干涉行动，因而就没有公开提出安哥拉的外部干涉问题。

一直到 1975 年 1 月，美国政府对于安哥拉的国内政局一直持观望态度，禁止对三个派别进行资金及武器的援助，虽然中情局秘密资助着安解阵及扎伊尔。美国首次正式寻求支持安解阵的行动是在 1975 年 1 月份阿沃尔协议签订之后，隶属于国家安全委员会的秘密情报与隐蔽行动委员会（当时称为 40 委员会）向安解阵提供了 30 万美元的援助。② 虽然在物质层面上并不足以影响局势，但它表明了继续支持安解阵的态度。5 月 26 日，国家安全委员会在国家安全研究备忘录 224 号文件中要求制定出美国政府对于安哥拉的政策立场。③ 到 6 月底 7 月初，福特总统及基辛格正式决定开始实施针对安哥拉的隐蔽行动计划。7 月 18 日拨款 600 万美元，27 日拨款 800 万美元，11 月份拨款 700 万美元，另外，在 7 月中旬还提供了大约价值 1600 万美元的武器，这批武器从美国运往了在扎伊尔的安解阵，在国会通过禁止进一步援助的法案之前，美国政府总共提供了接近

①　U. S. Department of State, *Department of State Bulletin*, Vol. 73, December 1, 1975, p. 768.

②　*FRUS*, 1969—1976, Vol XXVIII, p. 235.

③　Ibid. , pp. 245 – 246.

3000 多万美元的援助。①

除了直接提供援助，美国政府还暗中支持扎伊尔以及南非介入安哥拉内战，尤其是南非的介入，大大影响了安哥拉内战的进程。南非大规模干涉之际，正值安解阵及安盟在战场上大规模溃败之时，为了增强代理人的实力，躲在幕后的美国欢迎来自南非的干涉。虽然基辛格曾多次就南非的干涉问题表明美国并没有参与其中，但是中情局在南部非洲的负责人多次与南非国家安全局的代表进行过沟通。美参议院外交委员会非洲事务小组主席理查德·克拉克也曾于 1976 年 1 月承认美国与南非就安哥拉内战问题共享过情报，在军队部署及参战方面进行过协商。②

除了军事上的行动，在政治及外交层面，美国政府也采取了行动，尤其是在内战后期对苏联政府施加了越来越大的政治压力。1975 年 9 月 23 日，基辛格在谈话中首次间接批评了苏联与古巴，指出"美国非常担心跨大陆的外部干涉力量，他们并不希望非洲顺利发展，他们的卷入与保证真正独立的承诺并不一致。"③ 10 月 22 日，国安会安哥拉问题小组提出了关于古巴在安哥拉内战中的角色的报告，在这一基础上，基辛格在 11 月 10 日明确指出苏联与古巴是提供武器以及军事力量的跨大陆外部力量，美国认为这种干涉是严重的事件。一周之后，美国政府又在给苏联政府的信件中要求苏联重新考虑在安哥拉的政策，推动停火及举行会谈。在与多勃雷宁的会谈中，福特与基辛格也多次提出了安哥拉问题，要求所有国家停止向安哥拉运送武器，和平解决国内问题。④

除了直接向苏联施加政治压力，美国还广泛的寻求盟国在这一问题上的支持。福特及基辛格曾多次致信法国总统及葡萄牙政府，助理国务卿小威廉·E. 肖费勒（William E. Schaufele，Jr）曾出访英法及联邦德国等多国，寻求盟友的支持。与此同时，美国政府尤其重视获取非洲国家的外交支持，与多国政府代表举行协商，美国国务院也多次指令驻非各使领馆大使向所在国表明立场。福特总统在 1976 年 1 月还亲自致信给 32 个非洲国

---

① Nathaniel Davis, "The Angola Decision of 1975: A Personal Memoir", *Foreign Affairs*, Vol. 57 (Fall 1978), pp. 116 – 117.

② Ernest Harsch and Tony Thomas, *Angola: The Hidden History of Washington's War*, New York: Pathfinder Press, 1976, p. 119.

③ U. S. Department of State, *Department of State Bulletin*, Vol. 73, October 13, 1975, p. 574.

④ *FRUS*, 1969—1979, Vol XXVIII, pp. 365 – 367.

家元首及非统秘书长，表明美国在安哥拉问题上的立场。在随后的非统峰会上，美国与苏联进行了激烈的争论，美国通过积极的活动使得二十多个国家支持自身的立场，并迫使多国放弃了承认安人运政府的计划。

三　小结

1975 年 12 月 9 日，福特总统在与多勃雷宁的会谈中指出美苏两国真的没有必要在一个如此遥远，对双方都无特别价值的地方彼此挑战对方，而在关于安哥拉问题的回信中，苏联也强调外交政策是根据安哥拉国内形势的发展而制定的，苏联反对任何力量介入安哥拉。[①] 纵观安哥拉内战的进程及在此过程中美苏两国的外交政策，可以看出美国与苏联都不是引起安哥拉内战的源头，双方也不希望过多的介入，尤其不愿看到这一问题对正在进行的缓和产生消极的影响。但是，现实情况却是两国为争夺在安哥拉的影响力，导致双方干涉的升级并最终扩大为对缓和规则理解上的冲突。虽然双方在 1972 年达成了相互关系基本原则，但是在采取行动时仍然都是以牺牲对方的利益为代价从而获取优势，并且彼此都认为对方也采取了同样的做法。

最早导致苏联卷入安哥拉冒险的官方机构是党中央委员会国际部，苏联外交部等机构并不清楚在安哥拉发生的事情，苏联的高层领导开始对此也是持怀疑的态度。[②] 但是在 1974—1975 年，苏联领导人看到美国在全球各地卷入许多内战，接连在中东、拉美等国家及地区取得胜利，因而使得苏联领导层认为他们在安哥拉的行动与美国在对外行动中所遵循的潜在规则是一致的，即苏联在安哥拉所进行的行动没有违背缓和精神。苏共政治局认为，美国政府的指责是没有根据的，是美国人傲慢的体现，反映了他们在外交政策上的双重标准。[③] 具体到安哥拉危机而言，苏联政府认为安哥拉危机恶化的原因在于包括南非在内的新殖民主义势力的入侵，而这些势力均受到来自于美国的全方位支持，美国不希望失去在安哥拉的地位与影响。美国援助安解阵及安盟是期望在安哥拉建立一个亲美政权，在此

---

① *FRUS*，1969—1976，Vol XXVIII，pp. 358 – 360，365.

② ［俄］阿纳托利·多勃雷宁：《信赖——多勃雷宁回忆录》，肖敏、王为等译，世界知识出版社 1997 年版，第 414 页。

③ 同上。

基础上影响并尽可能控制南部非洲国家，从而服务于美国的国家利益。只要受到美国支持的安解阵进展顺利，美苏之间就不存在任何问题，但是当战场形势发生了转变时，美国就宣布苏联的干涉是不可接受的，是与缓和相悖的，苏联领导人难以接受这种指责。

另外一点就是内战反映出了苏联对于缓和的根本性理解。在安哥拉发生的事件显然表明苏联领导层认为美国不应该将内战视为"莫斯科与华盛顿之间的对抗"以及对缓和精神的检验。① 在苏联看来，与美国的缓和与和平共存并不意味着全球阶级斗争形势的缓和或是苏联要减少对进步的历史变革的支持，两者之间并没有必然的联系，因而也不存在优先性或选择的问题，尤其是苏联认为美国在第三世界的行动中所采取的行动模式是相同的。勃列日涅夫在苏联二十五大的发言中指出："一些资产阶级对于苏联共产主义者与其他国家人民为进行进步斗争而采取的团结一致的立场表示惊讶与不满，""缓和并不意味着也绝不意味着废除或是改变阶级斗争的规划与自然规律。"勃列日涅夫表示以苏联为首的世界进步力量正在帮助安哥拉维护自身独立，苏联将继续给予那些寻求自身解放的人民斗争以支持。安哥拉内战的最终结果再一次确认了这一事实，即东西方间的缓和并不意味着对现状的肯定与维护。

但是，美国认为苏联的行动违背了双方已达成的缓和原则与精神。在国会拒绝批准更多的隐蔽行动之后，基辛格在一次记者招待会上首次直接阐述了与苏联的总体关系，指出"就美苏关系而言，我们认为苏联在安哥拉的行动与缓和战略不一致，除非寻找到外交解决手段，否则这必然会影响到我们的双边关系。"② 随着安解阵的败退，1976 年 1 月，基辛格向苏联强调美苏关系实现真正缓和的核心在于双方都不应寻求单方面的优势，这一限制应主导双方各自的政策。从本质上而言，基辛格担心的并不是安哥拉本身，因为他自始至终都坚称美国在安哥拉并没有任何重大的利益，甚至也没有非常担忧亲苏联的派别取得政权，真正使他担忧的是苏联的这种获胜是在美国已经采取措施加以阻止的情况下发生的，尤其是在苏联与古巴军事援助的背景下取得的。福特与基辛格希望阻止苏联采取这种通过代理人进行战争从而实现战略目标的新型的竞争手段。

① *FRUS*, 1969—1976, Vol XXVIII, p. 397.

② U. S. Department of State, *Department of State Bulletin*, Vol. 74, January 19, 1976, p. 69.

　　1975 年 4 月"南越"政府的倒台严重刺激了美国领导层及民众,但是一个月之后的马亚圭斯号事件表明当美国的利益受到侵犯之时,美国仍有意愿及能力进行反击。安哥拉事件被美国视为一个挑战,但也被视为一个机遇,美国政府想在竞争中击败苏联,直到 1975 年中旬,美国政府认为在安哥拉仍可以实现这一目标。福特与基辛格希望在安哥拉的这种干涉可以向美国公众、苏联领导层及世界各国表明美国遏制共产主义在第三世界扩张的意愿及能力。在基辛格看来,这些行动仍然控制在了缓和的范围之内,美国赞成安哥拉国内各派别在没有外部势力干涉的情况下通过协商建立联合政府,美国援助的初衷在于阻止受到苏联与古巴支持的安人运取得压倒性的胜利,[①] 这种做法与苏联行为的动机存在着显著的不同。

　　苏联对内战的干涉对美苏关系产生了负面影响,福特政府及缓和战略的反对者利用苏联在安哥拉的军事干涉对苏联进行攻击。作为对苏联行动的惩罚措施,福特政府推迟了行政部门采取的一些措施,这些措施的目的在于取消杰克逊—瓦尼克修正案对贸易施加的限制,并延缓了多个高级代表团对苏联的访问日期,并在限制战略武器谈判中采取了强硬的态度。基辛格开始提出将对苏联实行双重政策,即把坚定与妥协、把强大的国防与军备控制结合起来,另外还提出了所谓的历史利益的概念,根据这一概念,苏联从未在欧洲及亚洲外拥有任何利益,所以现在也没有。同时,两国在第三世界的竞争成为冷战的一个新的战场,随后不久两国又在扎伊尔、索马里及埃塞俄比亚等非洲之角国家陷入对抗,一直到苏联入侵阿富汗,这些竞争与对抗逐步侵蚀了两国缓和的根基。

　　不过,值得注意的是,作为安哥拉事件中失利者的美国政府,事后多次表态不希望这一事件影响到正在进行中的缓和。如福特 1976 年 1 月 5日在讲话中表示将不会因安哥拉问题而中断美苏间的粮食贸易,因为这种做法将严重增加两大国之间的紧张关系,无助于安哥拉问题的解决。[②] 基辛格则多次重申绝不能因安哥拉事件影响到第二阶段美苏限制战略武器谈判,他强调,"就限制战略武器而言,我们从未将其视为是对苏联的恩惠,从而可以根据双方关系的好坏进行或停止。限制战略武器谈判是一个

---

①　*FRUS*, 1969—1976, Vol XXVIII, p. 357.

②　U. S. Department of State, *Department of State Bulletin*, Vol. 74, January 26, 1976, p. 99.

首要的全球性问题，为了美国自身及世界的和平，我们必须加紧处理及解决。"① 福特政府最后放弃了在这一问题上继续向苏联施加压力，默认了现状，基辛格在 1976 年 3 月的讲话中所说的美苏间的缓和"不允许再出现另一个安哥拉"的表述，实质上表明了这一态度与立场。

_____

① 　U. S. Department of State, *Department of State Bulletin*, Vol. 74, February 16, 1976, p. 180.

第四章

福特政府末期缓和外交的逆转与衰落

1976 年是福特任内美苏关系发展的一个转折点，美苏两国曾于 1972 年签署了关于美苏关系的基本原则，其中规定了双方都应遵守的行为规范，但到此时，对行为规范理解上的分歧已随着世界局势的发展有了增加。在美国看来，所担心的事情包括苏联在安哥拉的行动以及共产主义可能在西南欧取得的进展，在苏联看来，所忧虑的是美国将其排除于中东和平进程之外，利用缓和干涉苏联国内事务以及两国贸易关系正常化努力的失败等。在 1976 年年初，苏联领导人重新评估了缓和政策，尽管立场出现了一些退步，但仍然决定再次推动缓和，但是在华盛顿，来自于国内外的压力最终迫使政府放弃了缓和外交，福特时期的对苏缓和不可避免地走向了衰落的结局。

第一节　由推动到搁置
——福特政府末期缓和政策的转变

在福特与基辛格的主导下，从新政府上台直至 1975 年初，缓和尽管遇到了一些困难与挫折，但是仍然取得了进展，无论从言论上，还是实际行动中，双方不断重申着对缓和的支持。不过，这并未扭转自尼克松政府后期即已出现的缓和逆转的趋势，这在福特政府时期体现得更加明显。由于国内及国外一系列事件的发生，导致对苏联的缓和遇到了越来越多的困难与挫折，不断冲击着国内支持缓和的力量，严重动摇了政府继续推动缓和的信心。到 1976 年，虽然以福特、基辛格为首的领导层仍然希望实行缓和政策，但是国内政治的脆弱性最终使得福特政府决定搁置缓和，直到大选结束之后。

一 国内政治环境的恶化

外交是内政的延伸，国内稳定的政治环境是一国外交政策保持连贯与稳定的前提。冷战开始之后，直到约翰逊政府深陷越南战争之前，虽然美国国内也存在着各种各样的政治斗争，总统与国会之间，保守派与自由派之间因为出发点及指导理念等方面的不同，因而在外交政策方面也存在着分歧，但是总体上而言，这些分歧与斗争并未对总统的外交决策权产生决定性的影响，历届总统基本上都能将自己的外交政策规划付诸实施。但是，到福特政府时期，尤其是后期，美国国内存在的总统与国会之间的较量及保守派与缓和派围绕缓和的斗争日益激化，斗争的结果则是缓和派的失势以及国会地位的增强，这一结果对于想继续推动缓和的福特与基辛格而言无疑意味着所处的政治环境的进一步恶化。

（一）基辛格政治地位的削弱

福特继任总统之初，不仅保留了基辛格在政府中的职务，事实上还强化了基辛格对外交事务的主导权，这是对苏联的缓和外交能够继续实施的重要基础与保证。但是，如同被称为"弱势总统"的福特一样，基辛格的地位自上台之初就面临着挑战，并且随着时间的推移，基辛格的政治地位也遭受着逐步地削弱。

首先，基辛格在政府内部受到了强有力的挑战。就职之初，福特基本上保留了尼克松的原班人马，包括原国防部长施莱辛格。施莱辛格曾于1963—1969年就职于兰德公司，1973年2月被尼克松任命为中情局局长，7月被任命为国防部长，是对苏强硬派的代表性人物。在尼克松政府时期，基辛格与施莱辛格之间就因为外交政策发生过多次较量。1973年10月第四次中东战争期间，考虑到与苏联及阿拉伯国家之间的关系，基辛格在利用美国的军用运输机向以色列运送武器等问题上持谨慎立场，施莱辛格则态度坚定，要求迅速批准使用美军的运输机，同时两人围绕运输作业上该由谁负责等政治责任与功劳方面发生拉锯战，双方的立场都非常坚定，僵持局面迟迟未能打开，最终总统采纳了后者的意见。[1] 在福特政府时期，两人围绕缓和相关的分歧有所扩大并日益明显。施莱辛格成为政府

---

[1] *FRUS*, 1969—1976, Vol XXV, Arab-Israeli Crisis and War, 1973, pp. 467 – 470, 482 – 485.

内部最具代表性的反对与苏联进行限制战略武器谈判的高层官员，坚持认为美国应对苏联日益增长的军事威胁做出回应，主张在谈判中采取更为强硬的立场。另外他还提出要关注苏联在第三世界的军事行动以及苏联建立的打击战略导弹力量的能力。尤其令福特与基辛格恼怒的是，当福特因缓和问题受到杰克逊的指责与攻击时，施莱辛格却多次支持参议员的立场与观点。① 施莱辛格在福特政府内部向基辛格及其所推动的缓和外交提出了强有力的挑战，成为后者推行外交政策的巨大障碍。

其次，基辛格与国会的关系也日益恶化。在尼克松政府时期，由于总统的强势地位以及取得了一系列的外交成果，因而国会对于政府的外交决策方式并未提出太多的质疑。随着尼克松的下台及美国先后遭到的众多外交上的挫败，国会开始厌烦基辛格的个人主义与秘密外交。虽然他仍是杰出的政治外交家，但是在议员们看来，基辛格在尼克松时代的成就已经属于过去，他所依赖的小范围的个人主义外交方式在水门事件之后的国内政治环境中已难以推行。除了质疑他在越战中的作用外，议员们还批评他在中情局推翻智利阿连德政权事件中所扮演的角色。1974 年 9 月 9 日，即福特宣布赦免尼克松的第二天，在出席参议院对外关系委员会的听证会时，基辛格受到了议员们的严厉质询，参议员弗兰克·丘奇（Frank Church）在质询中指出，"我们通过极为隐蔽的行动干涉智利的内政并最终颠覆了阿连德政府……这种行动与我们长久以来所宣扬的民族自决原则完全相背离"。② 为了摆脱指控，基辛格宣称政府所采取的所有相关行动都是按照一套既定的程序来操作的，对智利的行动不但得到了总统的批准，而且获得了各个相关委员会的同意。但是，他的回答并没有获得议员们的认可，议员们更是惊讶于基辛格所主导的秘密颠覆行动竟然在政府内部获得了一致认可。国会内部的反基辛格势力借助于该事件，更是要求基辛格辞职，如明尼苏达州国会众议员艾伯特·奎伊（Albert H. Quie）强调基辛格必须为自身"不断下降的信誉"道歉并且辞职。③ 另外，由于基

① Jussi M. Hanhimaki, *The Flawed Architect: Henry Kissinger and American Foreign Policy*, New York: Oxford University Press, 2004, pp. 367 – 368.

② John Robert Greene, *The Presidency of Greald R. Ford*, Lawrence, KS: Kansas University Press, 1995, p. 120.

③ Robert D. Schulzinger, *Henry Kissinger: Doctor of Diplomacy*, New York: Columbia University Press, 1989, p. 181.

辛格在十月战争之后的中东和平进程谈判中不断地向以色列施加压力，从而得罪了国会中的犹太团体。尤其是基辛格反对国会要求在外交事务中发挥更大作用的做法，引起了国会议员们的普遍不满，正如威斯康辛州民主党众议员莱斯·阿斯平（Les Aspin）所抱怨的，基辛格似乎并不希望国会在外交政策领域发挥独立的影响。

另外，基辛格在美国民众中的声望也有所下降。基辛格曾于1973年因越战停战协定而获得诺贝尔和平奖，1974年为中东地区的和平而进行的"穿梭外交"又增加了他在民众中的声望。但1975年一系列事件的发展，以"南越"与柬埔寨的陷落为开端，之后是葡萄牙国内的左派运动，苏联与古巴对安哥拉事务的日益干涉以及苏联国内人权状况的恶化，都使得美国民众日益焦虑，对基辛格外交能力的质疑增加。尤其是"南越"政权的倒台，在美国民众中产生了广泛的不安与疑问。民众认为，尼克松与基辛格主导的"体面撤军"行动并没有改变如下事实，即美国对印度支那长达10年的干涉最终失败了。虽然民众并没有因这一失败而指责基辛格与福特，但是事件对基辛格所产生的消极影响却并不能完全消除。

随着作为外交政策主导者的基辛格所处政治环境的恶化，关于他可能辞职的消息也开始成为新闻或报纸的头条报道。他本人也提到要放弃并向福特总统提出辞职，但是福特对基辛格仍然表现出了巨大的信任，强调他与基辛格的性格很搭配，并且白宫也极力向外界营造出两人仍保持密切关系的印象。但是，随着福特在白宫站稳了脚跟，尤其是开始考虑1976年的总统选举，基辛格在政府中的失势已是在所难免。福特如果继续把外交政策完全交给基辛格，有可能会给人们造成他身为总统权威不够的印象，而仅仅是继承已下台的尼克松的政策理念，这将非常不利于他的竞选。政府内部，除了国防部长施莱辛格外，还有不少官员也抱怨基辛格的权力过大。在福特就职之初，曾有官员提议减轻基辛格的负担，建议其辞去总统国家安全事务助理的职务，但他本人并无该意愿，福特总统也不赞同，于是事情不了了之，到此时，这项提议再次被福特总统的众多亲密顾问所提出。① 拉姆斯菲尔德向福特总统施压，提醒他应该从宏观政治的角度来看

---

① John Prados, *Keepers of the Keys: A History of the National Security Council From Truman to Bush*, New York: William Morrow & Company, 1991, p. 354.

待削弱基辛格权力的问题，指出基辛格对外交政策的控制使得总统本人看起来并不像总统。① 甚至连局外人都对基辛格的"霸权"颇有微词。1975年初，小说家约翰·赫什（John Hersh）在白宫待了一个星期，据他的观察，总统经常与众多顾问讨论经济、能源及国内政策，但是讨论外交政策的只有一人，那就是基辛格。②

虽然在福特就职之初的一段时间内，基辛格通过各种手段劝使总统听从了他的各项政策建议，但是福特在内外政策方面的自主性还是逐渐地增强，对于来自基辛格的政策建议，尤其是外交政策的建议开始有了越来越多的质疑。不仅如此，福特在后期还直接进行了人事上的改组，以巩固自己对外交事务的主导权。1975 年 10 月底，福特总统突然对内阁进行了大洗牌，改组涉及了外交政策及白宫的几乎所有官员。福特总统撤销了施莱辛格国防部长的职务，改由白宫办公厅主任拉姆斯菲尔德接任。总统还要求基辛格放弃了总统国家安全事务助理的职务，只做国务卿，他的副手斯考克罗夫特出任国家安全事务助理，另外福特还迫使洛克菲勒放弃了竞争副总统的提名。在改组之初，大多数人认为这次人事改组是基辛格及其缓和政策的胜利，因为他在政府中的最大竞争对手施莱辛格失去了国防部长的职务，但是实际上，基辛格的地位也遭到了重大的削弱，国家安全事务助理职务的丧失意味着他失去了召集外交政策主要部门联委会的权力。③基辛格接近总统的机会减少了，协调国家安全领域各部门机构的权力也同时丧失，并且接任国防部长职务的拉姆斯菲尔德随后成为政府中的主要强硬派，坚决反对与苏联的战略缓和，成为基辛格剩余任期内强有力的竞争对手。

虽然福特进行这次改组的主要原因在于与施莱辛格之间的矛盾与不和，但是显然，改组也体现出总统本人寻求加强自身在外交政策领域主导权与决策权的意图，这对基辛格而言并非好消息。同时，福特迫使洛克菲勒放弃副总统提名的做法显然是屈从于党内保守派的压力，这也削弱了政府内基辛格的支持力量。总体上而言，政府的改组是这一时期基辛格政治地位受到削弱的最集中体现。

① Walter Isaacson, *Kissinger*: *A Biography*, New York: Simon and Schuster, 1992, p. 605.
② ［美］詹姆斯·曼：《布什战争内阁史》，韩红等译，北京大学出版社 2007 年版，第 28 页。
③ 同上书，第 32 页。

（二）越战及丘奇委员会

虽然基辛格的存在影响了福特作为外交事务领域主管的形象，但是对福特而言，国会才是推行外交政策的最大障碍。从约翰逊政府开始，白宫与国会围绕外交决策权的斗争即已开始，尼克松热衷的秘密外交加剧了国会对总统独揽外交权的不满。到福特政府时期，两者之间的斗争并未平息，相反，借助于越战及水门事件所引发的公众对总统滥用权力的不满，国会在与白宫的斗争中占据了上风，"帝王般"的总统不再存在，来自于国会的限制与束缚成为福特在任内处理外交事务时始终无法逾越的障碍。

在最初的一段时间内，福特与国会还是维持了比较良好的关系。这一方面是由于福特在国会任职多年，与国会众多议员有着密切的私人关系，对国会的运作程序等非常熟悉，另一方面，福特上台之后，一改尼克松政府时期傲慢及诡异的决策方式，在处理与国会的关系时采取了平民主义的做法，这也赢得了国会的赞誉。但是随着 9 月 8 日对尼克松的特赦，福特在政治上重新陷入了被动之中，行政机构与立法机构之间早已存在的矛盾在此背景下更加凸显出来。

除了前文所提及的围绕安哥拉内战及美苏经贸关系问题的冲突，福特政府时期白宫与国会围绕越南战争及中情局非法秘密活动调查事件的较量尤其体现出了总统权力受到削弱，国会地位增强的事实。

福特上台之后在外交方面面临的首要问题是越战。虽然停战协定早已签署，尼克松也已经下台，但是对美国而言越南战争仍未彻底结束。停战协定签署之际尼克松政府曾向"南越"政府做出保证将全力支持其抵御来自"北越"的进攻，维护该地区的和平局面。但事实上，在福特上台之前，美国国会已经大量削减了对于"南越"政府的援助，拒不履行做出的承诺。面对"北越"这一时期不断违反停战协定，向"南越"发动的军事进攻行动，福特在刚上任之际就给"南越"总统的信中表示，"在我就职之初，首先想到的问题之一就是你们正在有效地抵抗着来自于"北越"的野蛮进攻。美国外交政策的特点就是连贯性与两党性。在我任内，我将尊重美国政府作出的承诺并切实加以履行。"① 在 8 月 9 日当天与"南越"大使的会谈中，福特与基辛格也强调，虽然面临

---

① *FRUS*, 1969—1976, Vol X, p. 537.

着来自于国会的阻挠，但政府将尽力向"南越"提供援助，保证"南越"的生存。①

对于"北越"不断发动的军事攻势，福特政府的回应是一方面向"北越"施加压力，要求其做出让步，另一方面则是向国会呼吁，要求提供尽可能多的援助。8月19日，基辛格在给黎德寿的信中指出，"福特政府将坚决执行尼克松的印度支那政策。与所有的美国民众一样，福特总统认为越南民主共和国应通过和平方式解决越南问题，进而与西方发展建设性的关系。"② 但这种毫无约束力的呼吁显然并不能对"北越"产生影响，反而导致"北越"指责福特政府违背巴黎协定，继续在"南越"推行殖民主义，继续执行没有尼克松的尼克松主义。对此，福特政府只好转向国会争取援助。

在与国会进行商谈之前，福特在9月10日与基辛格的会谈中采纳了基辛格的建议，即如果国会不向"南越"提供足够的援助金额，他将否决整个对外援助法案。③ 9月12日，福特及基辛格与国会两党领袖就对外援助问题举行会谈，福特指出，"我们必须保证在越南从事的行动不因缺少资金而受到影响，总统需要充足的资金及使用上的灵活性，但是国会的修正案对此施加了限制，"基辛格则强调，"在东南亚，现在我们面临着来自于国会的资金与行动上的限制，如果我们丢掉了越南，那么将会对我们整个外交政策产生消极影响，削弱地区盟友们对我们的信赖。"④ 为了表明对"南越"的支持，福特采纳了基辛格的建议，会见了美国驻西贡大使马丁。在会谈中，基辛格表示难以理解国会在同意每年给予以色列10亿美元援助的同时，却拒绝给予越南同样的援助的做法，而总统则要马丁向阮文绍传达他将尽力向国会争取援助的决心。

但是国会显然没有屈从于政府的呼吁与请求。1974年9月23日及24日，国会众参两院先后批准了总额为7亿美元的军事援助，由于此时的石油危机及武器价格的上涨，实际支付给南越的援助金额仅为4亿美元，而

---

① *FRUS*, 1969—1976, Vol X, pp. 537 – 540.

② Support for South Vietnam: Draft Follows, August 19, 1974, *DNSA*, U. S. Police in the Vietnam War, Part II: 1969—1975, VW 01252.

③ *FRUS*, 1969—1976, Vol X, pp. 560 – 561.

④ Ibid. , pp. 561 – 562.

政府要求的金额则为 10 亿美元。① 10 月 9 日，在签署 1975 年国防拨款法案之际，福特指出，"我很高兴签署 H. R. 16243 法案，但是必须指出的是，法案存在一个重大的缺陷，给予南越的 7 亿美元并不能满足他们当前的迫切需要，因此，政府与国会很有必要在明年较早的时候就南越提出的军事需求进行进一步的协商。"②

从 1975 年初开始，"北越"政府按照制订的计划，开始向"南越"发动大规模的战略进攻。面对这一状况，阮文绍在与马丁的会谈中要求美国及其他国家对"北越"的行动做出回应，制止"北越"的进攻。美国驻"南越"大使馆 1975 年 1 月 8 日给国务院的电报中也指出，"当前'北越'的进攻使得我们到了巴黎协定签订后的一个转折点，美国的回应将对我们当前的印度支那政策成功与否产生重要影响……我们首先应做出一个高级别的官方抗议，最重要的是应该让国内民众了解正在发生的事情，让国会改变政策与做法。"③ 对于"南越"的呼吁及大使馆的建议，福特与基辛格的回应是承诺向"南越"提供额外的军事援助。在 1 月 13 日的会议中，福特、基辛格及斯考克罗夫特商量了两种援助方案，一是 3 亿美元，另一方案是 7 亿美元。但是考虑到当前的紧张局势，基辛格认为 3 亿美元的方案比较切合实际。经过协商，福特最终决定向"南越"提供 3 亿美元的补充军事援助，从而使对"南越"的援助总额达到 10 亿美元，他向马丁强调这已经是他所能争取到的最高数额了，并且对于这一数额是否能够获得国会的批准，他认为将会遇到国会的强大阻力。

福特的预料很快被证实，国会对增加援助的建议非常消极。在 1 月 28 日与国会两党领袖的会谈中，议员们认为"南越"注定会失败，美国此时的援助是毫无意义的，美国也并没有责任与义务援助东南亚盟友，尤其是在过去十年内美国已经因越战遭受了太多的创伤。由于"北越"认定美国不会再出兵，因而于 3 月份开始了大规模的战略进攻，"南越"的局势已经是岌岌可危。福特总统 3 月 22 日再次写信给阮文绍，保证将提供足够的军事援助，但显然这只是一种心理上的安慰。此时福特已经认识

①　A. J. Langguth, *Our Vietnam: The War 1954—1975*, New York: Simon and Schuster, 2000, p. 637.

②　Gerald Ford, Statement on Signing the Department of Defense Appropriations Act, 1975, http://www. presidency. ucsb. edu/ws/index. php? pid = 4439 & st = & st1 =.

③　*FRUS*, 1969—1976, Vol X, pp. 596 – 598.

到"南越"的失败不可避免，但他并不甘心以这样的方式放弃"南越"，"我绝不会就这样放弃，这不是我的处理方式……我会向国会提出7亿美元的军事援助以及经济援助，我们的撤离需要国会的授权。"①

在经过国家安全委员会的讨论之后，4月10日，福特总统就援助"南越"向国会提出了总额为7.22亿美元的军事援助及2.5亿美元的经济援助，并且鉴于局势的严重性，他还要求国会于19日之前做出回应。②4月14日，福特、基辛格与参议院外交关系委员会的议员们进行会谈，商讨援助"南越"及撤离美国民众的问题。参议员们一致认为应迅速撤离"南越"境内的美国公民，但是在提供军事援助问题上，贾维茨参议员指出"我将不会批准给予南越任何军事援助"，斯图尔特·赛明顿（Stuart Symington）参议员认为在"南越"的战争是毫无希望的，拜登（Joseph Biden）参议员则强调必须把给予撤离美国公民的援助与军事援助分离开来。③ 对于议员们的这种态度，福特在16日的内阁会议上抱怨说，"迄今为止国会没有表现出任何有意义的进行合作的意向"。④ 在"南越"最终溃败之际，福特、基辛格与共和党国会领袖22日又进行了一次会谈，在会谈中，基辛格承认"南越"已经毫无希望，福特再次提出了援助的问题，但国会领袖清楚地表明援助法案绝无可能获得通过，不仅民主党人反对，一半的共和党议员也会加以否决。仅仅几天后，西贡陷落。至此，福特政府提出的军事援助以彻底失败而告终。

从上述论述不难看出，在援助南越问题上，福特政府完全受制于国会。虽然从根本上而言，福特政府的越南政策与尼克松政府是一致的，即遵守巴黎协定，不再军事介入越南，但是福特与基辛格认为，在"北越"违反协定发动进攻的情况下，对"南越"的援助是一种道德上的义务，美国有责任遵守协定规定的向"南越"提供军事援助的义务，否则将对美国的外交政策及国际形象产生极为不利的影响。但是，国会显然并不这样认为，它所考虑的是尽快走出越战的泥潭，摆脱越战的阴影。在1975年5月5日的记者会上，基辛格失望的表示水门事件严重削弱了行政当

---

① *FRUS*, 1969—1976, Vol Ⅹ, pp. 760 – 761.

② ［美］理查德·尼克松：《不再有越战》，王绍仁、吴明等译，世界知识出版社1998年版，第234—235页。

③ *FRUS*, 1969—1976, Vol Ⅹ, pp. 818 – 822.

④ Ibid. , p. 829.

局，致使政府行动的灵活性受到了限制，而他的这一表态正是政府与国会在越战问题上的矛盾的集中体现。

除了越南问题外，这一时期政府与国会围绕对中情局秘密活动的调查而进行的较量同样体现了两者之间的对抗。国会利用对中情局秘密活动进行调查的机会，力图限制总统进行秘密活动的权力，并最终遏制战后日益扩张的总统权力。

中情局自 1947 年成立之际就成为直接服务于总统的秘密情报组织，为总统的国家安全决策提供依据并执行总统的指令，该机构不受来自于国会的审查与监督。然而，这种状况随着水门事件的发生而发生了变化。由于被捕的闯入者中包括了前中情局的工作人员，并且在之后的调查中发现了来自于中情局的设备，因而导致民众普遍怀疑中情局违反了自身的规章制度，在国内从事情报收集活动。在总统及国会的压力下，经过一段时间的内部调查之后，在科尔比继任中情局长之后不久，中情局发布了一份 693 页的总结报告，内容涵盖了中情局所从事过的所有可能的非法秘密活动，其中包括了颠覆智利阿连德政府及暗杀卡斯特罗等国外领导人等。在尼克松下台之前，科尔比向国会参众两院的军事委员会主席做了秘密陈述，因而直到福特上台，报告的全部内容仅有他们三人了解。①

但是，从 1974 年 6 月份开始，报告的内容便开始通过媒体泄露出来，中情局在智利从事隐蔽行动的内容也于 9 月份被报道出来，到 11 月份，《纽约时报》又披露了在越战期间中情局在国内从事的一些秘密监控行动，对象包括从事反战运动的学生及民众等，这都在美国国内引起了轩然大波。借助于民众对水门事件以及媒体所爆料出来的中情局非法活动的不满，早已对总统权力扩张不满的国会议员们在 12 月底通过了一项修正案，即休斯—瑞安修正案，规定"只有事关国家安全，并且在向国会的相应委员会报告后，总统才能授权中情局从事情报搜集工作之外的活动。"② 国会的这一举动在一定程度上限制了总统通过中情局从事秘密行动的权力。

---

① John Robert Greene, *The Presidency of Greald R. Ford*, Lawrence, KS: Kansas University Press, 1995, pp. 103 – 105.

② ［美］威廉·科尔比：《情报生涯 30 年》，纪晴译，群众出版社 1984 年版，第 258 页。

但此事并未随着修正案的通过而结束，12 月 22 日，《纽约时报》在头版报道了由赫什所写的报道，指责中情局违反章程，在尼克松政府时期对美国国内的反战团体及其他持不同政见团体进行了大量且非法的包括监听在内的秘密行动。这份报道的主要内容来自于中情局的秘密报告，内容基本上真实可靠。报道随即再度引起了广泛的批评与指责。面对这一状况，对此事毫不知情的福特大为恼怒，来自于各方面的压力最终迫使他下令成立专门委员会调查此事。1975 年 1 月 4 日，福特发布行政指令，要求成立总统委员会调查中情局在美国国内的行动，确定及评估中情局的行动是否符合自身的规章及制度，以及是否需要制定新的措施来避免再次出现这种问题等，委员会由副总统纳尔逊·洛克菲勒领导。①

由于福特授权成立该委员会的根本目的在于应对国内民众的批评与指责，以防止对 1976 年大选造成影响，因而委员会并没有对事件进行深入客观的调查。1975 年 6 月 6 日及 10 日，委员会分别向总统及公众递交了调查报告。正如之前所预料的，报告的态度整体上倾向于中情局，认为中情局所从事的大部分国内行动都遵守了自身的法令法规，并且这些行动有效地保护了美国的情报系统及美国民众的利益。但是报告同时也指出，中情局卷入了一些理应受到批评的行动，其中部分行动是由总统指令的。另外，在最终的报告中并未包括之前已经披露出来的中情局所从事的暗杀行动等。② 洛克菲勒委员会的报告虽然使福特总统感到满意，但引起了民众的广泛质疑。

由于国会并不相信白宫会做出彻底的调查，以及国会想借此机会削弱、打击总统的权威，因而，在白宫成立洛克菲勒委员会的同时，参议院也成立了专门的委员会进行独立调查，主席是爱达荷州的民主党参议员弗兰克·丘奇。虽然该委员会宣称将对事件进行客观真实的调查，但从一开始福特总统就不这样认为，他担心国会的调查会成为政治上的迫害，而随后发生的事件也的确证实了他的担忧。

丘奇委员会从一开始便成为丘奇实现 1976 年总统野心的工具。委员

①　Gerald R. Ford, Executive Order 11828-Establishing a Commission on CIA Activities Within the United States, http：//www. presidency. ucsb. edu/ws/index. php？pid = 23910 & st = & st1 =.

②　Report to the President by the Commission on CIA Activities Within the United States, http：// history-matters. com/archive/contents/church/contents_ church_ reports_ rockcomm. htm.

会热衷于发布一些具有轰动效果的新闻，以此占据新闻媒体的头条，并同时给福特总统施加压力，而实际上却并没有进行认真的调查。与此同时，委员会与白宫之间也出现了直接的冲突，焦点在于行政机构的官方文件使用上。为了进行调查，丘奇向白宫提出要求查看与中情局秘密活动相关的官方文件，而福特总统依据总统特权拒绝配合，最终只是交出了一小部分次要的文件。在丘奇委员会4月23日召开的会议上，委员会成员指责白宫拒不配合的立场，并商讨如何加以应对。

虽然白宫在此问题上并不愿进行配合，但是中情局长科尔比却违背总统的意愿，向丘奇委员会提供了部分资料，其中涉及了海外的暗杀行动等。通过汇集洛克菲勒委员会的报告内容、从白宫获得的一小部分材料以及科尔比提供的资料，丘奇委员会大体上了解到了关于中情局所从事的暗杀行动的完整内容。在此情况下，由于担心调查委员会将报告内容公布于众从而引起严重后果，福特总统于10月31日在给委员会的信中要求他们不要公开报告，因为这会对美国的国家利益造成严重的伤害，但委员会拒绝了总统的请求，并在1975年12月公布了报告的全文。报告不但包括了中情局所从事过的众多非法秘密行动及计划，而且还就情报工作提出了183项改进建议，其中关键的一点在于国会应介入其中，对情报工作进行监督。[1]

为了在选举年扩大政治影响，丘奇委员会在调查过程中并不是一次性的公布全部内容，而是分批次的对外发布，以此在国内造成长期的政治影响。委员会的报告造成的直接后果包括两个，一是迫使福特总统发布了11905号行政指令，对情报机构进行了四项主要改革，其中涉及建立新的机构对情报组织进行监督，禁止政府机构人员卷入政治暗杀行动等。[2] 二是将中情局的行动置于了国会监督之下。国会设立了六个各自独立的专门委员会负责审查中情局的行动。总之，这一系列举动都限制了总统通过中情局从事秘密活动的自由，是美国公众对政府非法活动的反感及国会对战后总统权力的扩张进行抵制的结果。

---

① Final Report of the Select Committee to Study Governmental Operations with Respect to Intelligence Activities, http: //en. wikipedia. org/wiki/Church_ committee.

② Gerald R. Ford, Executive Order 11905-United States Foreign Intelligence Activities, February 18, 1976, http: //www. presidency. ucsb. edu/ws/index. php? pid = 59348 & st = & st1 = .

（三）总统与国会的经济政策之争

福特就任总统之际，美国正处于第二次世界大战后最严峻的经济危机之中，在向国会参众两院联席会议所做的首次演说中，福特也坦承"国家的经济状况并不乐观"①。实际上，尼克松给福特留下的经济难题远比福特本人预估的要严重的多。

1. 经济难题

首先是形成于70年代初的滞胀危机不断加深。一方面，持续了近两年的通货膨胀仍然在继续。通胀问题成为美国公众最为关心的话题，因为它影响到了每一个美国家庭，降低了他们的生活水平。另一方面，经济形势不断恶化。工业生产年度指数从1969年开始就出现下滑，与1973年相比，1974年再次下降1.2%，建筑业、汽车制造业以及钢产量等都出现了明显的萎缩，与此相伴随的还有居高不下的失业率，这一数字从1974年第3季度的5.5%上升到第4季度的7.2%，而同一时期的国民生产总值（GNP）则大幅下滑了7.5%。②

其次，指导美国经济发展的政策理论陷入困境。滞胀危机的发生表明第二次世界大战后盛行于西方的凯恩斯主义经济理论的破产。该理论认为政府通过扩张性的经济政策，扩大社会总需求，可以引导经济走出衰退，降低失业率，最终带来经济的繁荣。凯恩斯经济学的失效使得民众对于政府处理经济问题能力的质疑不断上升，是优先解决通胀还是优先刺激经济成了政府的难题。高通胀率与高失业率并存也表明此前颇为流行的"菲利普斯曲线"理论不再有效，通货膨胀与失业之间的交替关系被打破。③ 这些理论的失效导致福特政府缺少有力的指导，经济政策陷入左右摇摆之中。

另外，福特上台时所面临的还是一个债台高筑、财政赤字严重的局面。在约翰逊总统时期，为了满足越战以及"伟大社会"的需求，政府

① Gerald R. Ford, Address to a Joint Session of the Congress, August 12, 1974, http: //www. presidency. ucsb. edu/ws/index. php? pid = 4694 & st = & st1 =.

② John W. Sloan, "The Ford Presidency: A Conservative Approach to Economic Management", *Presidential Studies Quarterly*, Vol. 14, No. 4, Campaign'84: The Contest for National Leadership (Part Four) (Four, 1984), p. 527.

③ Andrew D. Moran, "Gerald R. Ford and the 1975 Tax Cut", *Presidential Studies Quarterly*, Vol. 26, No. 3, Reassessments of Presidents and First Ladies (Summer, 1996), p. 739.

实施了大规模的财政赤字政策，而经济危机的爆发也使得赤字财政成了尼克松政府的首选，再加上能源以及粮食价格的上涨，联邦开支从 1962 年的 1000 亿美元迅速发展到了 1972 年的 2000 亿，同时，由于担心失去民众支持，他们都不愿采取增税政策来缓解赤字，因而这一难题也就留给了福特。

2. 反通胀与反紧缩之争

面对经济困境，福特在就职之初就表明希望通过与国会的"沟通、协调、妥协及合作"来共同采取行动加以应对。不过他的这一想法却并未得到国会的积极回应，因为此时的国会在政治上充满了敌意，在经济政策理念上也是大相径庭。

从就职之初到 1974 年底，福特将通货膨胀视为美国经济的头号威胁，制定了一整套计划加以应对，国会则认为经济的停滞与衰退是首要问题，因此抵制了总统的提议并采取了针锋相对的措施，最终国会在这一阶段的斗争中占据了上风。

在 8 月 12 日的演说中福特就清楚地阐述了对于经济问题的认识，强调通胀是美国的首要敌人。在福特看来，如果能够解决通胀问题并且使国家的经济步入正轨，那么其他的国内问题都将迎刃而解。福特的这一思想一直贯穿着他的整个任期，后来在离开白宫之后，他还回忆到对抗通胀是其任内的中心任务。①

在具体措施上，福特首先通过行政指令的方式，建立了总统经济政策委员会，为制定及执行经济政策提供建议。② 该机构的主要负责人财政部长威廉·西蒙（William Simon）、总统经济事务顾问威廉·西德曼（William Seidman）以及委员会主任艾伦·格林斯潘（Alan Greenspan）等人都信奉保守主义的经济学理念，支持自由市场，认为通货膨胀以及过度的联邦政府开支是对经济的主要威胁。它一成立就成了左右总统经济决策的重要机构，福特本人将其称为"最重要的政府机构创新"。③

①　James A. Reichley, *Conservatives in an Age of Change：The Nixon and Ford Administrations*, Washington D. C. ：Brookings Institution, 1981, pp. 383 – 384.

②　Gerald Ford, Executive Order 11808—Establishing the President's Economic Policy Board, and for Other Purposes, September 30, 1974, http：//www. presidency. ucsb. edu/ws/index. php？pid＝60455 & st ＝ & st1 ＝.

③　William L. Seidman, *Full Faith and Credit：The Great S & L Debacle and Other Washington Sagas*, New York：Times Books, Random House, Inc. , 1993, p. 27.

在该机构的影响下，福特政府更加明确了反对通货膨胀、实施财政紧缩的政策方针。

其次，在总统主导下，从 9 月份开始，先后在国内多个城市召开了一系列的经济会议，参加者除了总统本人及经济顾问外，还包括了国会议员、劳工组织、商人、经济学家以及普通民众等。这些会议的主要目的是征求各方的意见，共同对抗通胀，增强公众对政府经济政策的信心。在此基础上，一个关于通胀问题的最高级经济会议于 27 日召开，确定将紧缩财政作为主要的应对方法。随后在向国会的演讲中，福特正式提出了解决通胀的综合方案，涉及十大领域，具体措施包括：增加粮食以及能源供应、工业领域的投资税收减免、减少政府的经济管制、对高收入者以及公司征收为期 1 年的 5% 的附加税、减少联邦政府开支，将 1975 财年预算控制在 3000 亿美元以内并号召全体美国民众自愿开展节衣缩食运动等。[①]这一方案一方面试图通过压缩开支、征收富人税来抑制通胀，另一方面通过投资税减免、放松管制来刺激生产。

虽然福特多次表示经济问题的解决离不开国会的合作，希望民主党人主导的国会能够支持他的政策，但实际上，与共和党更为关心通货膨胀，倾向于紧缩性的财政政策不同，自从罗斯福新政开始，民众的就业就成为民主党最为关心的问题，他们倾向于通过"大政府"，增加联邦政府开支，甚至是财政赤字的手段，刺激就业率。[②] 在他们看来，福特所面临的最大问题不是通胀，而是迫在眉睫的经济衰退，这一时期召开的经济会议主题错误，因而他们并未跟随总统的步调。

民主党议员在各种场合频繁地抨击总统的经济政策，尤其是紧缩财政的举措。民主党众议院发言人强调"任何方案都必须兼顾通胀以及经济衰退的问题"，资深参议员罗伯特·伯德（Robert Byrd）认为总统的经济方案"毫无意义"，不会有实质性结果，参议员艾伦·克兰斯顿（Alan Cranston）则在白宫会议上警告紧缩性的货币政策会扼杀经济。[③] 参议员

---

① Gerald R. Ford, Address to a Joint Session of the Congress on the Economy, October 8, 1974, http：//www. presidency. ucsb. edu/ws/index. php? pid = 4434 & st = & st1 =.

② Gerald R. Ford, A Time to Heal: The Autobiography of Gerald R. Ford, New York: Harper and Row, 1979, p. 152.

③ Yanek Mieczkowski, Gerald Ford and the Challenges of the 1970s, Lexington, KY: Kentucky University Press, 2005, pp. 116 - 117.

詹姆斯·阿布雷兹克（James Abourezk）强调需要制定更强有力更具体的经济举措刺激经济。对于福特提出的征收附加税以抑制通胀的建议，民主党认为这会损害大多数普通美国人的利益，而有利于商人，因为增加的税收最终会通过投资税收减免的方式返还给富人，但是会降低消费者的购买力，影响经济的发展。众议院议长、民主党领袖蒂普·奥尼尔（Tip O'Neill）指责福特的建议极其不平等，这一负担将会由美国民众而不是大公司来承担。

除了口头上的批评，国会还采取了实际行动。对于总统提出的众多经济立法方案，一方面采取不作为的态度，通过拖延的方式，使其无法实施，另一方面，对于部分付诸表决的议案，则加以否决，甚至还多次推翻总统的否决，总统与国会的否决大战成为福特任内政治生活的一大特色。

国会首先否决了福特提出的削减 1975 年度联邦预算的提案。紧缩财政是福特反通胀计划的核心，因而尼克松政府制定的总额高达 3050 亿美元的预算案就成为首要目标。根据 1974 年通过的《国会预算法案》，福特在 9 月 20 日向国会提交了预算修正案，要求暂缓甚至废除 1975 年度预算。对于这一要求，参议院很快就给予了直截了当的回绝。另外福特为压缩开支而提出的推迟联邦雇员薪资上涨以及取消乡村环境援助及电气化计划等提案同样在参议院被否决。①

对于国会的举动，福特也运用立法否决权进行了反击，这是宪法赋予总统的一项重要权力，体现了行政机构与立法机构之间的政策分歧。② 总统可以用来废除那些被视为不恰当的法案或是迫使国会修改某些悬而未决的议案，以此来限制国会的权力。福特总统在他的任期内共否决了 61 项法案，年平均数量仅次于克利夫兰、富兰克林·罗斯福及杜鲁门。广泛使用否决权的大背景是对于联邦开支日益增长的担忧，另外，虽然 1974 年国会通过的《预算和截留控制法》（*The Congressional Buclget and Impound-ment Control Act of 1974*）削弱了总统的权力，但是福特还是延续了尼克松的节流政策。正如白宫一位官员所指出的：考虑到国会的党派结构组成以

---

① Gerald R. Ford, Statement on Senate Action Disapproving Deferal of a Federal Pay Increase, September 19, 1974, http：//www. presidency. ucsb. edu/ws/index. php? pid = 4724 & st = & st1 = .

② Bernard J. Firestone and Alexej Ugrinsky, eds., *Gerald R. Ford and the Politics of Post-Water-gate America*（Volume 1），Westport, Connecticut · London：Greenwood Press, 1993, p. 293.

及总统对于通胀的担忧，否决权是唯一的选项。① 福特本人后来在康涅狄格州举行的一次共和党筹款晚宴上也表示：很多人都将否决权视为是具有消极意义的行为，我已经使用了 39 次，在此过程中节省了美国纳税人 60 亿美元，如果需要的话，我将会使用一百次，以此来阻止过多的政府开支。②

这些否决对象中包括了众议院提出的第 15301 号及 12628 号法案草案。前者要求政府在未来 25 年内向铁路退休员工提供总额达 70 亿美元的补助，福特认为它损害了普通纳税人的利益，并且会加重政府的财政负担，后者要求提高退役士兵的教育与训练津贴，幅度为 23.2%，但是福特建议为 18.2%，过高的涨幅在他看来会进一步扩大 1975 年度的财政赤字，这两个议案在福特看来会恶化通胀问题，使得美国经济雪上加霜。③

面对总统的否决，坚持反紧缩理念的国会运用宪法第一条第七款赋予的权力推翻了多项否决，其中包括了上述两项，分别于 1974 年 10 月及 12 月成为法律。福特任期内共有 11 项否决被国会推翻，仅次于安德鲁·约翰逊及杜鲁门。④ 这些否决中的绝大多数都是有关国内政策问题的，这是因为总统在外交领域拥有宪法赋予的更为广泛的权力，另外与外交事务的立法相比，国内的立法事务因为涉及自身利益，更容易引起选民的关注，因而总统做出的否决经常会导致与国会的对抗。对于福特而言，被否决的数量之多反映出的正是国会与总统之间严重的经济理念分歧。

3. 经济刺激计划之争

正当总统与国会围绕着反通胀还是反紧缩进行较量之际，美国经济衰退的趋势也已经愈加明显。早在 10 月份向参众两院提出综合方案之际，福特就收到了格林斯潘的一份备忘录，内容是美国的经济正在恶化，零售业销售额从 8 月份到 9 月份下降了 1%，消费开支更加疲软。美联储主席阿

---

① Paul C. Light, *The President's Agenda: Domestic Policy Choice from Kennedy to Carter*, Baltimore: Johns Hopkins University Press, 1983, p. 112.

② Gerald Ford, Remarks at a Republican Party Fundraising Dinner in Hartford, October 14, 1975, http://www. presidency. ucsb. edu/ws/index. php? pid = 5328 & st = & st1 =.

③ Gerald Ford, Veto of Railroad Retirement Benefits Legislation, October 12, 1974, http://www. presidency. ucsb. edu/ws/index. php? pid = 4455 & st = & st1 =.

④ David Mckay, "Presidential Strategy and the Veto Power: A Reappraisal", *Political Science Quarterly*, Vol. 104, No. 3 (Autumn, 1989), p. 448.

瑟·伯恩斯（Arthur Burns）警告美国正陷入前所未有的衰退之中。统计数据显示，8 月份失业率为 5.5%，到 12 月份就上升为 7.2%，而第二次世界大战后的最高数值为 1958 年经济危机时的 6.8%，同时 1974 年第 3、4 季度的实际 GDP 相较上一季度分别下降了 3.82% 及 1.59%，1975 年第 1 季度更是扩大到 4.75%。① 经济政策委员会在 11 月份的报告中也承认美国经济已经处于下滑的轨道，1974—1975 年的衰退成了自 1933 年大危机之后时间最长、影响最严重的经济危机。

　　严峻的形势导致福特的支持率一直低迷，部分共和党国会议员甚至担心他能否获得 1976 年总统大选的提名。面对这些问题，福特开始做出改变。一方面，他表示对于实际的失业率缺少了解，他的顾问们没人就此问题向他提出过警告，另一方面，他也承认了经济陷入衰退的事实，在他的授意下，政府发言人罗恩·尼森于 11 月 12 日向记者表示，即将出炉的 11 月份经济数据可能意味着我们正在步入衰退。② 为了刺激经济，在 12 月 21 日的经济政策委员会会议上，福特总统做出了减税的决定，但同时也表示必须限制政府开支，防止加剧通胀。③ 随后福特与经济顾问在 1975 年 1 月份召开的两次高级别专门会议上敲定了经济刺激计划的细节。

　　1 月 15 日，福特向国会发表了 1975 年度国情咨文，在咨文中，他首先表示经济形势很不乐观，数百万人失业，财政赤字不断增加，因而经济政策必须从抑制通胀转向创造就业，紧接着他详细地阐述了新的政策，主要包括减税及紧缩开支两部分。他提出了一个两阶段的减税方案，第一阶段为期一年，金额为 160 亿美元，其中 3/4 针对个人，主要是高收入者，1/4 针对企业，并要求国会在 4 月 1 日之前进行立法，第二阶段金额为 300 亿美元，其中的 165 亿针对中低收入者，另一方面，他要求立法限制 1976 年度的财政预算开支，同时将 1975 年度的联邦开支增速以及居民消费价格指数（CPI）涨幅控制在 5% 以内。④ 福特试图通过这

　　① 引自美国经济数据中心：http://www.edatasea.com/Content/us/ID/1。

　　② Gerald R. Ford, *A Time to Heal: The Autobiography of Gerald R. Ford*, New York: Harper and Row, 1979, pp. 202 – 204.

　　③ Roger Porter, *Presidential Decision Making: The Economic Policy Board*, New York: Cambridge University Press, 1980, p. 40.

　　④ Gerald R. Ford, Address Before a Joint Session of the Congress Reporting on the State of the Union, January 15, 1975, http://www.presidency.ucsb.edu/ws/index.php? pid =4938 & st = & st1 =.

种"松紧搭配"的政策在推动经济增长的同时遏制通胀的发展，使经济走上正轨。

虽然仍强调通胀，但是咨文还是表明了总统调整经济政策的决心。对于总统的倡议，国会的反应并不积极。这首先体现在回应的节奏上，参众两院迟迟不进行减税方案的立法。为了给国会施加压力，在发表国情咨文的前两天，福特在白宫进行了一场全国电视演说，提前介绍了他的演讲内容，此前从未有总统采取过这样的做法，其目的就在于借助民众的力量，迫使国会接受方案，并迅速采取行动立法，尤其是在民主党人准备提出自己方案的背景下。[1] 许多议员认为总统并未与国会进行充分的商讨，国会也不了解方案的具体内容，在这种情况下，总统提出立法的限定期限，这显然是在挑起对抗，再加上双方经济理念上的分歧，因而民主党人采取了故意拖延的策略。总统则在各种场合批评国会的做法，在 2 月 4 日、11 日以及 26 日的三次记者会上，福特的指责越来越尖锐，认为国会的做法极不明智，会损害整个国家的利益，他希望国会能够意识到事态的紧迫性。[2]

其次，国会通过的立法草案与总统的提议有着明显的区别。经过长时间讨论，众参两院先后通过了各自版本的草案，在最为关键的减税数额上，分别为 213 亿及 292 亿美元，随后又经两院联席会议协商，数额最终确定为 228 亿，这一数额大大超出了福特建议的 160 亿，且受益者主要是中低收入者。草案还附带有诸多修正案，涉及劳动收入退税、住房及石油资源耗减优惠等，这在福特及其内阁成员看来是毫无意义的。至于限制 1976 年预算开支的问题，国会草案中则毫无提及。

围绕国会的草案，政府内部产生了分歧，部分人主张加以否决，认为国会的政策将会扩大财政赤字，抑制经济的复苏，并导致失业率的攀升，部分人则担心否决会激怒国会，进而导致更为激进的法案的出现。最终，福特于 3 月 29 日签署了《1975 年减税法案》，但他同时表示，这并不表

---

① Barbara Kellerman, *The Political Presidency: Practice of Leadership*, New York: Oxford University Press, 1984, p. 165.

② Gerald R. Ford, The President's News Conference, February 4, 11, 26, http://www. presidency. ucsb. edu/ws/index. php? pid = 4749 & st = & st1 = ; http://www. presidency. ucsb. edu/ws/index. php? pid = 5474 & st = & st1 = ; http://www. presidency. ucsb. edu/ws/. php? pid = 5427 & st = & st1 = .

示他认可法案的全部内容，中产阶级未能获得足够的补偿，不明智的修正案影响了法案的效力，更重要的是议员们拒绝了绝大多数有关限制联邦开支的内容，他批准的主要原因是美国的经济迫切需要减税带来的刺激作用，而对法案的否决将会极大的延迟救市的进程。[1] 另外福特也声称将抵制国会提出的任何新增联邦开支的项目，除非事关国家安全利益。

在此之后，福特以控制赤字为由先后否决了包括《紧急农业法案》、《旅游业拨款法案》、《紧急就业拨款法案》及《紧急住房法案》等在内的众多国会议案，另外，福特还以极其消极的态度来应对纽约财政危机，强调"联邦政府不需要承担任何责任，可以让纽约走向破产。"[2]

在临时减税法案的刺激下，美国的经济有所恢复，但由于失业率与通胀率仍处于高位，福特认为进一步的刺激方案是必要的，因为旧有方案到1975 年底将失效。围绕第二阶段的经济方案，总统与国会展开了又一轮的博弈与对抗。

1975 年 10 月 6 日晚，福特发表了全国电视讲话，阐述了他的新方案，主要内容仍然为减税与限制开支，福特称之为推动经济发展的两根支柱，即在 1976 年减少 280 亿美元的税收，这是历史上数额最大的一次，其中 3/4 针对个人，收入越高，获益越大，1/4 针对企业，降低企业所得税，提高投资税收优惠，以创造更多就业岗位，同时压缩开支，在"一美元换一美元"的原则基础上，将 1977 财政年度预算限制在 3950 亿美元。[3] 从核心思想来讲，这一方案与前一方案是一脉相承的，在强调减税拉动经济增长的同时，特别强调减少开支的重要性，福特重申他将毫不犹豫的否决那些违背其原则的法案。

但是，总统再次遇到了挑战。12 月 17 日，国会通过了 H. R. 5559 号议案，将在未来 6 个月内维持当前的减税税率，按照这一方案，1976 年的减税额仅为 170 亿，同时议案不包含任何限制开支的条款，而福特的回应则是在当天便否决了这项议案，要求国会重新制定一份能够平衡预算、

---

① Gerald R. Ford, Address to the Nation Upon Signing the Tax Reduction Act of 1975, March 29, 1975, http: //www. presidency. ucsb. edu/ws/index. php? pid = 4810 & st = & st1 =

② James Cannon, *Gerald R. Ford: An Honorable Life*, Ann Arbor: The University of Michigan Press, 2013, pp. 362 - 363.

③ Gerald R. Ford, Address to the Nation on Federal Tax and Spending Reductions, October 6, 1975, http: //www. presidency. ucsb. edu/ws/index. php? pid = 5310 & st = & st1 =.

稳定经济的议案。① 次日，众议院进行投票，寻求推翻总统的否决，但未能成功。19 日，福特又以扩大联邦赤字为由否决了国会提出的 1976 年度涉及劳工、卫生、教育及福利的拨款法案。在这种情况下，双方不得不进行妥协，国会同意在议案中加入控制财政预算的内容，即在减税的同时，将对预算开支进行等额的削减，不过条款并无明确的约束力，福特在 23 日签署了经过修订的议案。

在民主党人看来，这是总统的重大挫败，因为他们只是对限制预算开支做出了一个松散的承诺，成功的维护了他们在制定税收与预算方面的特权，而福特也将新法案的通过视为自己的胜利，因为法案向民众表明了他的强硬立场，民主党人不得不接受新的条款，国会首次认可了联邦开支必须要有限度这一理念，也为他日后就该问题行使否决权提供了依据。②

1976 年 1 月 19 日，福特发表了新的国情咨文，两天后提交了 1977 财年的预算，在这两份重要的文件中，总统仍然强调要实现经济的均衡发展，必须处理好联邦与州、联邦与个人的关系，要减少联邦政府对经济的过度干预，逐步降低失业率与通胀率。③ 同时，他承诺如果再次当选，将会继续减税 100 亿美元，让个人与企业成为推动经济发展的主力。由于此时的失业率仍然超过 7%，远高于五六十年代的平均水平，因而民主党人批评总统的预算过于谨慎，对失业者而言并不公平。为了继续提振经济，扩大就业，国会先后通过了关于公共工程、军事基地运转及社会福利等领域的多个议案，总统无一例外地都行使了否决权。在整个 1976 年，福特总统否决了国会的 17 项议案，多数涉及联邦财政问题，最终有 4 项否决被国会推翻，其中 2 项事关财政开支，为此联邦政府不得不增加了 600 亿美元的开支。

纵观福特任内的经济政策，可以看出明显的保守主义的倾向，强调政府应该在预算以及开支中保持谨慎的态度。早在担任众议员时期，他就称

---

① Andrew Downer Crain, *The Ford Presidency: A History*, Jefferson, NC: MaFarland & Company, Inc., 2009, p. 111.

② James L. Sundquist, *The Decline and Resurgence of Congress*, Washington D. C.: Brookings Institution, 1981, pp. 221 – 222.

③ Gerald R. Ford, Annual Budget Message to the Congress, Fiscal Year 1977, January 21, 1976, http://www.presidency.ucsb.edu/ws/index.php? pid = 5711 & st = & st1 = .

自己为国内事务的温和派，财政事务的保守派。面对经济困境，福特认为只有首先控制住通胀，才能实现经济的稳定增长，从而为解决高失业率创造条件。无论是第一阶段未来得及实施的反通胀计划还是第二阶段的经济刺激计划，通过压缩联邦开支来减少政府干预，依靠市场机制调节始终是其政策的一部分，甚至到了关键的选举年，福特仍表示"不会通过扩大联邦开支，增加货币供应来刺激经济，这一做法虽然具有短期的政治收益，但将会导致更严重的赤字、通胀以及经济的衰退。"[1] 从后来的实际支出来看，由于国会的强势，联邦开支扩大的趋势未得到遏制，但是福特的做法还是付出了政治上的代价，相较于大规模赤字财政所带来的迅速的高就业率，福特的稳步增长策略使得失业率在短期内居高不下，由于未经选举就担任了副总统及总统，福特的执政能力与民众支持度一直令人生疑，糟糕的就业率再次加深了选民的认知，即总统在经济领导能力方面是不合格的。

在经济政策制定及实施过程中，与国会的激烈较量贯穿了始终，这也是福特任内的一大特点。民主党与共和党"大政府"与"小政府"的理念分歧由来已久，前者认为自由的市场经济并不能有效解决经济危机、社会不公等问题，必须依赖政府的有效参与，主张向富人征税，政策倾向于中产阶级，而后者则从保守主义的立场出发，认为政府的过多干预会危及民众的个人自由，恶化已有的社会问题，经济问题的解决应主要依靠私营企业。出于刺激经济的考量，福特与国会在减税问题上达成了一定共识，但是出于高开支带来的高通胀的考虑，福特又反对扩大开支，而民主党人则希望采取强有力措施，提振经济，从而有效解决失业问题，尽可能保证中产阶级利益。

在与国会的斗争过程中，处于弱势的福特频繁地使用否决权，以此迫使国会实现立法上的妥协，保持两者之间的权力均衡，维护政府的权威。决定使用否决权是福特总统对其政治资源评估的结果。考虑到国内政治现状，福特与他的同僚认为否决权是最强有力的替代方案。即使否决权的行使不会让人觉得福特在国会取得令人印象深刻的成功，但是他在共和党内的印象将是高大的，同时在一个简短的任期内，福特政府无法制定一个详

---

[1]　Gerald R. Ford, *A Time to Heal: The Autobiography of Gerald R. Ford*, New York: Harper and Row, 1979, pp. 428 – 429.

细的立法进程，他也不准备在立法上采取主动行动。①

　　虽然政界经常强调否决权存在的局限性，但是福特总统却将否决权的使用视为是一项积极的行动。在 1975 年的下半年，他先后在八个场合重申了对否决权的认识。1975 年 7 月 3 日，在辛辛那提召开的一次关于国内经济事务的会议上，福特总统指出：

　　美国公民有权利来希望总统保护他们的利益，这就是为何在宪法中允许否决权的存在以及为何我会在必要的时候行使否决权。但是关于否决权，还存在一个没有被充分讨论的重要方面，那就是否决权的积极意义。否决权并不是一个消极的、绝望的工具。在大多数情况下，它在推动立法上的妥协以及立法进步——换句话说，更好的立法方面，发挥了积极的作用。②

　　事实上，对福特总统而言，赦免尼克松导致两党对他产生了普遍的政治怀疑。③ 此时福特就开始意识到，否决权策略将不得不成为与国会打交道的选项，而 1974 年共和党中期选举的失利强化了这一局面。从白宫的角度来讲，面对充满敌意的国会，否决权成为唯一能对立法进程施加影响的手段，总统更多的是通过威胁与抵制而不是合作来推动自己的政策理念。当然，福特也明白这一策略的弊端，在公开讲话中也承认否决权并不是解决问题的长期方法，最有效的方案是共和党能够控制国会两院，从而能够通过一些积极的法案，而不是两者陷入缠斗之中，导致效率低下，自己的政策理念无法得到有效贯彻。④

　　虽然与"帝王总统"尼克松相比，曾长期担任议员的福特在处理与国会关系时更注重谈判与合作，更愿意做出妥协，但从被国会推翻的否决权数量来看，白宫与国会的交锋依然激烈。从总统与国会的权力属性以及国会的政党属性来讲，国会在权力斗争中往往是居于劣势的，而这一时期

---

　　① Paul C. Light, *The President's Agenda：Domestic Policy Choice from Kennedy to Carter*, Baltimore：Johns Hopkins University Press, 1983, p. 113.

　　② Gerald R. Ford, Remarks at the White House Conference on Domestic and Economic Affairs in Cincinnati, July 3, 1975, http：//www. presidency. ucsb. edu/ws/index. php? pid = 5043 & st = & st1 = .

　　③ ［美］托马斯·M. 德弗兰克：《福特传：等我死后再公开》，王海舟、闫鲜宁译，中信出版社 2009 年版，第 46—47 页。

　　④ Gerald R. Ford, Remarks in Chicago at a Republican Party Fundraising Dinner, September 30, 1975, http：//www. presidency. ucsb. edu/ws/index. php? pid = 5291 & st = & st1 = .

国会的强势表现则是源于特殊的国内环境，通货膨胀、水门事件余波及能源危机导致总统在政治上陷入被动之中，总统与国会的势均力敌又加剧了经济政策的左右摇摆。

二　福特政府对缓和外交的最终搁置

正如在上一章节中已经论述的，限制战略武器谈判问题成为 1975—1976 年最突出的问题，美国国内的支持者及反对者都在密切关注谈判的进展。1976 年 1 月，保罗·尼采在《外交》杂志发表了一篇有影响力的有关战略武器谈判的文章，对谈判提出了质疑。[1] 同一时期，军方强硬派小埃尔莫·朱姆沃尔特（Elmo R. Zumwalt）也指责政府在战略武器谈判中的妥协行为以及苏联对条约的履行问题，另外对于基辛格控制情报信息传播的举动以及主导谈判的举动也进行了指责。杰克逊参议员更是利用主导有关限制战略武器谈判听证会的机会阻挠谈判的进行。与此同时，国防部长拉姆斯菲尔德在 1976 年也多次表态反对与苏联之间的缓和，在 2 月份的国防部年度报告中，来自苏联日益增长的威胁当作了重点强调。中情局也在此时提出了新的关于苏联军费开支问题的报告。美国国内围绕限制战略武器谈判问题的这些争论是导致 1976 年年初谈判最终失败的重要因素。

除了限制战略武器谈判问题，1976 年美苏在安哥拉内战问题上的矛盾也比较突出。随着受到苏联支持的安人运最终控制了安哥拉全境，福特政府在国内受到保守派日益激烈的指责，这进一步削弱了国内支持缓和的力量。1976 年 1 月，基辛格在安哥拉问题上公开对苏联施加压力。他指出，"美苏关系实现真正缓和的核心在于双方都不应试图寻求单方面的优势，这一限制应主导各自的政策。"[2] 在 1 月 23 日与勃列日涅夫的会谈中，基辛格强调苏联在安哥拉的举动违反了美苏双方签署的基本关系原则的精神，影响了美苏两国在其他领域的合作，要求苏联必须采取停止对安哥拉国内事务的干涉。但是苏联方面仍然拒绝就该问题进行详细讨论，否认苏联介入安哥拉事务，拒绝就撤军问题对古巴施加影响。[3] 由于此时福

①　Paul H. Nitze, "Assuring Strategic Stability in an Era of Detente", *Foreign Affairs*, Vol. 54（January 1976）, pp. 207 – 232.

②　U. S. Department of State, *Department of State Bulletin*, Vol. 74, February 2, 1976, p. 125.

③　*FRUS*, 1969—1976, Vol XXVIII, pp. 970 – 971, 980 – 982.

特政府并没有任何有效地对苏施压的筹码,劝说苏联撤出安哥拉的努力以失败而告终,于是安哥拉问题不可避免地成了国内反缓和力量攻击政府及壮大自身力量的依据。

在中东问题上,美苏之间的分歧迟迟未能解决。第四次中东战争后,基辛格通过穿梭外交推动中东地区的和平进程,并于1975年9月1日促使埃以双方达成了重要协议,但是在这一过程中,美国却把苏联政府排除在外,引起了苏联的强烈不满。福特总统任内,苏联几乎在双方的每次重要会谈中都会提出这一问题。在1976年1月基辛格的最后一次访苏过程中,苏联政府再次提出了这一问题,要求就中东问题召开多边会谈,这样才能彻底解决矛盾,但基辛格的做法则是继续采取两年来美国政府的一贯策略,即采取口惠而实不至的做法,向苏联指出将在"适当时候"允许其加入。① 美国减少苏联在中东的影响力并扩大自身影响力的战略在某种程度上反映了两大国进行的地缘政治上的激烈竞争。在基辛格看来,苏联没有能力也没有意愿向阿拉伯国家施压,使后者与以色列达成和解。出于自身的战略利益考量,美国意识到必须要实现阿拉伯国家与以色列的和解,但是福特政府认为这一功劳必须要由美国获取,从而维持美国对冲突双方的影响力。

除了上述问题之外,这一时期美苏之间的经贸关系也因苏联国内的人权问题而最终恶化。在美国国内,1976年又适逢选举年,缓和成为政治生活中的一个敏感话题,引起了越来越多的争议。在这种国内外的政治背景下,福特与基辛格在缓和问题上的立场开始退却。虽然在1976年1月初福特仍在为缓和政策做辩护,强调放弃缓和是很不明智的,因为这最符合美国的国家利益以及世界的稳定与和平,但是他的立场很快就发生了变化。3月份,福特就决定不再提倡缓和。3月1日,在迈阿密出席竞选活动时,当记者提及与苏联及中国的缓和问题时,福特强调,"我将不再使用'缓和'这个词汇……'缓和'只是被创造出来的一个词语,我认为它不再是可行的。"② 3月5日,在伊利诺伊州的皮奥利亚出席竞选集会之际,当有记者问到如何回应里根对缓和的批评时,福特再次表示,"需要明确指出的是,我们将忘记对缓和这一词汇的使用,我们将以军事及其他

---

① *FRUS*, 1969—1976, Vol XVI, pp. 976 – 980.

② Ibid. , p. 1014.

方面的实力为保证，寻求与苏联及中国之间的和平。"① 另外，从 3 月份开始，福特还指示他的政府成员们也要完全停止使用"缓和"一词，代之以"以实力求和平"的提法。5 月份，在福特的默许下，美国参议院通过了一项折中性的议案，再次确认了缓和精神并宣称将继续推动限制战略武器谈判，但是避开了"缓和"这一词汇，并在议案中提出要增强美国的军事实力。福特的做法表明美国政府已不再公开推行缓和，取而代之的是以实力求和平的外交政策。

与此同时，基辛格也在做着同样的事情，即将缓和定义为对苏联的遏制而不是构建建设性的伙伴关系。在福特就职之初，基辛格还表示与苏联的缓和是为了寻求建立更具建设性的伙伴关系。但是到 1975 年中旬，他就转变了语调，指出"我们将缓和视为调节双方竞争性伙伴关系的一种手段。"② 到了 1976 年 2 月安哥拉事件之后，基辛格更是宣称"政府所采取的政策的目的在于阻止苏联的扩张，遏制苏联实力的扩大。"③

除了口头上表达对缓和态度的转变，福特与基辛格还将他们的不满落实到政府的实际行动中。1976 年 3 月 15 日，福特政府推迟了与苏联之间三个合作委员会的会议，作为对苏联扩张行为的抗议。5 月及 6 月，福特政府又向苏联抗议在莫斯科的大使馆受到不明原因微波的照射，这可能会对大使馆成员的健康产生伤害，而作为福特政府的重要阁员，副总统洛克菲勒更是指责苏联正在寻求更大的世界霸权。

另外，福特与基辛格为了制止苏联以及应对国内民众的指责而发表的一系列的强硬措辞表明了美国政府对苏联的强硬态度，但是这也给国内的反对缓和的力量以有力的把柄，因为两人的举动动摇了他们所推行的与苏联进行缓和的理论基础，最终削弱了缓和政策在民众中的支持度。福特与基辛格一方面沉溺于对苏联发表强硬的措辞以试图阻止苏联的扩张并避免被国内民众指责为对苏联太软弱，同时，在面对来自右翼势力的指责时，他们又公开为缓和政策做辩护，并且体现在了实际行动中，如拒绝将限制战略武器谈判与安哥拉问题以及对苏粮食贸易问题挂钩，认为这将影响美

① Gerald R. Ford, Remarks and a Question-and Answer Session at the Everett McKinley Dirksen Forum in Peoria, March 5, 1976, http: //www. presidency. ucsb. edu/ws/index. php? pid = 5672 & st = & st1 = .

② U. S. Department of State, *Department of State Bulletin*, Vol. 73, August 4, 1975, p. 166.

③ U. S. Department of State, *Department of State Bulletin*, Vol. 74, February 23, 1976, p. 204.

苏关系的发展。这种政策上的变化与调整，无论多么合理，都难以向公众做出能够得到他们理解与支持的解释，尤其是在选举年，整个缓和政策都遭受激烈指责的情况下。1976 年年初的一份民意测验显示，有 46% 的民众表示不赞成政府的缓和外交，只有 39% 民众表示赞成。① 由此，到 1976 年年初，缓和不仅在政府内部，而且在民众当中已不再受欢迎，福特与基辛格在年初的一系列表态表明福特政府此时已经在公开层面上搁置了对苏联的缓和外交。

面对福特政府的态度，苏联政府在这一时期多次表达了对美国的不满。1976 年 5 月，苏联抱怨美国政府拒绝给予一个贸易代表团签证。一个月之后，在东柏林举行的各国共产党领导人参加的国际会议上，勃列日涅夫指责美国因政治原因而推迟限制战略核武器谈判的做法，在苏联政府看来，这体现了美国政府的言行不一。而在美国选举运动达到高潮之际，苏联方面又先后多次抨击了福特与卡特关于苏联及东欧问题发表的选举言论。苏联认为 1975 及 1976 年美苏关于缓和问题的激烈政治争论表明缓和已陷入困境，这也严重打击了苏联政府对于缓和的热情。虽然在 1976 年召开的苏共二十五大上，勃列日涅夫政府仍然表示将继续致力于缓和，但同时也指责了美国政府在缓和问题上的倒退立场以及美国国内的右翼势力，并抨击了福特政府利用缓和来干涉苏联国内事务的做法，苏联政府也不再强调缓和的"不可逆转性"，而是开始呼吁为缓和的"不可逆转"创造条件，这也表明了苏联对缓和的信心正在消退。②

第二节　1976 年大选与美国的缓和外交

到 1976 年，由于多种因素的综合影响，缓和外交在美国已经越来越难以推行下去。在这些影响因素之中，有一个尤其值得关注，那就是 1976 年的美国大选。在竞选过程中，福特与里根为争夺共和党党内提名而进行的恶斗，导致政府在缓和问题上的立场急遽保守化，缓和在这一时

---

① 资中筠主编：《战后美国外交史——从杜鲁门到里根》，世界知识出版社 1994 年版，第725 页。

② 辛华编译：《苏联共产党第二十五次代表大会主要文件汇编》，生活·读书·新知三联书店 1977 年版，第 33—34 页。

期被福特及竞选团队视为影响连任的巨大累赘，成为促使福特政府搁置缓和外交的重要因素。

需要指出的是，在 1976 年的大选中，外交政策并非选举的主导问题，国内问题在第二次世界大战结束之后首次成了总统竞选的主题。这一时期的两大挑战，水门事件所引发的对政府的信任问题以及严峻的经济状况对选民产生了重大的影响。水门事件使得福特很容易受到指责与攻击，这导致在职总统无法利用惯有的优势，众多选民仍然认为共和党道德败坏，需要接受惩罚。而糟糕的经济状况更进一步加深了民众自大危机以来的固有印象，即民主党是劳动阶级的政党，将通过政府救济失业者，并且在解决经济问题方面更有能力。① 虽然如此，从选举的过程来看，外交政策问题并未边缘化，相反，却成为福特与里根进行党内初选时的关键问题。在福特本人看来，除对尼克松的特赦及美国糟糕的经济状况外，来自于里根及其所代表的右翼势力的挑战是他败选的主要原因，其中围绕缓和的斗争又是双方斗争的焦点。②

一　右翼势力的复苏

很少有哪位在职总统像福特一样如此艰难地获得党内初选的提名，原因在于他遇到了强有力的竞争对手。在共和党党内初选中，作为温和保守派代表的福特在党内遇到了极端保守派代表人物罗纳德·里根的巨大挑战，直到共和党全国代表大会召开之际，福特才通过各种方法与手段获得了党内的提名。他是自 1912 年塔夫脱以来首位在提名中面临如此严重威胁的总统。事实上，与其说是里根给福特造成了巨大的压力，更不如说是共和党党内的右翼势力给党内温和派造成了严重的干扰，并且外交政策领域成为较量的主战场之一。

纵观整个 20 世纪，共和党内温和派与保守派的斗争一直在持续。在某种意义上说，正是由于两派之间的斗争才使得福特成为总统。1973 年10 月，尼克松的副总统斯皮罗·阿格纽（Spiro T. Agnew）因受贿及逃税

---

①　Gerald M. Pomper, *The Election of* 1976: *Reports and Interpretations*, New York: David Mckay Company, 1977, p. 151.

②　[美] 托马斯·M. 德弗兰克：《等我死后再公开》，王海舟、闫鲜宁译，中信出版社2009 年版，第 107—108 页。

而辞去了副总统职务，对于继任者，当时的少数党领袖福特提出了三个人选，分别是：约翰·康纳利（John Connally）、里根及洛克菲勒。虽然尼克松倾向于康纳利，但是共和党却是以怀疑的眼光看待他，因为他刚刚从民主党转投到共和党。另外两个候选人则反映了共和党内部的分歧。在福特看来，"作为保守派的里根并不能获得共和党内自由派的认同，而洛克菲勒则不能获得共和党内保守派的认可，"最终作为中间派的候选人福特就成了最明智的选择。①

共和党内的这种分歧长期影响着党内的团结，并且这一问题一直未被解决。当代表温和派的副总统尼克松输掉了 1960 年的大选之后，保守派希望共和党采取更为意识形态化的立场。他们在 1964 年共和党党内初选中获胜，推举巴里·戈德华特（Barry Morris Goldwater）为候选人。作为一名政治家，戈德华特当时被视为从 60 年代开始的美国保守主义运动的主要领袖人物，另外也通常被称为美国的保守派先生。虽然最终输给了约翰逊，但戈德华特的巨大失败并不是保守派衰亡的征兆，而是表明了保守主义的复苏与重生，大量共和党老牌政治人物的同时败选也使得年青一代的美国保守派得以在党内崛起。从戈德华特的尝试开始，保守派学会了诸多选举的技巧，如获取捐款以及利用媒体进而发起一场全国性运动。到 20 世纪 70 年代中期，他们已经准备再次发起攻势。

当然，在 70 年代，保守派的复兴与壮大有着深刻的背景。20 世纪 60 年代美国国内的社会混乱与动荡导致中产阶级在道德及思想方面产生了巨大的困惑，尼克松称这些人为"沉默的大多数"。他们不赞同 60 年代的诸多社会运动，担心会危及传统的家庭伦理观念。民权运动、女权运动及肯定性行动赋予了少数派团体以权利，但保守的美国中产阶级则感觉受到了威胁，权利受到了侵犯。20 世纪 70 年代糟糕的经济状况对于保守派的复苏也起了重要的推动作用，1974 至 1975 年的经济衰退使得民众质疑福特的经济领导能力。虽然 20 世纪 30 年代的经济大危机促使美国政府及国内政治思想倾向了左派，并在 60 年代达到了最高潮，其标志便是约翰逊总统的"伟大社会"计划，但是该计划却导致了庞大的财政赤字、高税收及通货膨胀。70 年代的经济危机进一步推动了美国国内政治思潮从左

---

① Yanek Mieczkowski, *Gerald Ford and the Challenges of the 1970s*, Lexington, KY：Kentucky University Press, 2005, pp. 304 – 305.

转向了右，转向了保守，这一趋势在民主、共和两党中均体现了出来，这也解释了为何在第94届国会选举中，民主党中的保守派转而投票支持共和党人。

与此同时，以福特为代表的共和党温和派的力量却开始衰落。到70年代中期，福特所领导的共和党比四年前更为保守。右翼共和党人很轻视福特所提出的中间路线，他们反对福特等温和派支持的自由市场理念，主张联邦政府发挥更为积极的作用，而在外交领域，他们持强硬的立场，反对尼克松上台后所采取的外交政策，尤其是对美苏缓和及美中关系的进展感到不满。这些保守派在共和党内的影响逐步增大，而水门事件的发生更使得共和党内的温和派陷入沉默之中，因为他们的领导人已经名誉扫地。① 面对这种情况，其他的一些党内派别则宣称自己立场独立，因而这就大大增强了党内保守派说话的分量。

面对党内右翼势力的崛起，作为总统的福特担心一个保守右翼的共和党难以吸引主流选民，尤其在他看来，近几年来的几场选举也证实了这一点，1964年的共和党及1972年的民主党都在预选中推出了极端意识形态化的候选人，最后都遭到了严重失利，因而，虽然在很大程度上是一名保守的政治家，但福特总统在众多问题上采取了温和的立场。部分国会议员的论述也说明了这一点。北卡罗来纳州民主党众议员理查德森·普莱尔（Richardson Pryer）指出：民主党的国会议员对于尼克松存在着一种自然的排斥感，而相比较而言，福特是值得信任的，包括其中一些强烈反对他的政策的人也不排斥他⋯⋯福特不像尼克松那样冒险，我很怀疑福特会不会继续尼克松的福利改革计划，他是一位传统的共和党总统，坚守共和党的传统理念与原则。② 伊利诺伊州共和党国会议员菲利普·克雷恩（Philip Crane）认为福特总统"比尼克松总统更易于接近，""遵循着一条稍微偏右的路线。"③

但是，他政治上的这种温和立场却在共和党内部处于一个尴尬的地位，因为他一方面惹恼了党内的右翼，同时党内温和的共和党人又对他仍

---

① Elizabeth Drew, *American Journal: The Events of 1976*, New York: Random House, 1977, p. 367.

② James A. Reichley, *Conservatives in an Age of Change: The Nixon and Ford Administrations*, Washington D. C. : Brookings Institution, 1981, pp. 333 – 334.

③ Ibid. , p. 334.

然存在的保守主义思想以及他对右派的妥协与让步感到不满，因而导致双方都想在党内初选中选举新的候选人。

而福特在就任总统之后的一些举动也激化了他与保守派之间的矛盾。他任命洛克菲勒为副总统，在右派看来，洛克菲勒是典型的自由主义者，右派对他十分排斥。在福特的首次总统记者会上，一位记者提及了洛克菲勒的任命并指出，"总统先生，您的一些保守派同事及盟友对您与左派越来越密切的关系表示了质疑。"① 随后福特为医治越战创伤而采取的大赦那些逃避兵役者的举措同样引起了诸如美国退伍军人协会等保守派团体的愤怒。另外双方在外交政策领域的矛盾也进一步激化，右翼势力在外交政策上持强硬的立场，他们对尼克松及福特任内的缓和战略表示不满，反对与苏联及中国等共产主义国家改善关系。1975 年 10 月福特解除国防部长施莱辛格的举动极大地刺激了右翼势力，坚定了后者抛弃福特总统的决心。共和党内的保守派逐步将感情集中在前加州州长罗纳德·里根身上，并预测他将在初选中战胜福特。

这位前州长之前是民主党人，在 1962 年才加入共和党。与他相比，福特则是一位长期的共和党人。虽然如此，在 70 年代的很长时间内，里根通过每周的报纸专栏文章，无线电广播及巡回演讲还是吸引了一大批的追随者。福特的顾问哈特曼等人在 1975 年多次向福特警告里根参选的可能性，但其他官员则认为里根是在开玩笑，对他们而言，里根只是一位前州长。而福特自己后来也承认"我并没有认真关注过里根"。② 但是福特当时还是采取了一些方法与措施以应对来自于里根的挑战，如在 1974 年底邀请里根加入内阁以及 1975 年再次邀请里根入阁，担任商务部长等，不过里根都表示了拒绝。1975 年 11 月 19 日，里根在电话中正式告知福特他将竞选总统，之后两人之间的激烈竞争不仅反映了保守派实力的复苏，而且反映了福特总统并不稳固的政治地位，而外交政策则成为两者竞争的牺牲品。

① David W. Reinhard, *The Republican Right since 1945*, Lexington, Mass.: Lexington Books, 1983, p. 228.

② Elizabeth Drew, *American Journal: The Events of 1976*, New York: Random House, 1977, p. 367.

二　大选对缓和外交的影响

直到离世之际，福特还一直责怪里根使他在1976年大选中输给了卡特，在这些年的公开评论中，他通常将里根装模作样地帮助其竞选，看作自己失败的几个因素之一，在他看来，如果里根能在整个1976年积极帮助他竞选，而不是与他进行激烈的党内竞争，自己就会赢得另一个4年任期，他最终也没有原谅里根毁了自己通过竞选方式成为总统的美梦。① 在竞选过程中，与里根的众多对手一样，福特低估了里根的实力，这被证明是一个严重的政治上的错误。而对里根而言，在竞选过程中，虽然他的对手福特不断受到美国国内保守势力的质疑与反对，但是从总体上而言，由于在任期间取得了众多立法方面的成就，制定了一系列反衰退的减税措施，使得经济取得了一定的复苏，尤其是改善了与国会的关系，使得民众的心态逐步的恢复平静，因而里根很难找出福特的重大弱点加以攻击与指责。在此背景下，如同国内的大多数公众一样，里根将攻击的矛头指向了福特的"守成"形象。从1974年年末开始，里根便在私下的场合宣称福特只是一名在国会待了太长时间的守成者。美国国内的许多民众也认同记者霍华德·K. 史密斯（Howard K. Smith）当时对福特做出的评价：福特为人正直诚实，品质优秀，但面对身处困境的国家，他并没有带来富有成效的解决方案，缺乏领导能力。②

虽然福特总统的这种守成形象体现在了内政外交多个方面，但是，在竞选过程中，经过对国内外局势的综合分析，里根还是将攻击的主要矛头对准了福特政府的外交政策，因为政府继承的缓和政策当时已经在美国国内引发了巨大的争议，外交成了福特政府的一个弱点。里根强调美国的军事实力有了明显的下降，他将缓和等同于另一个慕尼黑协议式的绥靖主义，指责缓和政策使得美国沦为"二流国家"，"美国在军事上落后于了苏联。"③ 里根的竞选口号之一就是"使美国重回世界第一"（Make Amer-

---

① ［美］托马斯·M. 德弗兰克：《福特传：等我死后再公开》，王海舟、闫鲜宁译，中信出版社2009年版，第108页。

② Howard K. Smith, *Events Leading Up to My Death: The Life of a Twentieth-Century Reporter*, New York: St. Martins Press, 1996, p. 363.

③ Edward L. Schapsmeier and Frederick H. Schapsmeier, *Gerald R. Ford's Date With Destiny: A Political Biography*, Pieterlen, Switzerland: Peter Lang, 1989, p. 209.

ica No. 1 Again），并且他发誓如果成为总统，他将开除基辛格。

在围绕外交政策进行的斗争中，里根主要将矛头指向了基辛格，这主要出于两方面的考量：一是基辛格当时仍然是外交政策的主导者，二是他本人与总统同属共和党，因而对总统进行直接的指责与攻击是不合适的。虽然在1976年中期仍有近一半的国内民众认可基辛格的表现，但他的受欢迎程度正在受到侵蚀，共和党内越来越多的人对他表示不满，包括保守派主导的南部地区。里根正是利用了保守派及民众的这种不满，尤其是在福特表示将继续留用基辛格之后。许多共和党人显然相信里根对福特的如下指责，即通过缓和，基辛格对苏联做出了过多的妥协与让步，福特在国防问题上过于软弱。

对于里根的这一指责，福特做出了激烈的回应，指出里根的陈述是煽动性且不负责任的。事实上，福特任内五角大楼的预算是美国在和平时期数额最大的，并且自议员阶段开始，福特在对苏态度问题上，也并非如里根所指责的软弱妥协。在成为副总统之前，尽管美苏开始缓和，但他仍致力于推动军备建设。1972年访问中国之后，福特提出要在国防问题上保持强硬的立场。作为总统，他更是支持发展 B－1 轰炸机，并且在1976年3月之后停止了与苏联的战略武器会谈。另外他还要求国会拨款3.22亿美元以生产更多的民兵 III 型导弹。然而里根的指责之所以被认可，是由于美国民众普遍认为国家的实力在下降，里根指责根源在于福特与基辛格。并且，由于保守派的力量非常强大，以至于福特并不愿意对里根的指责做出过于强硬的回击。在政府内部，虽然基辛格催促福特需要对里根的指责做出有力回应，但切尼与罗杰斯·莫顿（Rogers Morton）则警告福特过于强硬的回击将疏远保守派，而获取他们的支持是非常重要的。[①]

在外交政策方面，里根还利用这一时期的巴拿马运河问题大做文章。在运河问题上，巴拿马政府与美国政府已经谈判了很长时间，福特政府上台后继承了两国的谈判进程，以寻求最终重新协商出新的条约。里根抓住这一问题，指责福特打算放弃美国对运河的主权，并最终将其拱手让给苏联，意识到该问题能够激起爱国热情，里根宣称运河是由美国所修建，因而属于美国。里根的讲话具有欺骗性与误导性，甚至连参议员巴里·戈德

---

① Gerald R. Ford, *A Time to Heal: The Autobiography of Gerald R. Ford*, New York: Harper and Row, 1979, p. 374.

华特（Barry M. Goldwater）都指责里根的讲话"不负责任，可能会影响国家的安全。"① 然而，一些美国民众相信放弃运河意味着在冷战中遭受了挫折，而苏联最终会获得运河，巴拿马政府的举动受到了苏联政府的秘密支持，苏联这种违背缓和精神的外交政策将威胁美国的国家安全。

通过在缓和问题上做文章，里根在选举中获得了很大优势并对福特形成了严重的挑战，里根的指责与攻击进一步加深了民众的印象，即福特总统的外交政策过于软弱。里根甚至指责福特准备在外交上承认"北越"，这些不实的指控使得福特疲于应付，他不得不忙于应对来自里根的指责，从而无法将精力集中于与苏联之间的谈判，这对美苏之间的缓和产生了严重的消极影响。在限制战略武器谈判问题上，福特不再寻求达成一项新的协议，而这原本可以成为选举中可以宣扬的一项重要外交成就。在里根赢得了内布拉斯加州的初选后，福特又推迟签署早前与苏联签订的关于和平利用核能的《美苏和平利用地下核爆炸条约》，他担心保守派会将协议的签署视为对苏联的妥协与让步。② 在参加赫尔辛基会议问题上，来自于里根的指责与攻击使得民众普遍忽视了协议所带来的积极意义，即这次会议一定程度上推动了东欧的民主运动，最终导致德国统一并促使苏联解体，相反，《最后文件》被视为对苏妥协退让的又一例证，这迫使福特政府不再宣传欧安会议机制。

当然，里根对缓和外交所产生的最大影响莫过于基辛格地位的弱化。福特政府初期，基辛格仍然是外交政策领域实际的决策者，是缓和外交的主要推动者。然而随着选举年的来临，福特政府的外交政策及决策过程遭到了越来越多的攻击，这成为促使福特于 1975 年 11 月进行内阁大调整的重要因素之一。内阁改组的最重要后果就是基辛格的权力受到了制约，这无疑对缓和外交产生了难以估量的消极影响。总之，里根关于外交政策的强硬表态，使得他在选民看来体现了真正的领导能力，这显然与对福特的印象形成了巨大的反差，因为大多数的民众普遍认为是基辛格在主导外交政策，福特本人严重缺少处理国际事务的能力。为了扭转这一形象，削弱

---

① Lee Edwards, *Goldwater: The Man Who Made a Revolution*, Washington D. C.: Regnery, 1995, p. 409.

② ［俄］阿纳托利·多勃雷宁：《信赖——多勃雷宁回忆录》，肖敏、王为等译，世界知识出版社 1997 年版，第 420 页。

基辛格的权力，抛弃缓和外交，从而体现自己的领导能力与维护国家利益的决心成为当时福特抗衡里根，并获取党内右翼势力及国内民众支持的政策选择。于是，缓和外交不可避免地成为选举的牺牲品。

因此，与里根进行的激烈的党内斗争使得福特的实力受到了严重的削弱。来自于党派内的斗争在整个大选过程中一直困扰着福特，使他不能专注于政府事务，并且还耗费了大量的精力与财力，最重要的是无法将共和党团结在一起。同时，里根几乎从一位在职总统手中夺取提名权这一行为使得福特总统看起来比较脆弱，使得共和党人怀疑他是否能够在与卡特的竞争中获胜。

在艰难击败了里根之后，福特进入了与卡特的对决之中。由于此时国内问题才是民众关注的焦点，因而外交政策并未成为两人关注的主要问题，并且经过前一阶段的党内恶斗，福特早已将缓和外交搁置一边，这就没有给卡特多少攻击的口实。在竞选过程中涉及外交问题时，卡特基本上"借用了"里根前一阶段在外交政策上对福特的指责材料，如宣称"是基辛格而不是总统本人主导着国家的外交政策"。[①] 卡特主要从两个方面对福特政府的缓和外交进行了抨击，一是质疑在某些问题上，政府与苏联的谈判并未取得进展，例如卡特指出尽管经过了长达两年的谈判，但福特并未能在限制战略武器谈判问题上取得任何突破。

另一方面，他指责福特政府的缓和外交缺乏道义感，这成为他就任后推动人权外交的主因。与里根的指责如出一辙，在国内强硬派的影响与施压下，卡特认为对苏联的缓和外交是一种绥靖的外交思想，并未取得实际的效果。由此，选举后期来自于卡特的压力与先前里根的施压一起，共同迫使福特政府在对苏缓和问题上的立场一步步地后退，乃至于最终放弃。

第三节　对福特政府缓和外交的认识

到 1976 年上半年，在美国政府方面，福特及基辛格已经基本上停止了对苏联的缓和。然而，此时的苏联政府对缓和的追求正方兴未艾。苏联领导人在 1976 年 3 月召开的苏共二十五大上再次确认缓和作为外交政策

---

① John Robert Greene, *The Presidency of Greald R. Ford*, Lawrence, KS: Kansas University Press, 1995, p. 184.

的基本方针，肯定了中央委员会于 1972 年 5 月及 1973 年 4 月做出的关于实施缓和外交的决定，并且勃列日涅夫在会上又提出了关于缓和国际紧张局势的 8 点 "和平纲领"，使苏联的缓和战略更趋完备。① 苏联官方在整个 1976 年仍不断重申对缓和的支持，即使在福特总统宣布停止使用缓和这一词汇之后，苏联政府也并未进行激烈的指责，对于福特提出的 "以实力求和平" 的表述也被苏联认为是与缓和精神没有根本性的冲突。苏联外长葛罗米柯在 1976 年 9 月召开的联合国大会上重申了苏联对美苏缓和的坚持，在 10 月 25 日召开的苏共中央委员会上，勃列日涅夫表示无论美国大选结果如何，苏联都将继续支持缓和并改善美苏关系。苏联政府与美国政府的态度此时形成了鲜明的对比，那么为何会出现这种态度上的不同？这主要涉及两个问题：一是美苏双方对于缓和各自有着怎样的理解，二是福特政府的对苏缓和外交最终取得了怎样的结果。正是双方在这两个问题上认识的不同，最终导致出现了上述的结果。

一　美苏政府对 "缓和" 的理解差异

（一）美国的理解

什么是缓和，或者说缓和的目的是什么？对于这一问题，美苏两国政府的认识存在着不同。对于美国而言，缓和是一种手段，而不是目的，是一种用来遏制苏联扩张的手段，而且这种手段不同于冷战开始后的先前历届美国政府所采取的政策。正如美国历史学家杰里米·苏里（Jeremi Suri）所言，尼克松与福特政府对苏缓和政策的目的是为了建立一种 "保守的世界秩序"，这一秩序强调维护美国的国家利益。② 虽然两届政府经常宣称美国不再享有对苏联的绝对军事优势，但他们内心里仍然期望保持对苏联的遏制状态，长久地维持与苏联的对抗局面。这一时期的另外一些主要政治人物也强调应正确认识缓和的含义。除了基辛格之外，如福特政府时期的国家安全事务副助理切尼就曾指出，"我们不应该误解缓和的含义，缓和仅仅就是紧张局势的缓解以及发生对抗可能性的降低，它

---

① ［苏］安·安·葛罗米柯等主编：《苏联对外政策史》下卷，韩正文等译，中国人民大学出版社 1988 年版，第 583—585 页。

② Jeremi Suri, *Power and Protest: Global Revolution and the Rise of Detente*, Cambridge, MA: Harvard University Press, 2003, p. 258.

并不意味着与苏联的关系发生完全地改变，而国内的很多民众则将其等同于后一点。"①

　　福特入主白宫之际，美国所面临的国内国际局势与尼克松时期相比并未有多大的改观，依然是困难重重，因而在基辛格的主导下，福特在外交方面继承了尼克松的缓和政策，继续重构与苏联的外交关系。与前任一样，福特承认美国与苏联已经进入了一个新的战略均衡时代，不再享有五六十年代对苏联所拥有的军事优势。缓和实际上是承认了苏联长期以来一直所寻求并且事实上已经实现的与美国的战略均衡地位，通过这一举措，美国政府可以获取苏联在结束越战及解决其他国际争端上的协助，进而就可以实施更宏大的遏制苏联的战略计划。当然，无论是福特、尼克松还是基辛格，都没有幻想苏联领导人会放弃他们所信仰的意识形态及追求的政治目标，但是他们都认为与苏联做交易能够遏制竞争，并且降低苏联与美国及主要盟友进行对抗的风险。基辛格在阐释缓和战略时也指出他希望该战略能在两大国之间架起桥梁，后来在国会作证时他强调现在面临的挑战是协调好竞争与共存之间的关系。在 1975 年接受采访时，他宣称"缓和是控制与苏联冲突的手段"，"美国迫切需要应对日益强大的苏联，而这可以通过缓和来实现。"②

　　从本质上而言，20 世纪 70 年代美国政府追求的缓和是一种尝试与努力，尼克松与福特政府不仅试图减小核战爆发的风险，这是追求缓和的基本动力，而且力图在此基础上建立一种对双方都有利的关系。但是，在实现上述目标的基础上，美国政府更深次的考虑是将缓和作为一种手段以应对日益强大的苏联，使苏联接受现存的世界秩序，而不是寻求更大规模的势力扩张，遏制苏联对自身日益增长的实力的运用。通过与苏联的缓和，美国政府一方面使苏联陷入与西方，尤其是美国的密切联系之中，这包括了政治、经济、外交、军事及思想文化等诸多领域。而与前几任政府相比，尼克松及福特政府时期的美苏交流与合作的确有了明显的增长。通过增加双方之间的相互依赖性，让苏联获取更多的利益，美国政府诱使苏联主动寻求与美国建立彼此有利的关系，以此让苏联放弃全球扩张战略。另一方面，在缓和过程中，美国逐步促使苏联接受其提出的"行动规则"

---

① *FRUS*, 1969—1976, Vol XVI, p. 612.

② U. S. Department of State, *Department of State Bulletin*, Vol. 74, January 19, 1976, p. 70.

或"游戏规则",对政治及军事行动加以限制,最终促使苏联放弃军事对抗手段。

通过上述措施,美国政府仍然继续实施着升级版的对苏遏制战略。当然,在遏制苏联的同时,美国这一时期仍在继续进行着自身势力的扩张,进攻是最好的防御,美国政府仍然信奉这一理念。尼克松与福特实施的缓和战略也只是要求苏联进行自我约束,而并不考虑美国自身。美国领导人以自己的理解方式来认识行动规则并将其用来为美国的政策及行动辩护。总之,美国政府缓和战略的实质就是在寻求自身实力恢复及扩张的同时,通过一系列的政策手段,遏制日益强大的苏联的扩张,它是对 20 世纪 40 年代末杜鲁门主义提出的遏制战略的继续与发展。

（二）苏联的理解

对于苏联政府而言,20 世纪 70 年代与美国之间的缓和同样包括两个层次的含义。一方面,缓和意味着美苏关系的改善,另一方面,缓和并不意味着苏联对外扩张的停止。对于第一点,勃列日涅夫曾有过明确的阐述。在 1971 年的苏共二十四大上,勃列日涅夫在政治报告中宣布要"把缓和摆在巩固和加强苏联和平共处外交的首位,"苏联需要改善同西方的关系,同美国进行友好的对话与合作,为此勃列日涅夫提出了"争取和平和国际合作"的 6 点"和平纲领",并且在苏共二十五大上做出了完善。① 勃列日涅夫推行缓和政策的首要目标便是希望通过与美国的缓和,避免爆发大规模的冲突与战争,从而维护苏联的国家利益。因为在苏联看来,与美国等西方国家的实力相比,以苏联为首的社会主义阵营的力量还有很大的差距,不仅"世界革命"的目标,即使是"在一国范围内实现社会主义"的目标也还未实现,因而降低来自于西方的军事威胁,从而为自身的发展创造一个和平稳定的国际环境对苏联而言是至关重要的。虽然军事力量是阻止资本主义国家干涉苏联的主要手段,但缓和也是实现该目的的重要途径。在苏联政府看来,缓和首先意味着摈弃冷战并将国家之间的关系转变到正常的状态,同时,在面对分歧与矛盾时,双方不应通过武力威胁或战争叫嚣,而是应在谈判桌上以和平的方式加以解决。缓和,在苏联政府的论述及领导人的谈话中经常被描述为朋友关系及不同社会制

---

① 辛华编译:《苏联共产党第二十四次代表大会主要文件汇编》,生活·读书·新知三联书店 1976 年版,第 46—50 页。

度国家间的和平共存。勃列日涅夫在 1975 年的一次讲话中清楚地指出了和平共存、缓和与放弃使用武力之间的关系：

和平共存的可行性与必要性的理念近些年来已经在大多数国家的民众及领导人心目中得到确认。现在西方国家的领导人不能够再指望依靠军事力量来解决资本主义与社会主义之间的冲突。国家间要保持和平共存这一思想也已经确立于许多双边及多边的官方协议之中，现在的世界已经进入这样一个时期，即美苏双方的日常行动已经包括越来越多的和平共存及相互有利的合作理念。①

同时，苏联政府认为，缓和成为可能是由于苏联在 20 世纪 60 年代早期具备了核报复的能力，并且美苏的实力到 70 年代实现了大致的战略均势。因而，在与美国的竞争中，只有拥有了超过对方的政治、经济尤其是军事实力，才能迫使美国改变对苏敌视及遏制政策，转而寻求缓和外交。因而，在实施缓和过程中，苏联仍以增强国家实力，尤其是军事力量为出发点，将争夺对美国的战略优势作为缓和的最根本目标。早在 1969 年的华约会议上，勃列日涅夫就指出"缓和政策是运用于今后 15 年左右时期的一项策略性的政策转变"，目的在于利用同西方的和解，"建立自己的经济及军事力量"，以使在美苏竞争中，苏联能够不依靠协议就确立一种独立和优越的地位，在 1973 年召开的东欧各国共产党领导人秘密会议上，勃列日涅夫对苏联的缓和战略做了更为清楚的阐释："缓和"为的是"使苏联赢得时间来加强我们的军事和经济实力，以便在 1985 年以前使力量对比发生决定性的变化，从而使我们能够在任何需要满足我们要求的地方实现我们的意愿。"② 在整个 20 世纪 70 年代的缓和过程中，苏联从没有放弃军备力量的建设，除了大力扩充常规军事力量外，还极力发展战略武器，到 70 年代末期，苏联的常规军事力量已大大超过美国，而战略核武器的数量及质量与美国的差距也大幅度缩小。

在抓紧扩充军备的同时，苏联还积极推行全球性的扩张政策，范围波及非洲、中东、南亚等多个国家与地区，该时期成为苏联对外扩张的顶峰时期。在苏联看来，这种扩张并没有违背与美国之间进行的缓和，因为支

---

① 上海人民出版社编译室：《勃列日涅夫言论第十一集（1975 年）》，上海人民出版社 1977 年版，第 109—110 页。

② 周尚文、叶书宗、王斯德：《苏联兴亡史》，上海人民出版社 2002 年版，第 776、788 页。

持世界各地的民族解放运动，扩大社会主义阵营的力量是顺应世界发展趋势的正确举动，是不可抗拒的历史潮流。苏联的指导思想——马克思列宁主义认为，共产主义取代资本主义是历史发展的客观规律，世界革命进程的扩展是不可避免的，国家间的和平共存并不意味着阶级斗争及民族解放运动的结束。虽然他们希望国家间能够保持和平共存的关系从而避免战争，但是历史的发展并不取决于苏联的行动，苏联应该支持并推动历史的进程，当然也不能试图强行推进其进度，从而使自身的安全处于危险之中。美苏之间的缓和在苏联看来不仅不是苏联推进世界革命的障碍，相反，苏联官方经常公开宣称和平共存与缓和将有助于民族解放运动及社会主义革命。[①] 早在 1964 年庆祝十月革命 47 周年之际，勃列日涅夫就指出"和平共存将有助于解放斗争的成功以及革命事业的实现"，而随着缓和的发展，苏联的这一看法并未发生改变，苏联高层普遍认为缓和并不意味着两种社会制度之间斗争的结束，而是要继续进行斗争，直到在世界范围内实现社会主义完全及彻底的胜利。

我们可以用苏共二十五大上苏联政府对"缓和"的解释来概括苏联对缓和的理解。第一，"缓和"不能成为美国等西方国家用来干涉苏联等社会主义国家内政的借口；第二，"缓和"决不能"放弃意识形态领域的斗争"，也不意味着"对当前国际政治现状的认可"；第三，"缓和"不能妨碍苏联对第三世界国家内部进步的民族民主运动的支持。[②]

二　福特政府缓和外交实施的结果

正如上一节的分析所指出的，美国政府实施缓和外交的根本目的仍在于遏制苏联，只是遏制的方式与前几任政府相比，更加注重通过"胡萝卜"的吸引，而不是"大棒"的威胁。面对美国伸出的橄榄枝，同样面对国内外问题困扰并且这些年来一直在寻求获得美国认可其超级大国地位的苏联接受了缓和，开始了与美国的缓和进程，但同时仍进行着为维护大国地位的军备建设及对外扩张进程。两国认识及出发点上的不同使得缓和

---

① Raymond L. Garthoff, *Detente and Confrontation: American-Soviet Relations from Nixon to Reagan*, Washington D. C.: Brookings Institution, 1994, p. 45.

② 辛华编译：《苏联共产党第二十五次代表大会主要文件汇编》，生活·读书·新知三联书店 1977 年版，第 58 页。

的最终失败成为必然，但是，需要指出的是，福特政府，尤其是美国国内民众很早就认为缓和已经失败，美国未能通过缓和外交实现自己的战略目标，维护自身的国家利益。而直到里根上台并且开始"第二次冷战"之后，苏联方面才承认缓和的破产，暂时停止了对缓和的追求，换句话说，苏联政府还是认可了尼克松——福特政府的缓和外交政策，这是因为通过缓和，它的确获得了实实在在的利益。

在尼克松因水门事件被迫离开白宫之际，虽然在国内政治方面遭到了彻底的失败，但是尼克松的外交政策还是受到了普遍的认可，尤其是与苏联之间的缓和大幅度降低了核战爆发的可能性，使世界变得更加安全，满足了公众长期以来寻求的安全感。众多的新闻评论者在激烈指责尼克松滥用权力的同时，对于缓和政策还是给予了相当高的评价。

但是，情况在福特政府时期却发生了巨大的变化。仅仅两年时间，无论是在政府内部，还是在国内民众当中，"缓和"就成了一个很不受欢迎的词语，对苏联的缓和外交在福特政府末期也基本上陷入了停滞。福特政府任内的缓和政策是如此不得人心，以至于在竞选过程中福特及基辛格早早就宣布放弃这一政策，主要原因在于缓和政策的实施并未实现美国政府的政策初衷，即在无法通过强硬手段对苏联进行遏制的情况下，通过与苏联的谈判与合作实现遏制的目标。而从这一时期苏联的对外政策来看，美国的确并未通过缓和外交取得期望的成效。

福特政府实施缓和外交的两年时间里，首先在美国方面，其国力仍然处于持续下降的轨道，国际地位日益衰落。不仅国内民众，国外盟友也认为美国这一时期的所作所为已失掉一个大国的形象，也失去了运用力量和施加影响的手段。在当选总统之后，里根对 20 世纪 70 年代中后期的评价是"我们处于自建国以来时间最长，最严重的危机之中。"① 在最关键的经济方面，虽然福特政府采取了一系列包括"马到成功"计划在内的政策措施，但美国的经济形势还是持续的恶化，滞涨问题日益突出，财政赤字大幅增加。在美国流行着一种新的失败主义的论调："我们的国内问题是无法控制的——我们必须学会在似乎无穷无尽的不断循环的高通货膨胀

① Ronald Reagan, Inaugural Address, January 20, 1981, http://www.reagan.utexas.edu/archives/speeches/1981/12081a.htm.

和高失业率状况下生活。"① 而在外交方面，缓和外交除了使美国跳出越战的泥潭之外，并未对苏联的对外扩张起到任何的遏制作用。福特政府推行缓和外交的时期也正是苏联在全球推行扩张霸权政策的高潮期。苏联在这一时期利用"缓和"作为口号，一方面迅速壮大了自身的实力，尤其是军事实力，另一方面，在全球积极推行扩张政策，在与美国的争霸战争中取得了明显的优势。

福特政府推行的缓和政策为苏联政府赢得了喘息的时间，再加上尼克松政府时期已经赢得的发展时间，到 70 年代中后期，苏联的经济、政治及军事实力迅速膨胀，取得了事实上的与美国平起平坐的地位。尤其是军事实力，苏联的军费开支在这一时期不断地增长，在常规武器方面苏联的领先优势继续扩大，而在战略核武器方面虽然仍互有优劣，但在核弹头的数量上却已超过了美国，在质量上的差距也逐步缩小。到福特离任之际，在战略核武器及常规军事力量方面的美苏对比态势已不可避免的不利于美国。而在经济方面，由于"缓和"的实施改善了苏联与美国以及欧洲各国之间的关系，因而苏联得到了来自于这些国家的大量贷款以及先进技术，双方之间的贸易往来也大幅度增长，这一切都推动了苏联经济的长足发展，而这又为军事实力的扩充奠定了坚实的基础。有了军事实力的保障，苏联在这一时期的地区扩张中采取了咄咄逼人的姿态。苏联政府利用美国国内的"越南战争——水门事件综合征"及战略收缩的机会，进行了一系列的对外扩张行动，如利用古巴干涉安哥拉内战，介入阿富汗事务、在非洲之角及红海地区进行渗透扩张以及以古巴为基地，在拉美地区进行渗透颠覆等，在这一时期与美国争夺第三世界的斗争中占据了明显的主动地位。

福特政府推行的缓和外交除了进一步加深了美国在与苏联争夺第三世界过程中所处的不利地位外，还削弱了美欧之间的关系，客观上推动了苏联与西欧国家关系的发展。导致这一状况的主要原因在于美苏之间的缓和促使众多西欧国家产生了绥靖心理，尤其是随着 1975 年赫尔辛基会议的召开，西欧国家与苏联的关系有了重大的进展。边界问题的解决、人权问题取得的进展以及在经贸、文化等领域确立的合作都导致西欧国家放松了对苏联的警惕，虽然在谈判过程中有过激烈的争吵，但会议确立的合作精

---

① 梅孜编译：《美国总统国情咨文选编》，时事出版社 1994 年版，第 669 页。

神却深受西欧各国政府及民众的欢迎。[1] 再加上美苏在限制战略武器问题上不断取得进展，这使得诸多欧洲国家开始质疑来自于美国的核保护伞的必要性。一方面出于对苏联日益增强的经济及军事实力的担忧，欧洲国家希望保持并改善与苏联的关系，从而为自身的发展提供和平稳定的前提，并在此基础上通过与苏联之间的经济往来推动本国经济的发展，另一方面面对不断改善的美苏关系及西欧与苏联的关系，西欧国家也陷入了与苏联缓和的期望与幻想之中。双方关系取得进展的一个重要体现就是双边贸易额的大幅度增加，由 1970 年的 46 亿卢布增至 1980 年的 316 亿卢布，1964—1970 年苏联仅从西方得到长期贷款 38 亿美元左右，而从 1971 年至 1980 年间，贷款额增至 300 多亿美元。[2] 美苏之间的缓和客观上推动了西欧与苏联关系的发展，而美国与西欧的关系却受到了影响。

虽然对美国政府而言，对苏联的缓和外交政策换来了上述对自身不利的结果，当然这是苏联所欢迎的，但是通过实施这一政策，福特政府也实现了部分预期中的目标。福特政府为推动与苏联的缓和，主要在三个方面做出了努力，即限制战略武器、欧安会议及改善美苏经贸关系，这三个方面分别在遏制苏联的军备扩张与对外扩张及推动苏联改善国内人权状况方面起到了一定的作用。与苏联进行的第二阶段限制战略武器谈判虽然最终未能签署协议，但通过谈判，双方还是在几个重要的问题上达成了一致。在谈判过程中，出于多种因素的考量，苏联做出了一定的让步与妥协，这一点即使是福特与基辛格也予以了承认。[3] 尤其是海参崴协议的达成，对战略武器的总量及多弹头的数量等关键问题做出了明确的限制，这事实上不仅对美国而言，更对处于战略优势时期的苏联而言是极大的约束，并且从日后苏联的行动看来，基本上遵循了协议的规定，这在一定程度上实现了美国政府对苏联战略核力量的遏制目标。

而赫尔辛基会议的召开及最后文件的签署虽然认可了战后欧洲的边界现状，满足了苏联的利益与要求，但是其中关于人权问题的条款对苏联构成了巨大的压力，因为在美国及西欧国家的推动下，人权议题成为《赫

---

[1]　John Van Oudenaren, *Detente in Europe: The Soviet Union and the West since* 1953, Durham and London: Duke University Press, 1991, pp. 348 – 349.

[2]　周尚文、叶书宗、王斯德：《苏联兴亡史》，上海人民出版社 2002 年版，第 791 页。

[3]　National Security Council, Draft of the minutes of the 9/75 National Security Council meeting, Sep 17, 1975, *DDRS*, CK3100151821.

尔辛基宣言》和欧安会进程的核心因素。该宣言虽不属于国际法，但却成为被广泛引用的政治性文件，其效力和影响力高于普通的国际法律。在福特总统看来，正是这次会议启动了东欧的民主运动，最终导致德国统一并促使了苏联的解体。① 条约公布之后，苏联及东欧诸国国内掀起了新一轮要求改革的呼声。持不同政见者运动迅速发展，其中就包括波兰的团结工会。赫尔辛基会议进程削弱了苏联对国内民众及东欧各国的统治基础，一定程度上改变了苏联政府的行为方式，会议召开之后，对人权的尊重和保护成为国际社会的普遍共识，这无形中给苏联及东欧各国政府的行为以极大的约束。美国政治家丹尼尔·C. 托马斯（Daniel C. Thomas）也认为对人权的重视与强调"很大程度上地促使了共产主义体制于 1989—1990年的解体，"而这一观点也被人们所广泛认可。②

同样对苏联人权问题构成压力的是美国改善与苏联贸易关系的努力。在发展美苏贸易关系的过程中，福特政府将其与苏联国内的人权问题，主要是苏联境内的犹太人移民问题联系在一起，虽然在福特任内美苏贸易关系的正常化未能实现，但是在此过程中，苏联还是对移民政策做出了部分调整，放宽了本国居民尤其是犹太居民出国定居的限制，贯彻迁徙自由的原则，从而部分满足了福特政府及美国国会的要求。

为了最大程度的实现美国的战略目标，福特政府在实施对苏缓和战略的过程中，仍然坚持了基辛格提出的"联系战略"，这一战略强调国际事务之间的相互联系，因而必须要用联系的方法解决问题，"超级大国的关系要真正取得进展的话，就必须在广泛的问题上达成共识。"③ 正如约瑟夫·奈在《权力与相互依赖》中所指出的，"世界政治不再是无缝之网，联系战略犹如缝合网上漏洞的努力，我们期望这种努力能够决定整张网的状态。"④ 福特政府将限制战略武器、改善贸易关系、欧安会议及安哥拉内

---

① ［美］托马斯·M. 德弗兰克：《福特传：等我死后再公开》，王海舟、闫鲜宁译，中信出版社 2009 年版，第 112 页。

② Daniel C. Thomas, *The Helsinki Effect*: *International Norms*, *Human Rights*, *and the Demise of Communism*, Princeton, NJ: Princeton University Press, 2001, p. 272.

③ Henry Kissinger, *White House Years*, New York: Little, Brown and Company Ltd, 1979, p. 147.

④ ［美］罗伯特·基欧汉、约瑟夫·奈：《权力与相互依赖》，门洪华译，北京大学出版社2004 年版，第 33 页。

战等问题彼此联系起来，将一件事情的解决作为达成另一件协议的谈判筹码。联系战略成了美国政府的一个有效的政策工具，通过该战略的实施，福特政府迫使苏联在核武器谈判及人权等问题上做出了让步，并且得到了苏联在越南问题上的帮助。

另外还应认识到，由于福特政府的对苏缓和外交并不仅仅局限在政治及军事领域，还涉及思想及文化等领域。缓和的推行使得双方在思想文化方面的交流与之前相比有了显著增加，苏联进一步打开了长期封闭的国门，从而为西方影响的进入提供了条件，这导致苏联在意识形态领域受到了西方的冲击。可以说，福特政府及其前任推行的缓和外交强化了美国政府在意识形态领域对苏联的渗透。

通过以上分析可以看出，对福特政府而言，对苏缓和外交的实施并未能取得政府及国内民众所期望的结果，即在美国面临政治、经济及军事等实力相对衰落，美国国家垄断资本主义面临的危机加深之际，遏制住苏联势力的不断膨胀与对外扩张，这也是冷战期间美国历届政府所追求的根本目标。苏联政府在一片"缓和"的论调中，综合国力迅速提升，在国际事务中的地位及左右国际局势的能力明显加强。正是在这一背景之下，福特政府不得不在 1976 年宣布放弃缓和外交，转而寻求"以实力求和平"的政策，而苏联显然并不愿意看到美国政府这种政策上的转变。

当然，谈到美国对苏缓和外交的影响，还有一点是必须要强调的，即缓和外交间接地加重了苏联所面临的困境，主要是在经济方面，从而为苏联日后的解体也埋下了伏笔。尼克松与福特政府推行缓和主要是因为美国的实力出现了相对下降，但是根本目标仍是遏制苏联。面对实力衰落的美国，苏联政府认为已经可以与其平起平坐了，或者说是，在某些领域已经超过了美国。美国政府的缓和外交在苏联看来是美国的实力出现下降进而不得不采取的措施，这种认识与想法导致苏联在这一时期开始寻求进攻性的缓和战略，即一方面认可缓和外交，并且自身也提出了苏联的缓和战略，但另一方面，在与美国进行缓和的过程中，出于对自身实力的高估，以及对美国能力的怀疑，苏联政府外交政策中的扩张性体现地越来越明显，尤其是到福特政府时期，苏联的扩张欲望日渐膨胀，因为美国国内的严峻问题使得福特政府根本无暇也没有能力应对国外问题。勃列日涅夫相信苏联将在不久的时间内就能够在世界各个角落宣扬自己的存在，世界各个地区都是苏联外交政策考虑的范围。[①]于是，也正是在美苏缓和之际，苏联开始了全球范围的势力扩张。

这种四面出击、全球扩张的最直接后果就是苏联的军费开支大幅度上升，在整个经济领域，只有军工业一枝独秀，整个国民经济结构的失衡局面进一步加重。尤其是自第二次世界大战结束之后，苏联的国内经济发展就一直面临着发展失衡的问题，到此时，问题更加恶化。苏联的农业及轻工业的发展受到了严重的影响，最终削弱了国内民众的生活水平，在福特政府时期，苏联国民的人均工资仍不到两百美元，而此时的美国已经达到六百多美元。苏联在世界多个地区都背上了沉重的军事负担，如越南、古巴、埃塞俄比亚及尼加拉瓜等。有限的经济实力与无限的军事扩张之间的矛盾与冲突日益尖锐，最终将苏联掏空，成为日后苏联解体的重要推动因素之一。

①　辛华编译：《苏联共产党第二十五次代表大会主要文件汇编》，生活·读书·新知三联书店 1977 年版，第 14 页。

结　语

　　到福特总统离任之时，缓和在美国国内的民意基础已很薄弱，在诸多压力下，福特政府在官方层面上也不再提倡缓和。虽然在卡特政府时期，美苏两国政府又围绕限制战略武器问题进行了长期的谈判，并于 1979 年 6 月最终签署了第二阶段限制战略武器条约，但是由于美国政府与国会之间的斗争以及苏联军队突然大规模入侵阿富汗，该条约最终未被美国国会所批准。除此之外，在卡特政府任内，美苏两国并未在任何其他重大问题上取得进展。而 1979 年苏联对阿富汗的入侵更使卡特认识到苏联将"深深楔入伊朗和巴基斯坦之间，形成对波斯湾地区丰富的油田和全世界如此大量能源供应必须通过的水上交通要道的威胁。"① 对此，卡特随即提出了被称为"卡特主义"的新战略，宣称将以一切必要的手段回击苏联的全球扩张主义与冒险战略，包括增加军费开支、创建快速部署部队及推迟批准第二阶段限制战略武器条约等。② 这一新的外交战略的出台表明美国政府不仅要在中东地区采取切实行动以维护美国在该地区的政治、经济及军事等方面的利益，而且也标志着卡特政府同样要对 70 年代的对苏缓和政策做出新的重大调整，政府将更加依赖于军事手段维护美国在全球的战略霸主地位。

　　由于卡特政府在任内未能扭转苏攻美守的战略态势，到 70 年代中后期，美国国内逐步形成了一股很强的民族主义思潮，民众普遍认为苏联的实力在上升，而美国的实力在下降，更重要的问题在于，美国政府及国内

---

　　① ［美］吉米·卡特：《保持信心——吉米·卡特总统回忆录》，裘克安等译，世界知识出版社 1983 年版，第 445 页。

　　② Cecil V. Crabb, Jr. , *The Doctrines of American Foreign Policy: Their Meaning, Role and Future*, Baton Rouge, LA: Louisiana State University Press, 1982, p. 329.

民众对苏联的看法也发生了变化，认为克里姆林宫是在寻求世界革命，力图建立一个共产主义世界，苏联最终的目标是在全世界范围内推进共产主义，因而美苏关系必定将表现为一场零和博弈。在这一背景下，新上台的里根政府对战后的美国外交政策进行了新一轮的战略调整，在对苏关系上，彻底抛弃了自尼克松政府以来所推行的缓和政策，转而奉行强硬对抗及遏制的政策。这一政策的核心在于视苏联为世界一切动乱的根源，不论苏联在何地进行扩张，必然是针对美国的，因而美国应该同苏联进行直接的对抗，向世界各地的反苏活动提供援助，把苏联的力量"推回去"。①在里根首次总统竞选运动时期的一份文件中清楚地表明了这一思想：

美国基本的自由权及自身的经济利益要求美国应该像一个头号大国一样行事。危机是迫切的。美国在保护或支持其基本价值观与理念方面上的无能及犹豫导致目前的优柔寡断并且将共和国的存在置于危险之中……是采取行动的时候了，一个统一的全球外交政策是必不可少的。②

1982 年 2 月 24 日，里根在加勒比湾倡议（或称加勒比盆地计划）中提出："我认为我们半球的自由与和平的发展要求我们帮助这里的政府抵御来自他们边界以外的侵略，保卫他们自己的安全。"③ 1985 年 2 月，里根发表了被称为里根主义"基础文本"的国情咨文，声称"我们的使命是培植和保护自由民主，并将其传播到任何可能的地方"，强调美国要以实力求和平，认为"我们必须与我们所有的民主同盟者站在一起。在从尼加拉瓜到阿富汗的任何一块大陆上，我们要信守承诺，支持那些正在反抗苏联入侵的同盟者"，美国重要的使命之一就是"在所有地方保卫民主

---

①　James M. Scott, *Deciding to Intervene：The Reagan Doctrine and American Foreign Policy*, Durham and London：Duke University Press, 1996, p. 14.

②　Nora Hamilton, Jerry A. Frieden, Linda Fuller, and Manuel Pastor, Jr, *Crisis in Central America：Regional Dynamics and U. S. Policy in the 1980s*, Boulder, CO：Westview Press, 1988, p. 78.

③　Ronald Reagan, Remarks on the Caribbean Basin Initiative to the Permanent Council of the Organization of AmericanStates, February 24, 1982, http：//www. presidency. ucsb. edu/ws/index. php? pid = 42202 & st = Caribbean + Basin + Initiative & st1 = .

和自由，对抗苏联支持的入侵"。① 1986 年 3 月 14 日，里根向国会递交了题为《自由、地区安全和全球和平》的对外政策咨文，全面而系统地阐述了美国在第三世界向苏联挑战的政策，这标志着"里根主义"的正式出笼。

在里根主义的指导下，美国政府制定了"低烈度战争"战略，同勃列日涅夫主义在第三世界的众多国家进行了针锋相对的斗争。关于低烈度战争的性质，在 1987 年 6 月 15 日由里根总统签署的国家安全决定指令第 277 号文件《针对低烈度战争的国家政策与战略》（NSDD277）中做了完整的阐述。该文件指出：低烈度战争是相互竞争的国家或团体之间的政治—军事对抗，其程度低于常规战争并且又高于国家间通常的和平竞争，它涉及彼此对立的原则及意识形态的对抗，它的范围从颠覆破坏直到武力的使用，实施的手段包括了政治、经济、情报及军事各个方面。它通常发生在第三世界国家，但牵涉到地区性及全球性的安全。②

这一战略在实施过程中耗费了美国政府大量的时间、人力及财力，实施的范围之广泛、力度之大、影响之深远也是之前历届政府所不能相比的。具体而言，战略的影响主要表现在两个方面：一是通过支持亲苏国家国内的反政府武装从而严重消耗了苏联的实力，迫使苏联从这些地区实行战略上的收缩，二是通过支持那些亲美国家的政权，巩固了美国在这些地区的优势地位，遏制了苏联扩张的计划。除了在第三世界推行里根主义之外，里根政府还大力强化军备建设，在与苏联的限制进攻性战略武器谈判中采取强硬立场，以及提出"星球大战"的战略防御计划等，可以说，里根政府时期，美国国内的新保守主义势力对苏联发动了全面的反攻，企图恢复 20 世纪 50 年代美国的全球霸权，由此，在里根政府第一任期内，美苏之间开始了"第二次冷战"，而始自尼克松时期，经过福特及卡特总统任内的缓和政策最终衰亡。

从前文及上述分析可以看出，20 世纪 70 年代美国政府所推行的对苏缓和外交始于尼克松政府时期，而福特政府任内则是缓和外交由盛而衰的

---

① Ronald Reagan, Address Before a Joint Session of the Congress on the State of the Union, February 6, 1985, http: //www. presidency. ucsb. edu/ws/index. php? pid = 38069 & st = & st1 =.

② National Security Decision Directive 277: National Policy and Strategy for Low Intensity Conflict, June 15, 1987, *DNSA*, Presidential Directives on National Security, Part II, PR01591.

转折点，在任内，两国关系中合作的因素越来越少，而对抗的因素则越来越多，标志性的事件是 1976 年福特政府在官方层面上宣布放弃缓和。自此之后，虽然卡特政府时期又进行了缓和的尝试，但已无法扭转缓和迅速衰落的趋势，这种衰落在里根政府时期最终使得缓和走向衰亡。如果说尼克松政府时期美国的政策目的是与苏联之间构建和平的结构体系，双方关系是一种竞争性的共存，那么到福特政府时期，双方的关系则开始转变为竞争性的共存及遏制，而到卡特政府后期及里根政府时期则进化为带有强烈对抗性的遏制。可以说，福特政府时期是美国对苏缓和外交发生转变的关键过渡期。

在福特政府任内，缓和从一开始就遇到了阻力。即使是在缓和较受欢迎的福特就职初期，福特与基辛格也很难劝说国会接受对苏联所实施的缓和外交政策。1973 年 10 月苏联在第四次中东战争中支持埃及对抗以色列，从而使得世界到了核战爆发的边缘之后，缓和外交就已经举步维艰。福特政府任内的通货膨胀进一步加深了美国国内民众对缓和的不满，部分原因在于民众认为对苏联的大额粮食出口推动了美国国内粮价的上涨，恶化了经济上的通胀。包括保守派在内的反缓和势力认为福特所继承实施的对苏缓和是第二次世界大战后期雅尔塔精神的翻版，美国对苏联政府做出了过多的让步，与此同时却并未得到相应的回报。值得注意的是，这种对缓和的抵制与反对超越了党派及意识形态的界限，它不但包括了传统的持反苏立场的劳工团体，他们坚决反对福特政府改善美苏贸易关系的企图，而且还混杂了众多自由派的力量团体，他们认为美国只应与那些能够支持保护及改善基本人权的政府打交道。即使是福特总统的一些亲密政治盟友，如尼克松政府时期的国防部长梅尔文·莱尔德（Melvin Laird）也都公开表明反对缓和。莱尔德认为与苏联之间进行的缓和并不能使其放弃削弱西方民主制度及在全世界扩张共产主义的决心，美国要放弃这一幻想，同时，美国必须要让苏联明白，美国绝不再容忍苏联将缓和作为损害美国国家利益的工具。

福特政府时期的对苏缓和外交是整个 20 世纪 70 年代美苏缓和的一部分，是这一时期的美国政府适应国际及国内形势的变化对外交政策做出的战略调整。第二次世界大战结束之后不久，世界格局就转变为美苏两极对抗的局势，但是这种两极对峙格局之后不断经受着来自于内部及外部的冲击，从而不可避免地发生着改变，冷战国际体系逐步地解体。到尼克松—

福特政府时期，两极格局开始让位于一种更为复杂的国际格局，主要是其他几个力量中心成型，并开始在一些重大问题上挑战美苏两国。对于美国而言，一方面由于各种原因，自身的实力出现了下降，另一方面，主要对手苏联以及主要的盟友西欧及日本等实力迅速上升，同时，由于美苏双方在核实力上的恐怖平衡，以及苏联政府对缓和的积极态度，这都导致美国政府开始转变对苏政策。通过推行缓和外交，美国政府试图建立一个更为安全及持续发展的国际体系，进而在这一基础上，更好地实现遏制苏联的最终目标。

虽然福特政府时期的对苏缓和外交在政策制定的宏观背景及根本目标上与尼克松政府时期是一致的，但是与前任相比，福特政府的缓和外交还是有所不同。首先在缓和外交实施的微观背景上存在着不同，这导致了缓和最终成效的差异。虽然在宏观背景上——美苏军事力量对比及国际格局呈现新局面等问题上相同，但继尼克松上台的福特总统在推行缓和外交时，却面临着更多的困难与压力，除了严重的经济危机，更主要的问题在于福特总统在政治上受到了更大的阻力。前任总统滥用权力的行为导致国会采取措施限制总统的权力并抵制总统的提案，媒体则公开调查并指责总统，公众对总统的态度通常也比较严厉。福特任内正是总统权力受到削弱及名誉受损之际，1974 年的中期选举则使得总统权力受到更大的削弱，福特在应对国会山时面临着严峻的困难，而被称为"帝王总统"的尼克松推行缓和之际，正值总统权力恶性膨胀，且达到顶峰之时，三权分立制衡的局面向行政权力严重倾斜。这一不同一定程度上导致了福特政府时期的缓和成果远少于其前任，尤其体现在限制核武器谈判问题上。

其次，虽然基辛格先后任职于两任总统任期内，但在尼克松政府时期，缓和外交的主导权仍然在总统手中，而福特任内的主导权则主要在基辛格手中。在尼克松总统任内，作为国家安全顾问的基辛格的权力达到了登峰造极的程度，他利用主导国安会的机会控制对外政策的决策程序，并利用与尼克松的亲密关系，强化他本人在外交事务上的观点。[①] 然而，尼克松对于基辛格的这一信赖主要限定于工作关系，"我并不信任基辛格，

---

① Asaf Siniver, *Nixon*, *Kissinger and U. S. Foreign Policy Making*: *The Machinery of Crisis*, New York: Cambridge University Press, 2008, pp. 47 – 49.

但我能依靠他。"① 实际上，两人的关系并不十分融洽，主要原因一方面是尼克松本人喜欢高度集权的决策方式，在寻求制定及实施外交政策时力图使政府其他成员的参与降到最低，另一方面尼克松认为基辛格日渐提升的个人威望损害了他作为总统的威信。早在 1970 年 9 月，尼克松的怀疑与不满就已有表露，他让约翰·埃利希曼（John Ehrlichman）通知基辛格，叫他不要再就政策问题搞电视新闻发布会，说那是总统与国务卿的事情。② 到 1971 年，由于基辛格的个人威望及影响力越来越大，从而严重威胁到自身的权威，尼克松几乎决定将他解职。这种状况一直持续到水门事件爆发之后，尼克松深陷丑闻之中，基辛格才趁此机会彻底主导了美国的对外政策。而在福特政府任内，由于本身就是一名"弱势总统"，再加上应对严峻的国内问题才是当时最紧迫的任务，以及更为重要的是，总统本人对外交事务的不熟悉，这使得基辛格从一开始就成为外交事务的主导者，尤其在处理对苏关系上，福特总统基本上贯彻了基辛格的想法与理念。当然，到后期，在福特本人的主导下，基辛格在对苏缓和问题上的统治地位受到了相当程度的削弱，对苏强硬派势力抬头，这也是后期缓和失败的重要原因。

另外，在缓和外交实施的成效方面，福特政府任内显然少于前任。尼克松政府的对苏缓和在限制核武器、发展对苏经贸关系及政治关系多个领域取得了明显的成就，如通过签署西柏林协定，基本上解决了德国问题，同时利用苏联的配合，"体面的"撤出了越南，当然最重要的成就莫过于签署了第一阶段限制战略武器条约，并开始了中欧裁军进程及欧安会议等。而福特政府任内的成就则屈指可数，尤其是总统最为看重的第二阶段限制战略武器谈判也未能达成最终协议。而且在福特政府任内，苏联在全球的霸权扩张日益严重，美苏之间的战略均势被进一步的打破。

除了上述在政策背景、实施过程及最终结果方面的不同，双方之间还存在着一个显著的不同点，即福特政府的对苏缓和政策在实施过程中内部面临的矛盾性更强。当然这一点也跟当时国内的政治背景相关。虽然同样

---

① Jussi M. Hanhimaki, *The Flawed Architect: Henry Kissinger and American Foreign Policy*, New York: Oxford University Press, 2004, pp. 23 – 24.

② 夏亚峰：《试析尼克松政府对外政策决策机制、过程及主要人员》，《史学集刊》2009 年第 4 期。

面临着来自于右翼势力的反对，但福特总统所面临的阻力要远远大于前任，以至于在后期不得不改组内阁，削弱基辛格的权力，甚至公开宣称放弃缓和。[①] 福特政府任内每一项与苏联政府进行的谈判及签署的协议都经受着自由派与改革派的激烈争吵以及来自国会的刁难，对此福特总统也无法掌控全局。而尼克松一方面建立了一个由其本人亲自主导的对外政策决策机制，另一方面虽然面对着由民主党控制的国会，但他还是依靠丰富的个人阅历及外交经验，始终主导着对外政策，在此基础上，尼克松很好的实施了他所设想的与苏联之间建立"和平架构"的宏大目标。

在福特总统任内，虽然美苏缓和遇到了重大的挫折（美国政府在官方层面上放弃缓和），但是对苏缓和外交的推行仍然具有积极的意义，取得了部分成果。其最积极的意义在于推动了国际局势的继续缓和。福特总统任内，围绕复杂的限制战略核武器问题，美苏又进行了长时间的谈判，虽然未能达成最终协议，但是双方相互之间做出的妥协仍然在一定程度上限制了这一时期的军备竞赛。同时，双方在欧洲安全问题上的合作则促使了欧洲地区局势及国家关系的稳定发展。并且，虽然福特总统任期较短，但是在缓和理念的指导下，双方首脑及政府高官仍然进行了多次会谈，在多个领域达成了合作协议，使得"缓和"及"合作"的精神继续深入政府及民众当中，这对约束双方在各个领域的对抗，尤其是在第三世界的直接军事冲突，具有重要的意义。概括而言，福特政府时期的缓和外交推动了整个东西方之间缓和进程的发展，有助于整体国际局势的缓和。

在大多数美国人看来，20 世纪 70 年代的美苏缓和并没有成功，因为苏联的举动违反了美国对缓和的理解。而在苏联看来，70 年代美苏双方致力于缓和的共同努力是被美国所故意抛弃。从福特政府时期开始，美国政府倾向于通过对抗政策从而寻求优势，重新恢复美国的军事实力，不愿意接受苏联与其实现政治平等与战略均势。在每一方看来，对方的行动应对缓和的失败负责。[②] 那么是什么原因导致了缓和外交在福特政府时期的逆转或是可以说缓和外交的最终失败？总体上而言，可以归纳为以下几个

---

① *FRUS*，1969—1976，Vol XVI，p. 1014.

② Raymond L. Garthoff，*Detente and Confrontation*：*American-Soviet Relations from Nixon to Reagan*，Washington D. C.：Brookings Institution，1994，p. 1125.

原因：

　　首先，双方对缓和基本角色认识上的不同。这一点在前文中已有所述及。这种理解上的不同使得双方在如下重要问题上产生了分歧，即在缓和的框架下，什么行为是被允许的或是合法的，什么行为是不被允许的。同时，这一不同还意味着虽然双方都认识到在缓和问题上彼此之间存在着共同的利益，但各自仍然都在寻求单方面的利益。每一方都试图以自己的方式理解缓和对双方行为做出的约束，规避对自身的不利因素，尽可能扩大对自身的有利方面。具体说来，美国领导人将缓和视为"应对崛起的苏联"的手段，"以较少紧张和较低代价保护美国的利益"。① 苏联领导人则将缓和视为在核均衡时代应对美国从超级大国转向一个更为合理的角色的手段，双方均将自身视为对方地位转变的管理者。福特政府时期苏联的全球扩张举动显然背离了美国政府及民众的期望，由此，福特总统宣布放弃缓和的举动也成为必然。

　　其次，美国国内复杂的政治状况。美苏双方都未能认识到缓和与国内政治状况之间存在的重要关系，一些关键的政治领导人，如福特与基辛格，都未能估量出自身的权威程度（对国内政治的控制力度），而苏联领导人也对美国总统执行外交政策的能力给予了过高的期望，这尤其体现在福特任内的美苏贸易正常化问题及第二阶段限制战略武器谈判问题上。由于复杂的政治斗争，福特政府无法在支持缓和问题上达成一致，同时由于领导层未能向公众就缓和做出清晰的解释，美国公众没能理解缓和带来的利处及局限，尤其是公众对缓和所抱的过高期望未能被满足，这也使得对苏联的缓和外交政策在福特任内失去了民众的支持与拥护。福特及基辛格本人从一开始也并未对苏联、对缓和抱有太多的幻想，他们也经常向民众承认东西方之间仍存在着很多利益上的冲突，但是出于各种政治上的考量，他们更多强调的是缓和的成果，因而这就导致民众对缓和产生了过于积极乐观的期望，而当他们所作出的美苏和平共处等承诺未能实现之后，民众对缓和的失望也就难以避免。

　　美国国内政治状况对缓和的影响，还有一点需要提及，即与苏联之间的缓和跟美国国民所信奉的理念及价值观之间存在着重大的分歧。正如美

---

　　① John Spanier, *American Foreign Policy Since World War II*, Washington D. C. ：CQ Press, c2004，p. 191.

国学者丹·考德尔（Dan Caldwell）所指出的，尼克松、福特与基辛格都无法"将缓和跟美国人民的信仰及价值观融合在一起"。[①] 不过这并非是政府能力不够，而是这种理念与价值观决定了与苏联之间的缓和不会一帆风顺以及长久地持续下去，而不管政府的手腕是怎样的高明。自《独立宣言》颁布之际，美国民众就怀有美国例外论等理念，认为美国是"世界民主的灯塔"与"救世主"，代表着"光明的力量"，而对手则显然是"黑暗的势力"。[②] 这种理念一直贯穿于美国的整个历史，随着冷战的开始，又得到进一步的强化，苏联作为邪恶势力的形象深入美国民众的心目之中。尼克松与福特政府所采取的与苏联暂时停止对抗的举动虽然在开始阶段获得了民众的认可与好评，但是要将双方之间的关系从对抗真正转化为实质上的合作则是民众所不能容忍的。在他们看来，苏联在匈牙利、波兰及捷克斯洛伐克等国的镇压举动以及对本国国民人权的侵犯都是不可接受的，尤其是在越战结束之际，当美国狼狈撤出最后的人员之时，西贡街头上却满是苏制的坦克，这严重刺激了美国国民的心理。苏联政府在福特政府时期从事的外交政策举动不但没有改善在美国民众中的形象，反而进一步恶化，这也成为这一时期缓和失败的重要原因之一。

　　第三，双方军事互信的不足。两国均普遍认为对方正在获取超出正常需要的威慑与防御力量。从 70 年代中期开始，美国日益担忧苏联不断进行的军备建设，认为苏联正在谋求战略优势，这违背了双方签署的限制战略武器协议的精神。作为回应，美国也相应地开始加强军备建设，但是这种举动导致苏联认为美国正寻求恢复先前的优势地位。在冷战的前二十年，美国维持了战略核优势地位，随着苏联继续建设战略力量，虽然双方已达成了第一阶段限制战略武器条约，但是在美国国内还是出现了担忧与怀疑。福特政府时期美苏战略力量均衡地位的不断巩固并没有导致美国民众在政治上接受这一状况。苏联的行动在其自身看来是与缓和精神相一致的，是实现美苏战略力量均衡的举动，但在美国看来却是苏联寻求战略优势，至少违背了限制核武器的精神。双方均夸大了来自于对方的军事威

① Dan Caldwell, *American-Soviet Relations from 1947 to the Nixon-Kissinger Grand Design*, Westport, Conn. : Greenwood press, 1981, p. 98.

② John Hellmann, *American Myth and the Legacy of Vietnam*, New York：Columbia University Press, 1986, p. 6.

胁，再加上美国国内复杂的政治状况因素，尤其是民众对缓和的过高期望，最终美国方面最先放弃了缓和。

第四，双方没能够充分利用两国间的合作措施来实现政治上的互信，这严重影响了缓和的进行。国家间的军事力量仍然是维护国家安全的基础，不过它并不是首要的，或是单独的因素。美苏缓和过程中两国努力采取措施来预防及处理危机，并通过军备控制及战略武器限制来调节军力平衡，但是归根结底，这些努力几乎完全依赖于两国的政治关系。进行战略武器谈判是美苏两国采取的最重要且最大胆的合作努力，以此满足双方的军事安全需求。尼克松政府时期的成功包含有双方的许多承诺，但也体现出了双方在这一问题上的局限性。谈判自身产生了一些问题，并且成为右派反对的焦点，这些人不希望看到双方的军力均衡或是实现政治缓和。福特政府时期最终未能达成协议，其教训在于军备控制不能脱离于政治缓和。事实上，即使是对早期缓和做出贡献的第一阶段限制战略武器条约也随着缓和自身受到攻击而成为争执的起因。

另外，一些偶然事件的发生也促成了缓和的失败。这主要是指发生在第三世界的一些地区性战争，如中东的冲突以及非洲的安哥拉战争等。这些冲突对抗的双方大多数是美苏在该地区的代理人，对于美苏之间的缓和，他们并不感兴趣，甚至认为这损害了他们自身的利益。为了获取更大的利益，他们挑起冲突，而美苏两国出于战略考量，最终也不得不卷入其中，发展到间接对抗的地步，这就严重影响了两国政府间的相互信任，加深了美国国内民众对缓和的质疑，从而对缓和造成了极为消极的影响。

福特政府对苏联的缓和外交是这一时期美国对苏联实施的重要外交战略，是美国为维护国家利益而制定的。对于美国政府而言，缓和的最低目标是保持冷战不变"热"，最高目标则是减少和消除冷战的对抗，但这两个目标的最终目的都是为了遏制共产主义的威胁。正如现实主义的杰出代表汉斯·摩根索所言：为了保卫国家的核心利益，各国政府都要制定明确的基本政策，而国家利益构成了对外政策的基本目标。[①] 福特政府时期的美苏关系事实上是对抗与缓和，竞争与合作的混合体，美国企图与苏联建

---

① ［美］汉斯·摩根索：《政治学的困境》，徐昕等译，中国人民公安大学出版社1990年版，第54页。

立一种和平共存的机制，并通过该机制更好地实现美国的国家利益，但过程并不顺利。不论是福特政府还是苏联的勃列日涅夫政府，都没能更好地认识缓和的潜力及局限。双方这一时期所维持的缓和局面仅仅意味着在竞争中采取更多的合作，减少摩擦而已，实际上并未实现敌对关系的真正缓和，而后者直到戈尔巴乔夫上台之后才逐步实现。

参考文献

一 中文文献

（一）著作

1. ［苏］安·安·葛罗米柯等主编：《苏联对外政策史》上、下卷，韩正文等译，中国人民大学出版社 1988 年版。

2. ［苏］安·安·葛罗米柯：《永志不忘——葛罗米柯回忆录》，伊吾译，世界知识出版社 1989 年版。

3. ［俄］阿纳托利·多勃雷宁：《信赖——多勃雷宁回忆录》，肖敏、王为等译，世界知识出版社 1997 年版。

4. ［法］艾尔弗雷德·格罗塞：《战后欧美关系》，刘其中等译，上海译文出版社 1986 年版。

5. ［美］丹·考德威尔：《论美苏关系——1947 年至尼克松、基辛格时期》，何立译，世界知识出版社 1984 年版。

6. ［美］戴维·凯泽：《美国悲剧：肯尼迪、约翰逊导演的越南战争》，邵文实、王爱松译，昆仑出版社 2001 年版。

7. ［俄］格·阿·阿尔巴托夫：《苏联政治内幕：知情者的见证》，徐葵译，新华出版社 1998 年版。

8. 龚洪烈：《基辛格的外交思想与战略》，南京大学出版社 2009 年版。

9. ［美］亨利·基辛格：《白宫岁月》，陈瑶华等译，世界知识出版社 2003 年版。

10. ［美］亨利·基辛格：《动乱年代——基辛格回忆录》，张志明等译，世界知识出版社 1983 年版。

11. ［美］亨利·基辛格：《核武器与对外政策》，北京编译社译，世界知识出版社 1959 年版。

12. ［美］亨利·基辛格：《美国对外政策》，复旦大学资本主义国家经济研究所译，上海人民出版社 1972 年版。

13. ［苏］吉·谢·哈恰图罗夫：《现阶段苏联经济》，辽宁大学经济系世界经济研究室译，北京出版社 1981 年版。

14. ［美］吉米·卡特：《保持信心——吉米·卡特总统回忆录》（中译本），裴克安等译，世界知识出版社 1983 年版。

15. ［苏］基尔萨诺夫：《美国与西欧——第二次世界大战后的经济关系》，朱涣译，商务印书馆 1978 年版。

16. ［美］孔华润（沃沦·I. 科恩）主编：《剑桥美国对外关系史》，新华出版社 2004 年版。

17. ［美］拉尔夫·德·贝茨：《1933—1973 美国史》下卷，南京大学历史系英美对外关系研究室译，人民出版社 1984 年版。

18. ［美］雷蒙德·加特霍夫：《冷战史：遏制与共存备忘录》，伍牛、王薇译，新华出版社 2003 年版。

19. ［英］理查德·克罗卡特：《50 年战争》，王振西译，新华出版社 2003 年版。

20. ［美］理查德·尼克松：《真正的战争》，萧啸等译，新华出版社 1985 年版。

21. ［美］理查德·尼克松：《尼克松回忆录》上、中、下，马兖生译，世界知识出版社 2001 年版。

22. 林永乐：《安哥拉争端与美苏冲突》，台湾商务印书馆 1997 年版。

23. 刘绪贻、杨生茂主编：《美国通史》第六卷，人民出版社 2002 年版。

24. 刘金质：《冷战史》，世界知识出版社 2003 年版。

25. 刘华秋：《军备控制与裁军手册》，国防工业出版社 2000 年版。

26. 梁根成：《美国与非洲》，北京大学出版社 1991 年版。

27. ［美］罗伯特·S. 麦克纳马拉：《回顾越战的悲剧与教训》，陈丕西等译，作家出版社 1996 年版。

28. ［美］罗伯特·唐纳森：《苏联在第三世界的得失》，任泉、刘芝田译，世界知识出版社 1985 年版。

29. ［美］麦乔治·邦迪：《美国核战略》，褚广友等译，世界知识出版社 1991 年版。

30. ［法］让·巴蒂斯特·迪罗塞尔：《外交史》（1919—1984）下册，汪邵麟译，上海译文出版社 1982 年版。

31. ［日］衫田一次：《从兵要地志看中苏战争》，军事科学院外国军事研究部译，战士出版社 1983 年版。

32. 时殷弘：《尼克松主义》，武汉大学出版社 1984 年版。

33. ［美］托马斯·M. 德弗兰克：《福特传：等我死后再公开》，王海舟、闫鲜宁译，中信出版社 2009 年版。

34. 王仲春、夏立新：《美国核力量与核战略》，国防大学出版社 1995 年版。

35. ［美］沃尔特·拉弗贝：《美苏冷战史话（1945—1975）》，徐复等译，商务印书馆 1980 年版。

36. 吴莼思：《威慑理论与导弹防御》，长征出版社 2001 年版。

37. ［加］夏尔·菲利普·大卫：《白宫的秘密：从杜鲁门到克林顿的美国外交决策》，李旦等译，中国人民大学出版社 1998 年版。

38. 夏义善：《苏联外交六十五年纪事——勃列日涅夫时期（1964—1982）》，世界知识出版社 1987 年版。

39. 解力夫：《越南战争实录》上、下卷，世界知识出版社 1993 年版。

40. 辛华编译：《苏联共产党第二十四次代表大会主要文件汇编》，生活·读书·新知三联书店 1976 年版。

41. 辛华编译：《苏联共产党第二十五次代表大会主要文件汇编》，生活·读书·新知三联书店 1977 年版。

42. 杨生茂主编：《美国外交政策史：1775—1989》，人民出版社 1991 年版。

43. 于群主编：《美国国家安全与冷战战略》，中国社会科学出版社 2006 年版。

44. ［美］约翰·F. 卡迪：《战后东南亚史》，姚楠等译，上海译文出版社 1984 年版。

45. ［美］约翰·加迪斯：《遏制战略：战后美国国家安全政策评析》，时殷弘等译，世界知识出版社 2005 年版。

46. ［美］约翰·兰尼拉格：《中央情报局》，潘世强等译，中国社会科学出版社 1990 年版。

47. ［美］约翰·斯帕尼尔：《第二次世界大战后的美国外交政策》，段若石译，商务印书馆 1992 年版。

48. 张小明：《冷战及其遗产》，上海人民出版社 1998 年版。

49. 周建明：《美国国家安全战略的基本逻辑：遏制战略解析》，社会科学文献出版社 2009 年版。

50. 周尚文、叶书宗、王斯德：《苏联兴亡史》，上海人民出版社 2002 年版。

51. 朱锋：《弹道导弹防御计划与国际安全》，上海人民出版社 2001 年版。

52. 资中筠主编：《战后美国外交史——从杜鲁门到里根》，世界知识出版社 1994 年版。

53. 左凤荣：《致命的错误——苏联对外战略的演变与影响》，世界知识出版社 2001 年版。

（二）期刊论文

1. 刘光慧：《勃列日涅夫时期苏联对外战略评析》，《北方论丛》1996 年第 5 期。

2. 李兴：《论勃列日涅夫时期的外交与苏联的兴亡》，《科学社会主义》1999 年第 6 期。

3. 任金晶：《论福特政府 1976 年的国内改革调整计划》，《河南师范大学学报》（哲学社会科学版）2008 年第 1 期。

4. 任李明：《论福特政府对美国外交政策的调整》，《南京大学学报》（哲学·人文科学·社会科学版）2000 年第 3 期。

5. 盛昊云：《评勃列日涅夫的缓和外交战略》，《俄罗斯研究》1996 年第 6 期。

6. 陶文钊：《美苏缓和与中美建交》，《哈尔滨工业大学学报》（社会科学版）2001 年第 2 期。

7. 王福春：《基辛格的外交思想述评》，《国际政治研究》2001 年第 3 期。

8. 夏亚峰：《试析尼克松政府对外政策决策机制、过程及主要人员》，《史学集刊》2009 年第 4 期。

9. 赵学功：《核武器与美苏冷战》，《浙江学刊》2006 年第 3 期。

10. 赵学功：《简论福特政府的对华政策与中美关系》，《国际观察》2006 年第 3 期。

11. 张国庆：《福特：一位被低估的总统》，《世界知识》2007 年第 2 期。

（三）学位论文

1. 季晓云：《七十年代的美苏缓和》，硕士学位论文，苏州大学，2001 年。

2. 刘磊：《冷战期间美国国会对隐蔽行动的监督研究》，博士学位论文，陕西师范大学，2009 年。

3. 邵笑：《美国—北越巴黎谈判与越南战争的终结（1969—1975）》，博士学位论文，华东师范大学，2010 年。

4. 王厦：《试析福特政府对美苏限制战略武器谈判的政策》，硕士学位论文，东北师范大学，2007 年。

5. 吴云权：《美国对安哥拉政策研究：1961—1976》，硕士学位论文，陕西师范大学，2008 年。

二 英文文献

（一）著作

1. Abramson, Rudy, *Spanning the Century：The Life of W. Averell Harriman*, New York：W. Morrow, c1992.

2. Ambrose, Stephen E., *Rise to Globalism：American Foreign Policy since 1938*, New York：Penguin Books, 1988.

3. Bell, Coral, *The Diplomacy of Detente：the Kissinger era*, London：Martin Robertson Press, 1977.

4. Bloed, Arie, *The Conference on Security and Cooperation in Europe：Analysis and Basic Documents*, 1972—1993, The Hague：Martious Nijhoff Publishers, c1997.

5. Bohn, Michael K., *Nerve Center：Inside the White House Situation Room*, Washington D. C.：Brassey's Inc., 2003.

6. Bowker, Mike and Williams, Phil, *Superpower Detente：a Reappraisal*, London：The Royal Institute of International Affairs, SAGE Publications, 1988.

7. Brezhnev, Leonid, *Peace, detente, and Soviet-American relations：a collection of public statements*, New York：Harcourt Brace Jovanovich, c1979.

8. Broder, David, *Changing of the Guard：Power and Leadership in America*, New York：Simon and Schuster, 1980.

9. Burns, Arthur F., *Reflections of an Economic Policy Maker：Speeches and Congressional Statements：1969—1978*, Washington D. C.：American Enterprise Institute for Public Policy Research, 1978.

10. Caldwell, Dan, *American-Soviet Relations*: *From 1947 to the Nixon-Kissinger Grand Design*, Westport, Conn. : Greenwood Press, 1981.

11. Campagna, Anthony S. , *The Economic Consequences of the Vietnam War*, New York: Praeger, 1991.

12. Cannon, James, *Time and Chance*: *Gerald Ford's Appointment with History*, New York: Harper Collins Publishers, 1994.

13. Collins, Ace, *Evel Knievel*: *An American Hero*, New York: St. Martin's Press, 1999.

14. Crain, Andrew Downer, *The Ford Presidency*: *A History*, Jefferson, NC: MaFarland and Company, Inc. , 2009.

15. Crockatt, Richard, *The Fifty Years*: *The United States and the Soviet Union in World Politics*, 1941—1991, New York: Routledge, 1995.

16. Dobrynin, Anatoly, *In Confidence*: *Moscow's Ambassador to American's Six Cold War Presidents* (1962—1986), New York: Times Books, 1975.

17. Edmonds, Robin, *Soviet Foreign Policy-The Brezhnev Years*, New York: Oxford University Press, 1983.

18. Edwards, George, *The Public Presidency*: *The Pursuit of Popular Support*, New York: St. Martin's Press, 1983.

19. Edwards, Lee, *Goldwater*: *The Man Who Made a Revolution*, Washington D. C. : Regnery, 1995.

20. Ehrman, John, *The Rise of Neoconservatism*: *Intellectuals and Foreign Affair*, 1945—1994, New Haven, Conn. : Yale University Press, c1995.

21. Firestone, Bernard J. and Ugrinsky, Alexej, eds. , *Gerald R. Ford and the Politics of Post-Watergate America*, Westport, Connecticut · London: Greenwood Press, 1993.

22. Ford, Gerald R. , *A Time to Heal*: *The Autobiography of Gerald R. Ford*, New York: Harper and Row, 1979.

23. Fursenko, Aleksandr and Naftali, Timothy, *Khrushchev's Cold War*: *The Inside Story of An American Adversary*, New York: W · W · Norton & Company, 2006.

24. Garthoff, Raymond L. , *Detente and Confrontation*: *American-Soviet Relations From Nixon to Reagan*, Washington D. C. : The Brookings Institu-

tion, 1994.

25. Gelman, Harry, *The Brezhnev Politburo and the Decline of Detente*, Itha-ca, NY: Cornell University, 1984.

26. George, Alexander L. , Farley, Philip J. and Dallin, Alexander, eds. , *U. S. -Soviet Security Cooperation: Achievements, Failures, Lessons*, New York: Oxford University Press, 1988.

27. Goldmann, Kjell, *Detente: Domestic Politics as a Stabilizer of Foreign Pol-icy*, Princeton, NJ: Princeton University, 1984.

28. Gray, Robert C. , *American Foreign Policy Since Detente*, New York: Harper and Row, c1984.

29. Gray, Robert C. and Michalak, Stanley J. Jr. , eds. , *American Foreign Poli-cy Since Detente*, New York: Harper and Row, c1984.

30. Greene, John Robert, *The Presidency of Gerald R. Ford*, Lawrence, KS: Kansas University Press, 1995.

31. Gulley, Bill, *Breaking Cover*, New York: Simon and Schuster, 1980.

32. Hanhimaki, Jussi M. , *The Flawed Architect: Herry Kissinger and American Foreign Policy*, New York: Oxford University Press, 2004.

33. Hartmann, Robert T. , *Palace Politics: An Inside Account of the Ford Years*, New York: McGraw-Hill, c1980.

34. Herman, Paul F. , *Thinking about Peace: the Conceptualization and Con-duct of U. S. -Soviet Detente*, Lanham, MD: University Press of America, c1987.

35. Hersh, Seymour M. , *The Price of Power: Kissinger in the Nixon White House*, New York: Summit Books, 1983.

36. Hillenbrand, Martin J. , *Fragments of Our Time: Memoirs of a Diplomat*, Athens, Georgia: The University of Georgia Press, c1998.

37. Hoyt, Ronald E. , *Winners and Losers in East-West Trade: a Behavioral Analysis of U. S. - Soviet Detente* (1970—1980), New York: Praeger, 1983.

38. Issacson, Walter. , *Kissinger: A Biography*, New York: Simon and Schus-ter, 1992.

39. Johnson, Haynes B. , *In the Absence of Power: Governing America*, New

York: Viking Press, 1980.

40. Kissinger, Henry A. , *Years of Renewal*, New York: Simon and Schuster, 1999.

41. Kissinger, Henry A. , *Diplomacy*, New York: Simon and Schuster, c1994.

42. Kissinger, Henry A. , *Years of Upheaval*, London: Weidenfeld and Nicolson and Michael Joseph, 1982.

43. Kraus, Sidney, ed. , *The Great Debates: Carter vs. Ford*, 1976, Bloomington, IN: Indiana University, 1979.

44. Krieg, Joann P. , *Dwight D. Eisenhower: Soldier and Statesman*, New York: Greenwood Press, 1987.

45. Kutler, Stanley, *The Wars of Watergate: The Last Crisis of Richard Nixon*, New York: Alfred A. Knopf, 1990.

46. LaFeber, Walter, *America, Russia, and The Cold War*, 1945—1992, Boston: McGraw-Hill, c2008.

47. Leighton, Marian, *The Deceptive Lure of Detente*, New York: St. Martin's Press, 1989.

48. Leuchtenburg, William E. , *A Troubled Feast: American Society since 1945*, Boston: Little Brown, 1979.

49. Litwak, Robert S. , *Detente and the Nixon Doctrine: American Foreign Policy and the Pursuit of Stability*, 1969—1976, New York: Cambridge University Press, 1984.

50. Logevall, Fredrik, and Preston, Andrew, *Nixon in the World: American Foreign Relations*, 1969—1977, New York: Oxford University Press, 2008.

51. Lovett, William A. , *Inflation and Politics: Fiscal, Monetary, and Wage-Price Discipline*, Lexington, Mass: Lexington Books, c1982.

52. Mandelbaum, Michael, *The Other Side of the Table: The Soviet Approach to Arms Control*, New York: Council on Foreign Relations Press, 1990.

53. Matusow, Allen J. , *Nixon's Economy: Booms, Busts, Dollars, and Votes*, Lawrence, KS: Kansas University Press, 1998.

54. McWhinney, Edward, *The International Law of Detente: Arms Control*,

European Security, *and East-West Cooperation*, Alphen aan den Rijn: Sijthoff & Noordhoff International Publishers, 1978.

55. Mears, Walter, *Deadlines Past*: *Forty Years of Presidential Campaigning*: *A Report's Story*, Kansas City, Missouri: Andrews McMeel, 2003.

56. Mieczkowski, Yanek, *Gerald Ford and the Challenges of the 1970s*, Lexington, KY: Kentucky University Press, 2005.

57. Mieczkowski, Yanek, *The Routledge Historical Atlas of Presidential Elections*, New York: Routledge Press, 2001.

58. Mollenhoff, Clark R. , *The Man Who Pardoned Nixon*, New York: St. Martin's Press, c1976.

59. Morris, Roger, *Uncertain Greatness*: *Henry Kissinger and American Foreign Policy*, New York: Harper and Row, c1977.

60. Neal, Fred Warner, *Detente or Debacle*: *Common Sense in U. S. -Soviet Relations*, New York: W・W・Norton&Company, 1979.

61. Nelson, Keith L. , *The Making of Detente*: *Soviet-American Relations in the Shadow of Vietnam*, Baltimore: Johns Hopkins University Press, 1995.

62. Neustadt, Richard E. , *Presidential Power and the Modern Presidents*: *The Politics of Leadership From Roosevelt to Reagan*, New York: Free Press, c1990.

63. Nuti, Leopoldo, *The Crisis of Detente in Europe*: *From Helsinki to Gorbachev*, 1975—1985, New York: Routledge, 2009.

64. Osborne, John, *White House Watch*: *The Ford Years*, Washington D. C: New Republic Books, 1977.

65. Petrov, Vladimir, *US-Soviet Detente*: *Past and Future*, Washington D. C. : American Enterprise Institute for Public Policy Research, 1975.

66. Pipes, Richard, *U. S. -Soviet Relations in the Era of Detente*, Boulder, CO: Westview Press, 1981.

67. Ranelagh, John, *The Agency*: *The Rise and Decline of The CIA*, New York: Simon & Schuster, 1986.

68. Reedy, George E. , *The Twilight of the Presidency*, *From Johnson to Reagan*, New York: New American Library, c1987.

69. Reeves, Richard, *A Ford, Not a Lincoln*, New York: Harcourt Brace Jovanovich, 1975.

70. Reichley, James A. , *Conservatives in an Age of Change: The Nixon and Ford Administrations*, Washington D. C. : Brookings Institution, 1981.

71. Ribuffo, Leo, *Right Center Left: Essays in American History*, New Brunswick, NJ: Rutgers University Press, 1992.

72. Rozell, Mark J. , *The Press and the Ford Presidency*, Ann Arbor: University of Michigan Press, c1992.

73. Schapsmeier, Fredeerick and Schapsmeier, Lewis, *Gerald R. Ford's Date with Destiny: A Political Biography*, New York: Peter Lang, 1989.

74. Schlafly, Phyllis and Ward, Chester, *Kissinger on the Couch.* New Rochelle, NY: Arlington House, 1975.

75. Schram, Martin, *Running for President*, 1976: *The Carter Campaign*, New York: Stein and Day, 1977.

76. Schulzinger, Robert D. , *Henry Kissinger: Doctor of Diplomacy*, New York: Columbia University Press, 1989.

77. Shogan, Robert, *The Riddle of Power: Presidential Leadership From Truman to Bush*, New York: Dutton Books, 1991.

78. Simon, William E. , *A Time for Truth*, New York: Reader's Digest Press, 1978.

79. Siniver, Asaf, *Nixon, Kissinger, and U. S. Foreign Policy Making: the Machinery of Crisis*, New York: Cambridge University Press, 2008.

80. Sobel, Lester A. , *Energy Crisis: 1974—1975*, New York: Facts on File, 1978.

81. Spanier, John and Hook, Steven W. , *American Foreign Policy since World War II*, Washington D. C. : CQ Press, c2004.

82. Steibel, Gerald L. , *Detente: Promises and Pitfalls*, New York: Crane, Russak & Company, 1975.

83. Stevenson, Richard W. , *The Rise and Fall of Detente: Relaxations of Tension in US-Soviet Relations*, 1953—84, Basingstoke, Hampshire: Macmillian, 1985.

84. Stockwell, John, *In Search of Enemies: A CIA Story*, New York: W · W ·

Norton & Company, 1978.

85. Stroud, Kandy, *How Jimmy Won*, New York: Morrow, 1977.

86. Timberlake, Charles E. , *Detente: A Documentary Record*, New York: Praeger Publishers, 1978.

87. Uslaner, Eric M. , *The Decline of Comity in Congress*, Ann Arbor: University of Michigan Press, 1994.

88. Vestal, Bud, *Jerry Ford, Up Close: An Investigative Biography*, New York: Coward, McCann, and Geoghegan, 1974.

89. Viguerie, Richard A. , *The New Right: We Are Ready to Lead*, Falls Church, VA. : Viguerie, 1980.

90. Wenger, Andreas and Mastny, Vojtech, *Origins of the European Security System: the Helsinki Process Revisited*, 1965—1975, New York: Routledge, 2008.

91. Westad, Odd Arne, *The Fall of Detente: Soviet-American Relations During the Carter Years*, Oslo Boston: Scandinavian University Press, 1997.

92. Wetterhahn, Ralph, *The Last Battle: The Mayaguez Incident and the End of the Vietnam War*, New York: Carroll and Graf, 2001.

93. White, Theodore H. , *America in Search of Itself: The Making of the President*, 1956—1980, New York: Warner Books, 1982.

94. White, Theodore H. , *Breach of Faith: The Fall of Richard Nixon*, New York: Atheneum, 1975.

95. Whitney, Simon N. , *Inflation since 1945: Facts and Theories*, New York: Praeger, 1982.

96. Witcover, Jules, *Marathon: The Pursuit of The Presidency*, 1972—1976, New York: Viking, 1977.

97. Woodward, Bob, *Shadow: Five Presidents and the Legacy of Watergate*, New York: Simon and Schuster, 1999.

98. Yergin, Daniel, *The Prize: The Epic Quest for Oil, Money and Power*, New York: Simon and Schuster, c1991.

99. Zubok, Vladislav M. , *A Failed Empire: the Soviet Union in the Cold War From Stalin to Gorbachev*, Chapel Hill: University of North Carolina Press, 2007.

100. Zubok, Vladislav M. and Pleshakov, Constantine, *Inside The Kremlin's Cold War: From Stalin to Khrushchev*, Cambridge, Mass. : Harvard University Press, 1996.

（二）论文

1. Abramson, Paul R. , "Class Voting in the 1976 Presidential Election", *The Journal of Politics*, No. 4, 1978.

2. Friedberg, Aaron L. , "What SALT Can (And Cannot) Do", *Foreign Policy*, No. 33 (Winter, 1978—1979).

3. Versbow, Alexander R. , "The Cruise Missile: The End of Arms Control?", *Foreign Affairs*, Vol. 55, Issue 1, (Oct 76).

4. Aberbach, Joel D. , "Changes in Congressional Oversight", *American Behavioral Scientist*, Vol. 22 (5), 1979.

5. BaRoody, William, "Gerald Ford and the New Politics", *Presidential Studies Quarterly* 7 (Spring and Summer 1977).

6. Canon, David, "Intelligence and Ethics: The CIA's Covert Operations", *The Journal of Libertarian Studies*, Vol. 4, No. 2 (Spring 1980).

7. Herring, George C. , "The Vietnam Syndrome and American Foreign Policy", *Virginia Quarterly Review*, Vol. 57 (1981).

8. Javits, Jacob K. , "War Powers Reconsidered", *Foreign Affairs*, Vol. 64 (Fall 1985).

9. Leloup, Lance T. and Shull, Steven A. , "Congress Versus the Executive: The Two Presidencies'Reconsidered", *Political Science Quarterly*, Vol. 59 (March 1979).

10. Lodal, Jan M. , "Assuring Strategic Stability: An Alternative View", *Foreign Affairs*, Vol. 54, Issue 3, (April 76).

11. McMahon, Robert J. , "The Vietnam War in American Presidential Discourse, 1975—1995", *Rhetoric and Public Affairs*, Vol. 2 (Winter 1999).

12. Nitze, Paul H. , "The Stragegic Balance between Hope and Skepticism", *Foreign Policy*, No. 17, Winter (1974—1975).

13. Nitze, Paul H. , "Assuring Strategic Stability In An Era Of Detente", *Foreign Affairs*, Vol. 54, Issue 2, (Jan 1976).

14. Paterson, Thomas G. , "Historical Memory and Illusive Victories:

Vietnam and Central America. ", *Diplomatic History*, Vol. 12 (1988) .

15. Rozell, Mark J. , "President Ford's Pardon of Richard M. Nixon: Constitutional and Political Considerations", *Presidential Studies Quarterly*, Vol. 24 (1994) .

16. Sloan, John, "Economic Policymaking in the Johnson and Ford Administrations", *Presidential Studies Quarterly*, Vol. 20 (Winter 1990) .

17. Wayne, Stephen J. , "Running the White House: The Ford Experience", *Presidential Studies Quarterly*, Vol. 7 (Spring and Summer 1977) .

18. Weinberger, Caspar W. , "U. S. Defense Strategy", *Foreign Affairs*, Vol. 64 (1986) .

索　引

后　记

　　《福特政府时期美国对苏联的缓和外交研究》一书即将出版，书稿是在博士论文的基础上修改完成。在书稿的写作过程中，得到了诸多师友的帮助，借此机会，我要表达我的感激之情。

　　首先，要特别感谢我的博士生导师赵学功教授。从选题、思路的整理、资料的收集直到最后的写作与修改赵老师进行了悉心的指导与帮助，提出了许多重要的修改意见。除了学术上的指导，赵老师对我最大的影响还在于其严谨的治学态度、丰富的专业知识以及平易近人的人格魅力，这些都深深地感染并激励了我，使我受益匪浅。

　　其次，南开大学历史学院的杨令侠老师、付成双老师、肖军老师、罗宣老师，山东师范大学的王玮老师，以及中国社科院的孟庆龙老师，《世界历史》的徐再荣研究员都曾参加了我的博士论文开题、答辩，并在论文修改成书的过程中提供了指点、鼓励及帮助，给予了我很大的启发，在此我也表示深深的谢意。我的硕士导师白建才老师一直关心着我的学习与工作，在论文的写作及修改过程中给了我很多宝贵意见，这是我终身受益的财富。

　　此外，山西师范大学历史学院的车效梅老师在本书的出版过程中提供了多方面的帮助，中国社会科学出版社的张湉编辑为本书的出版给予了热心支持与协助，做了大量的具体工作，在此谨表谢意。同时，本书的出版还得到了山西师范大学校出版基金的资助以及历史学院的部分资助，在此一并表示感谢。

　　最后，我还要感谢我的父母、妻子和女儿，没有你们在物质及精神上的支持与鼓励，我将无法取得任何进步。

　　由于本人知识水平有限，书中难免存在诸多不足之处，诚恳希望各位专家学者批评指正。